中国农村体育文化贫困与治理研究

徐圣霞　袁风梅　著

吉林大学出版社

·长春·

图书在版编目（ＣＩＰ）数据

中国农村体育文化贫困与治理研究 / 徐圣霞，袁凤梅著 . -- 长春：吉林大学出版社，2022.9

ISBN 978-7-5768-0722-6

Ⅰ．①中… Ⅱ．①徐… ②袁… Ⅲ．①农村－体育文化－研究－中国 Ⅳ．① G812.42

中国版本图书馆 CIP 数据核字（2022）第 186919 号

书　　　名	中国农村体育文化贫困与治理研究
	ZHONGGUO NONGCUN TIYU WENHUA PINKUN YU ZHILI YANJIU
作　　　者	徐圣霞　袁凤梅　著
策划编辑	杨占星
责任编辑	蔡玉奎
责任校对	张文涛
装帧设计	皓月
出版发行	吉林大学出版社
社　　　址	长春市人民大街 4059 号
邮政编码	130021
发行电话	0431-89580028/29/21
网　　　址	http://www.jlup.com.cn
电子邮箱	jldxcbs@sina.com
印　　　刷	朗翔印刷（天津）有限公司
开　　　本	787mm×1092mm　　1/16
印　　　张	12
字　　　数	220 千字
版　　　次	2023 年 1 月　第 1 版
印　　　次	2023 年 1 月　第 1 次
书　　　号	ISBN 978-7-5768-0722-6
定　　　价	45.00 元

前言

农村、农业、农民"三农"问题历来受到党和国家的重视，关系到社会的稳定和国家的富强。在全面推进乡村振兴战略的时代背景下，农村体育作为农村发展的重要组成，也是一项十分重要的工作。随着脱贫攻坚的完成，我国建成了全面小康社会，人民的物质生活得到了极大的改善，在巩固脱贫攻坚成果向全面推进乡村振兴过渡的关键时期，做好农村体育工作至关重要。随着经济水平的提高，国家支持政策的不断出台，农村体育发展迎来了前所未有的机遇。但是，不可否认的是，我国农村体育发展仍然面临着诸多问题，受到了一定的限制，其中就涉及农村体育文化贫困。

农村体育文化贫困是一个较为陌生的概念，但是农村体育要发展，必须破解农村体育文化发展面临的难题，必须针对农村体育文化贫困进行治理。为了对农村体育文化贫困有清晰的认识，从而为农村体育文化贫困治理提供依据，特撰写《中国农村体育文化贫困与治理研究》一书，对农村体育文化贫困的相关概念进行阐述，分析农村体育文化贫困的成因，并提出一定的治理路径。

本书共有七章内容。具体来说，第一章为绪论，对本书的研究背景、研究意义和国内外研究概况进行了说明。第二章为农村体育文化相关概念阐释，涉及农村与农民、农村体育、农村体育文化等概念。第三章为农村体育文化贫困的界定与影响，在阐述文化贫困与农村体育文化贫困的基础上，对农村体育文化贫困的影响和治理农村体育文化贫困的意义进行了研究。第四章是中国农村体育文化贫困的主观成因，从农村体育参与主体、农村体育主体生活方式、农民的体育意识与行为三个方面进行了研究。第五章为中国农村体育文化贫困的客观成因，分别分析了农民经济条件与收入水平、农村体育场地设施供需情况、农村体育组织与专业指导研究，以及农村体育教育发展情况。第六章是中国农村体育文化贫困的制度成因研究，涉及的内容有农村基层体育管理体制研究、农村公共体育服务供给研究和农村体育制度建设情况研究。第七章是中国农村体育文化贫困治理的路径，在分析中国农村体育文化贫困治理的有利条件的基础上，指出农村体育文化贫困治理需要"科学治理，破解文化困境因素""传承创新，选择合适体育项目""生态优先，大力发展农村体育产业"。

总体来说，本书对农村体育文化贫困进行了研究，具有一定的突破性，也具有一定的理论与应用价值，对我国农村体育的研究是一种丰富，也对我国农村体育的发展能有一定的指导意义。

在撰写本书的过程中，笔者参考了诸多学者专家的文献资料，在此向其表示衷心的感谢。由于笔者水平和精力有限，本书难免存在不当之处，恳请批评指正，如是，则不胜感激。

作　者

2022 年 2 月

目录

第一章 绪 论

农村发展是国家一直比较关注的，农村体育作为农村发展的重要方面也备受重视。尤其是在体育不断受到重视的现在，国家大力推进健康中国、体育强国建设，发展农村体育是应有之义。目前，我国已经完成脱贫攻坚，全面建成了小康社会，农民的物质生活水平得到了提升，但在体育文化方面，还存在着许多问题和不足，急需采取措施补足短板，为乡村振兴的实现奠定基础。

第一节 研究背景及意义

一、研究背景

（一）国家重视农村发展，实施乡村振兴战略

我国是个农业大国，国家历来都十分关注"三农"问题。农村作为"三农"问题之一，更是备受重视。党的十九大首次提出了乡村振兴战略。十九大报告提到，农业农村农民问题是关系国计民生的根本性问题，必须始终把解决好"三农"问题作为全党工作的重中之重，实施乡村振兴战略。国家对农村的重视可以从各种文件的出台得以体现。近些年国家出台的关于农村发展的文件如图1-1所示。

2020年，我国实现了脱贫攻坚，随着脱贫攻坚的完成，我国已全面建成了小康社会，进入全面推进乡村振兴的新阶段。国家对农村发展非常重视，乡村振兴战略的实施，为农村体育的发展提供了良好的支持。

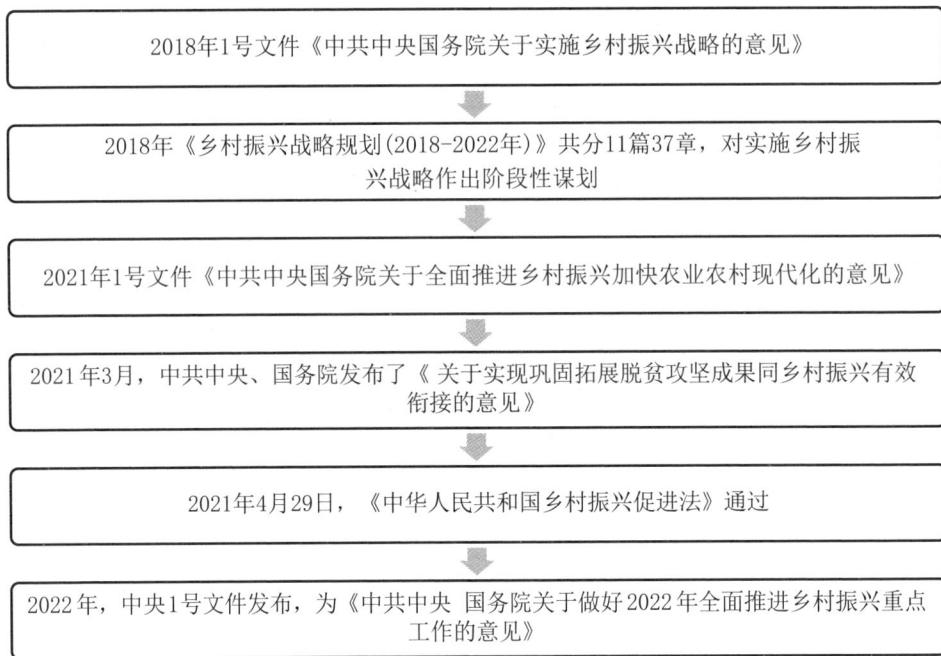

2018年1号文件《中共中央国务院关于实施乡村振兴战略的意见》

2018年《乡村振兴战略规划(2018-2022年)》共分11篇37章，对实施乡村振兴战略作出阶段性谋划

2021年1号文件《中共中央国务院关于全面推进乡村振兴加快农业农村现代化的意见》

2021年3月，中共中央、国务院发布了《关于实现巩固拓展脱贫攻坚成果同乡村振兴有效衔接的意见》

2021年4月29日，《中华人民共和国乡村振兴促进法》通过

2022年，中央1号文件发布，为《中共中央 国务院关于做好2022年全面推进乡村振兴重点工作的意见》

图1-1 近些年国家出台的关于农村发展的文件

（二）国家重视体育发展，大力建设健康中国和体育强国

随着社会的发展，人们的生活水平不断提高，余暇时间也不断增加，人们不断增强对自身健康的关注。体育作为一种能够带来巨大身心健康价值的手段，受到人们的喜爱和欢迎。为了提高国民体质健康水平，国家也加大了对体育事业的重视。早在1995年，国家就颁布了《全民健身计划纲要》，为全民健身与体育事业发展提供指导。近些年来，一些发展体育事业的政策更是不断出台。2016年，《"健康中国2030"规划纲要》印发实施，对推进健康中国建设，提高人民健康水平具有十分重要的意义，并专门提出了通过发展体育产业促进健康中国建设的内容，凸显了体育在健康中国建设中的作用及对发展体育事业的重视。2019年国务院办公厅印发《体育强国建设纲要》，为我国新时期发展体育事业确定了明确的目标和任务，我国从体育大国开始向体育强国转变。无论是建设健康中国还是体育强国，农村体育都是不容忽视的问题。健康中国建设与体育强国建设，要求我国农村体育必须高质量发展。

（三）从古至今，农村体育得到了不断的发展

农村体育的发展有着漫长的历史，经过了不同的发展阶段，自古至今，农村体育发展取得了不错的发展成就，也积累了一定的发展经验，为农村体育的不断发展奠定了基础。

1. 发展简况

古代的农村体育，很少受到外力的干扰，体现出传统、自然的特点。近代以后，随着西方体育的传入，在国内掀起了"土洋体育之争"，中国民间体育在其推动下获得了发展的机会。此后，我国民间出现了一些传统武术类的体育社团，这标志着我国农村体育开始萌芽。中华人民共和国成立后，党和国家对我国体育事业的发展高度重视，不断举行农民体育活动，使农村体育焕发出了生机。改革开放后，农村体育文化受到保护，一些农村传统体育项目得以收集、挖掘和整理，避免了走向失传的境地。尤其是《全民健身计划纲要》的颁布与实施，翻开了我国农村体育发展的新的一页。改革开放以来，我国农村农民的生活方式发生了极大的变化，温饱问题得以解决，小康社会得以实现，伴随着科学技术的发展，农民体力劳动逐渐减少，休闲时间不断增加。农村地区开始出现一些在城市地区普遍存在的现代文明病，在农村开展体育健身活动的必要性日益突显。农民体育协会、体育辅导站和健身俱乐部等体育组织的相继成立，满足了广大农民的健身需求。

时代发展与社会进步影响着农村体育的发展。因此，农村体育因处在不同的社会发展阶段而呈现出不一样的特征，也有着各自的意义。当前，我国正处于实现中华民族伟大复兴的"中国梦"的过程中，农村体育也有了全新内涵。此外，作为社会发展子系统的农村体育也要与社会发展的大系统相符合，明确发展意义，显出发展特征。这样，才能为全民健身的展开，国民体质的提升和"中国梦"的实现提供助力。但长期以来，人们更注重用城市文化引导农村发展，对农村文化对城市文化的作用视而不见。农村在国家的发展中必不可少，这是人们普遍赞同的，但是在实际中，对农业发展不够重视却是常态。目前在发展农村体育时，多采用的是"城市文化"的思路，但是农村和城市有着迥然的不同，如果只是简单地用城市体育的标准去衡量农村体育，那么必将不利于农村体育的发展，因此必须坚持农村传统文化，只有以此为前提，才能寻找到适应农村群众体育的发展道路。

2. 发展历程

（1）古代农村体育

在原始先民的狩猎、农业生产等各种生产生活活动孕育下，体育诞生了。在原始的农业形态中，体育获得了生长和发展。随着原始社会瓦解，生产资料私有制建立，阶级形成，农民出现。早期，身为奴隶、农奴、自耕农或佃农的农民，为了生存和生活，必须掌握一定的生产技能，进行大量的劳动，包括走、跑、跳跃、投掷、攀登、游水、搏斗等。就是在这样的情况下，体育不断得以演变。

我国大多数体育活动在春秋战国时期就有明确记载。但是受制于经济地位，农村体育在早期面临的环境极其艰难，正是在这种阶级和城市的夹缝中，经过不断的交融，农村体育得到了长期连续的发展，并吸收了外来形式，形成了华夏民族体育，呈现了独特的风貌。

古代农村体育经历了缓慢的发展过程。体育对统治阶级来说，只是玩物，而对于农民来说，农村体育是其在田间地头进行的自发活动，具有鲜明的节令色彩，如踏青、放风筝、拔河、竞渡、登高、跳舞等，一般都是在传统节日中进行的。与宫廷娱乐不同，农村体育所受的制约小，因此呈现出轻松活泼的形式。古代社会经常处于动荡不安的状态，农民聚族而居，为了自身的安全，学会习武自保，这促进了武术在农村的发展，为武术成为农村体育发展重要内容奠定了基础。

（2）近代农村体育

近代以来，西方体育传入我国，为了对其表示抵制，20 世纪二三十年代不少人整理了农村的传统武术和游戏，并在报纸刊物上撰写文章。相关部门也对农村体育活动采取了保护整理措施，促进了农村体育进入体育比赛和体育教学之中。之后，我国农村体育出现了高涨的局面，涉及的体育项目也非常多。在农村农闲时，民兵还进行训练，劳动与习武相结合，生产与锻炼两不耽误。

（3）中华人民共和国成立后的农村体育

新中国成立后，我国农村体育经历了曲折的发展历程主要包括图 1-2 所列的几个阶段。

①起步阶段

1949 至 1958 年是我国农村体育的起步阶段。

中华人民共和国刚刚成立之后，党和国家领导人就特别强调增强人民体质的必要性。在体育工作中，也将国民健康和群众体育作为重要内容。

| 起步 | 曲折发展 | 艰难前进 | 恢复发展 | 继续发展 |

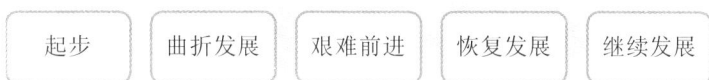

图 1-2　中华人民共和国成立后我国农村体育的发展历程

在我国农村体育刚刚得到发展的时期，广播体操成为重要内容。尤其是1951年12月，我国第一部广播体操诞生，促进了广播体操在全国人民中广泛传播。在物质匮乏、体育器材相对稀缺的新中国成立初期，广播体操的流行，大大提高了人们的体质。

1954年《"准备劳动与卫国"体育制度暂行条例》和项目标准出台，这为我国农村体育的发展提供了重要机遇，可以说在此之前我国农村体育的发展还处于萌芽状态。此后，农业合作化、社会主义改造等一系列活动的进展，极大地促进了我国农村体育的发展。1956年6月召开了新中国成立以来第一次有关农村体育的会议，这为我国农村体育的发展指明了方向和道路。会议之后，许多地区组织力量开始了对农村情况的调研，许多农民体育组织建立起来，加快了农村体育的发展速度。许多地区的农村体育活动呈现新气象，关于农村体育的宣传报道也成为报纸上广泛报道的内容。

总体来看，农村体育工作在中央和体育部门的重视下，在各种会议的召开和各种措施的施行下，得到了有力的推动，发展得轰轰烈烈。在当时也不断流行一些体育锻炼的口号，虽然有些激进，但在一定程度上反映了当时农村体育热烈发展的景象。

②曲折发展阶段

1959至1965年，是我国农村体育的曲折发展阶段。

这一时期，农村体育也经历了一个"大跃进"阶段，各种口号响亮，但实质上只是一种舆论和声势，在具体实际中，农村体育并没有取得很大的发展效果。1959年开始，国家开始高度重视竞技体育的发展。随后，我国在竞技体育中取得的成绩，凸显了竞技体育发展，与之相比，农村体育的影响力显得有点小，因此，农村体育的地位逐渐受到冷视。加上，这一时期自然灾害的发展以及社会经济发展状况的严峻，农村体育的发展也没有了应有的基础。

从 1960 年开始，我国进入三年困难时期，国民经济受到了重创。与城市居民一样，农民的生活也变得极其困难。人们连基本饮食问题都不能保证，更不用谈参加体育锻炼了。

1963 年，我国的国民经济开始好转，农村的体育活动也随之重新变得活跃。农村虽然仍然物质匮乏，但朝气蓬勃的青年人面对单调贫乏的农村文化生活，选择体育活动作为充实文化生活的手段。经济形势好转后一系列体育工作举措的实行，以及《关于青少年体育锻炼标准（草案）的通知》和《青少年体育锻炼标准条例（草案）》的出台，为农村体育的新一轮发展按下了重启键。

③艰难前进阶段

1966 至 1977 年是我国农村体育发展的艰难前进阶段。

这一时期，社会安定和物质条件这两个城市体育发展的前提不复存在，人们的体育与娱乐需求受到压制，我国城市体育工作进入混乱状态。然而，我国农村体育却呈现出了不同的发展态势。"知识青年到农村去，接受贫下中农再教育"号召的发出，使数量巨大的知青到了乡下。这些知识青年，在农村文化生活贫乏的境遇下，从体育运动中寻找慰藉，排遣烦忧。在广大知识青年的带动下，农村青年对体育运动表现出了巨大热情，农村体育活动的内容增多，交流也日益频繁。但是，这些活动具有一定的局限性，难以长久和推广。

④恢复发展阶段

1976 至 1985 年，是我国农村体育发展的恢复发展阶段。

1976 年，"四人帮"的粉碎标志着十年动乱的结束，我国的各项工作重回正轨，农村体育也回归常态。1978 年《农村人民公社工作条例（试行草案）》的通过和 1979 年《关于进一步加强群众体育工作的意见》的提出，为新形势下我国农村体育的发展制定了宏伟蓝图。农村体育活动的内容有所丰富，并且向着以个人爱好和自愿参加的方向转变。特别是武术等项目作为强身健体的一种形式，深受农民喜爱。

农民从事体力劳动需要一个强壮的身体做基础，因此，武术在农民中受到广泛喜爱。随着武术的大受欢迎，农村涌现了一大批武术之乡，不仅如此，"体育之乡"也越来越多。同时，群众体育的普及程度更高。在这一阶段，相比于农村体育，竞技体育的受重视程度更高，农村体育发展的成就来之不易，其得益于国家体委"普及与提高相结合"的方针，更得益于大好的政治经济形势。1979 年，中国在国际奥委会的合法席位得以恢复，参加奥运会，在体育竞技场彰显实力与地位成为我国体育的主要目标。在此背景下，农村体育得到发展是难能可贵的。此时，农村面临改革，农民的注意力转移到了农业生产方面，关注点在脱贫致富上，农村体育的发展则落到了次要的地位，与农业快速发展相比，农村体育却进入寒冬。随着改革的深入，农民的生活水平逐步提高，农村体育也从低谷走出，迎来了新的高潮。

1982年，全国农村体育工作座谈会和全国农村体育工作会议的顺利召开，为新时期农村体育的发展明确了工作方针与措施，我国农村体育也随之进入了一个新的发展阶段。这一时期文化站、体育技术辅导中心站在各地得以建立。各种有利的条件，极大地促进了农村体育活动的开展。

1984年，国家体委发出《关于加强县级体育工作的意见》，使小城镇体育文化和农村文化体育事业走上了发展的快车道。同年，国家体委召开会议决定在全国开展争创体育先进县活动，这对农村体育活动的开展是有力的推动。

⑤继续发展阶段

1986年中国农民体育协会的成立标志着我国农村体育进入继续发展阶段。这一时期，关于农村体育发展几个关键性的事件，如图1-3所示。

1986年9月中国农民体育协会成立

1988年，第一届全国农民运动会举办

1995年，《中华人民共和国体育法》颁布

1995年，《全民健身计划纲要》颁布实施

2004年，国家体育总局确定为"农村体育年"

2006年，颁布《中共中央国务院关于推进社会主义新农村建设的若干意见》

2006年，国家体育总局颁布《关于实施农民体育健身工程的意见》

图1-3 十八大之前我国农村体育发展大事记

党的十八大以来，以习近平总书记为代表的党和国家领导人高度重视农村发展和体育事业，提出乡村振兴战略，提出要建设体育强国和健康中国，并制定了一些促进农村体育发展的政策措施，我国农村体育发展进入新时代。

（四）目前农村体育的发展面临文化困境

乡村振兴战略的提出，文化精准扶贫的推进，《"健康中国 2030"规划纲要》《体育强国建设纲要》的颁布实施，为农村体育事业的发展带来了新的契机。作为社会系统的一个子系统、一种文化现象，体育对社会发展应该有责任感、使命感，体育参与乡村文化建设、推动乡风文明建设、实现中华民族伟大复兴等责无旁贷。但是，广大经济欠发达的农村地区，广泛存在文化贫困现象，体育在农村地区被边缘化，农村体育文化贫困成为贫困的"重灾区"。我国最贫困的西部地区，这些现象尤为突出。西部的农村，经济发展较为滞后，文化资源有限、公共文化服务不足等现象十分常见，形成一种"文化荒芜的沙漠地带"，农村体育的发展水平与国家、地方的要求严重不符，体育的"满足人民美好生活需要"、体育文化的"教化功能"等作用发展不充分。已有研究表明，"行为取决于人们不同的观念和态度——即文化，也就是人们长期以来生活其中的社会和（或）养育他们成长的特定社会群体所形成的文化"（戴维•英格利斯，2010），要让全体国民动起来，需要有与其具体生活密切相关的体育文化激励、引导和支撑。从这个意义上来说，个人及组织的体育文化水平决定了其参与体育活动、进行体育消费的行为，因此，体育文化贫困是影响体育参与的决定性因素之一。目前的体育扶贫工作重心在物质层面的扶持上，对体育观念、态度、认知、制度等缺乏必要的关注，未能从根本上解决体育贫困人口参与体育运动的内生动力提升问题，扶贫工作效率不高。"治贫先治愚"，要解决农村地区体育发展落后的问题，体育文化贫困的治理必须先行。为回应新时代农村体育事业发展的国家要求和地方需求，治理农村地区的体育文化贫困现象显得尤为重要，也是继 2021 年我国农村贫困人口实现物质层面的脱贫后，社会发展的一项艰巨任务。

二、研究意义

（一）理论价值

本课题将系统地研究"体育文化贫困"，涉及农村体育文化的相关概念、农村体育文化贫困的界定和影响、农村体育文化的成因以及农村体育文化贫困的治理，其理论价值表现在以下方面。

第一，本书提出了"体育文化贫困"的概念，从学理上对体育文化贫困进行探索，可以丰富文化学、体育学等相关学科的理论。

第二，本书认为体育文化贫困对振兴乡村文化、建设乡风文明、实现全民健康等存在不良影响，通过对其进行治理，有利于促进农村居民的体育活动参与、激发体育消费需求，不仅可以从源头上促进体育事业的发展，也可以凸显体育作为社会子系统、亚文化现象参与乡村治理、乡村文化建设、乡风文明建设的社会责任，可以为发展我国体育事业提供另一种思路。

第三，本书研究了农村体育文化贫困的主观成因、客观成因、制度成因，对于农村体育文化贫困的形成因素进行了分析，有利于了解农村体育文化贫困的形成机制，为农村体育文化贫困治理提供依据。

第四，本书研究了农村体育文化贫困的治理路径，指出了农村体育文化贫困治理的有利条件，并给出了治理的具体建议，有利于丰富农村体育文化贫困治理的理论研究。

（二）应用价值

本书在农村体育发展的现实基础上对农村体育文化贫困进行研究，这为今后农村地区的体育扶贫工作提供了理论参考。同时，治理体育文化贫困，有利于促进农村居民的体育活动参与、激发体育消费需求，促进农村居民身体素养和健康水平的提高，扩大体育消费，对促进农村体育事业发展，推动体育文化参与乡村治理、振兴乡村文化、推进乡风文明建设、实施体育强国建设等方面也极具参考价值。

1. 有利于农村体育发展，促进我国和谐社会建设

构建社会主义和谐社会是一个整体，也是一个系统工程，需要从全局上全面地思考问题，也就是要统筹各种社会资源，从政治、经济、社会和文化等各个方面，把不协调的变为协调的。作为构建社会主义和谐社会中的一个子系统，体育发展好了，必定促进整个社会的和谐。而要想发展好体育，必须重视农村体育的发展。因为，我国 70% 的人口在农村，只有农村和谐，才有社会的和谐。因此，促进农村体育的发展，也就为和谐社会的构建作出了贡献。

（1）有利于促进农村基础设施的建设

据国家有关部门统计，国家体育总局、全国各级体育行政部门每年用于全民

健身计划的投入超过 100 亿元。但是我国农村体育基础设施条件仍然面临一定的问题，成为我国农村体育文化贫困的重要原因。因此，本书能够让农村体育基础设施受到重视，有利于全民健身路径以及相应的配套设施等的建设，有利于农村全民健身坚实物质基础的形成，可以促进农村村容村貌的美化，带动相关产业的发展，实现人与自然的和谐共处。

（2）有利于社会经济的发展

劳动生产大军主要来源于农村，农村体育发展好了，农村的劳动力生产大军才能身心健康、体质强壮，也才能为市场经济建设和经济发展提供原动力。随着农村体育参与主体观念与价值观的改变，随着农民生活水平的提高，随着农村体育法规的健全以及农村体育管理制度的完善，农村体育发展有了广阔的发展条件，农民的整体素质得以提升，农村体育也将形成巨大的体育产业市场，这些都会促进社会经济的发展。

（3）有利于提高社会活力

广大农民身体素质不强是我国农村体育中存在的一个不容忽视的问题，这在一定程度上影响着整个社会的活力。通过研究农村体育文化贫困，采取针对性措施治理农村体育贫困，发展农村体育，可以满足农民日益增长的对健康的需求，有利于农民科学地开展体育运动，并将体育作为锻炼身体的重要手段，不断提高自身的体质水平和心理健康水平，从而能在农业生产生活或者城市化建设中保持旺盛的精神和体力，保持身心健康和精神快乐，提高生活质量，提高社会活力。

（4）有利于改善人与人之间的关系

农村地区交通不便、居住分散，受现代社会激烈竞争和生活压力的影响，产生矛盾和隔阂非常正常，但是这些矛盾如果不及时解决，容易导致更深层问题的出现，引发社会矛盾。通过研究农村体育文化贫困治理，找出发展农村体育的路径，可以促进农村体育活动的开展。通过农村体育活动的开展，参与者的各个器官会受到刺激，人们也会收获轻松愉悦的精神感受，从而缓解紧张和压力。通过参与体育活动，农民之间可以形成良好的合作关系，在活动过程中，也可以相互沟通交流，在沟通交流中相互尊重、彼此了解，在一定程度上避免了矛盾的发生，即便有矛盾也会在体育活动过程中得到解决，促进了人与人之间关系的改善。

（5）有利于农民形成健康文明的生活方式

农民在长期的生产生活中，由于缺乏一定的文化生活，形成了不是很科学的生活方式。体育运动作为一种健康文明的生活方式，对农民形成好的生活习惯有着积极的意义。通过体育运动，农民的饮食和营养习惯可以不断改善，有利于健康水平的提高。通过体育运动，农民可以接近自然，丰富交往，也有利于农民走出家门与邻居和睦相处，可以丰富业余生活，造就农村科学文明的生活方式。

（6）培养规则意识，促进农村社会法制观念的形成

人们是因为追求和谐才制定规则，规则上升到国家意志就成了法律。[①] 体育运动都是有着一定的规则的，没有了规则，体育也就失去了公平竞争的基础。在农村，法制观念对于农民来说是很陌生的，他们也难以形成较高的法制意识。通过体育运动的开展，可以让农民体验规则的存在，从而提高规则和规范意识，有利于增强全社会的法制观念和法律意识。

（7）有利于社会主义精神文明建设

随着时代的进步，各种思想观念可以快速地传播，农民获取各种消息的渠道也增多。在一些好的先进的思想观念流传的同时，一些消极的思想也在侵蚀着农民，从而会对社会稳定带来影响。通过治理农村体育文化贫困，农民可以在体育运动中接受体质、意志和精神方面的综合教育，从而提高自身的素质。通过体育运动形成顽强意志、协作精神、拼搏精神、竞争意识和挫折意识，能对凝聚力、吸引力和号召力的产生发挥巨大作用，这是促进精神文明建设的直接有效手段。尤其是全民健身的推动，不仅仅具备强身健体的作用，还在精神文明建设中发挥着重要的作用。

2. 有利于乡村振兴战略的实现

在党的坚强领导下，在全国各族人民的努力拼搏下，我国顺利完成了脱贫攻坚，消除了绝对贫困，建成了小康社会。目前，农村发展正面临着巩固脱贫攻坚成果向全面推进乡村振兴战略过渡的阶段。实现乡村振兴，农村体育的发展是重要内容。通过研究农村体育文化贫困治理，实现农村体育文化发展，有利于乡村振兴战略的实现。

3. 有利于我国体育事业的发展

我国体育事业的发展，不仅包括城市体育，更包括农村体育。随着城市化的发展，我国城市体育得到了飞速的发展，农村体育因各种主客观条件的限制，存

_____

① 张玉生，刘健. 论体育在构建社会主义和谐社会中的作用 [J]. 中国成人教育，2006，（10）：72–73.

在不少问题，阻碍了进一步发展。治理农村体育文化贫困，促进农村体育文化发展，可以破解农村体育文化发展的诸多难题，为农村体育文化的发展提供有利的条件，进而弥补我国体育事业发展中的农村体育发展短板，促进我国体育事业的整体发展。但是应该看到，农村体育工作不是一蹴而就的事情，应该按照"求真务实"的要求从不同的层面对农村体育给予扶植和培育。

第二节　国内外研究

一、国内外农村体育研究的内容

关于农村体育，国内外众多学者都十分关注，他们从不同的角度出发，对农村体育进行了大量的研究，也形成了一定的研究成果。国内外农村体育研究的内容主要有以下方面。

（一）农村体育发展特征

不同时期具有不同的时代特征，而体育总是和时代发展的主题紧密相连的。吴声光（1999）对于社会主义初级阶段农村体育的特征的研究以及林克明（2005）对农村体育在小康进程中的特征研究是关于农村体育基本特征研究中具有代表性的研究。

（二）农村体育发展历史

从目前的情况来看，我国在农村体育基本理论领域的研究还很薄弱，对许多概念的认识还很模糊，尤其是在农村体育运动发展历史方面的研究很少。资料收集难度大和农村的分散性是造成这种研究情况的主要原因。

（三）农村体育文化

近年来，关于农村体育文化的研究是比较受关注的领域。关于农村体育文化研究，虞重干等（2005）对农村基层体育文化建设及其文化研究的重要性进行了强调，韩敬全等（2005）对我国农村体育文化内涵、建设现状和发展对策进行了研究。从研究情况来看，我国农村体育文化的研究还处在"启蒙"阶段，急需进一步深入。

（四）发展农村体育的理性思考

近两年关于农村体育发展理性思考的研究不少，较具代表性有图 1-4 中的几个。

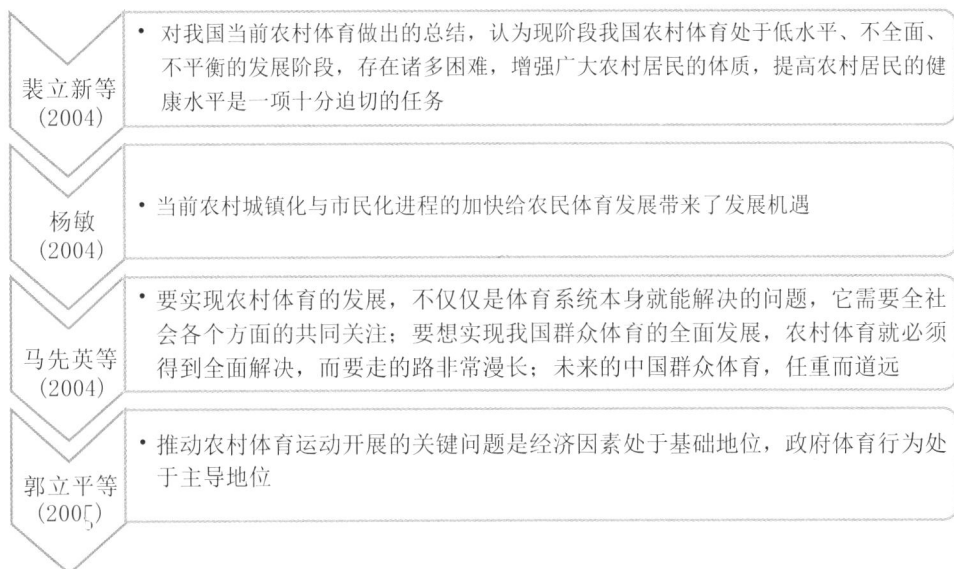

裴立新等 （2004）	• 对我国当前农村体育做出的总结，认为现阶段我国农村体育处于低水平、不全面、不平衡的发展阶段，存在诸多困难，增强广大农村居民的体质，提高农村居民的健康水平是一项十分迫切的任务
杨敏 （2004）	• 当前农村城镇化与市民化进程的加快给农民体育发展带来了发展机遇
马先英等 （2004）	• 要实现农村体育的发展，不仅仅是体育系统本身就能解决的问题，它需要全社会各个方面的共同关注；要想实现我国群众体育的全面发展，农村体育就必须得到全面解决，而要走的路非常漫长；未来的中国群众体育，任重而道远
郭立平等 （2005）	• 推动农村体育运动开展的关键问题是经济因素处于基础地位，政府体育行为处于主导地位

图 1-4　几种典型的发展农村体育的理性思考

（五）农村体育的功能

农村体育的功能多种多样，这也是国内外学者关于农村体育主要的研究关注点。具体来说，学者们普遍认为农村群众体育的功能涉及教育、娱乐、健身等多个方面。近年来，关于农村体育的政治、经济、文化等功能的研究也不断增多。陈梦周等（2004）认为，在发展农村经济和建设物质文明方面，农村体育发挥的作用日益重要；发展农村体育，可以强化农村精神文明建设；通过农村体育的开展，农民的素质可以大大提高，从而使农业生产力得到提高。

（六）农村体育管理

近几年来，农村体育管理是农村体育研究的热点。不同学者对农村体育管理的认识不同，如图 1-5 所示。

陈宁 (2003)	聂锐新 (2003)
县级政府要依法治理体育、统筹安排；县级行政部门要抓好农民体育协会，注意发挥体协的重要作用；乡镇要建立健全文化体育站；村要建立好村级文化体育活动室；农民体育协会要培养体育骨干	要提高各级政府尤其是乡镇一级政府对农村体育的认识；要应用各种手段，并建立相应的机制，充分调动社区、社团、协会、俱乐部、企事业单位和个人等兴办体育的积极性；国家机关和企事业单位要从实际出发，加大对一些简单、方便、小型、灵活的体育设施的投入

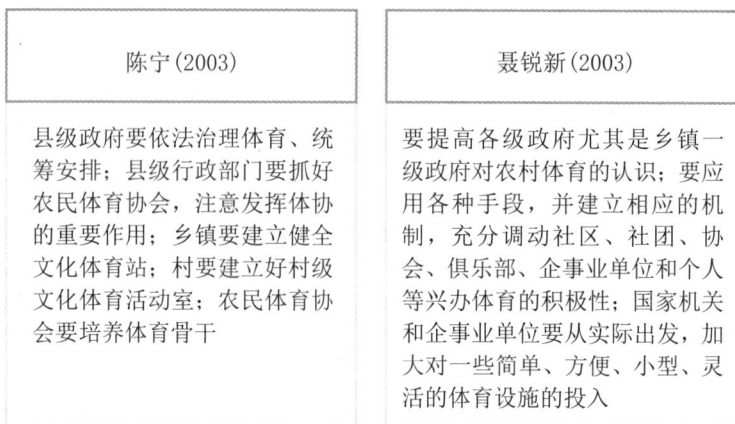

图 1-5　关于农村体育管理的不同认识

（七）农村体育现状调查

近几年，学术界普遍重视调查类的研究，这也成为农村体育研究的热点。研究内容主要涉及图 1-6 所示几个。

图 1-6　农村体育现状调查内容

从总体上来看，研究者多是通过选择某一区域或某一时间点来揭示农村体育现状，描述农村体育现象。在研究结论上，学者对经济收入、文化素质、体育设施等方面是限制农村体育发展的原因形成了较为统一的看法。

（八）农村体育的发展对策及发展趋势

发展乡镇体育是发展农村体育的战略重点，众多学者围绕这一思想，对农村体育的发展对策进行了研究。主要研究见图 1-7。

关于农村体育发展战略，主要有小城镇体育发展战略、村落体育发展战略、城乡体育统筹发展战略三种观点，具体观点及评价如图 1-8 所示。

辛利(1998)	裴立新等(2002)	吕树庭、裴立新(2003)	周建军等(2003)	曾理等(2003)
• 发展农村体育工作必须以乡镇体育发展为中心，并以集镇体育发展为核心	• 农村应采取重点推进、梯度发展的方针，首先搞好县、城镇，然后搞好每个县的若干中心镇的体育建设，带动一般镇的体育发展。一般镇的体育建设达到一定规模和水平后，再去带动新的镇、乡和村	• 阐述了以小城镇为重点推进中国农村体育发展的理论与实践依据	• 在乡镇体育发展的基础上进一步提出了发展的模式	• 农村体育应以乡镇为重点，乡镇应以小城镇为切入点，并率先从县城有条件的建制镇实现突破

图 1-7　关于农村体育发展对策的研究

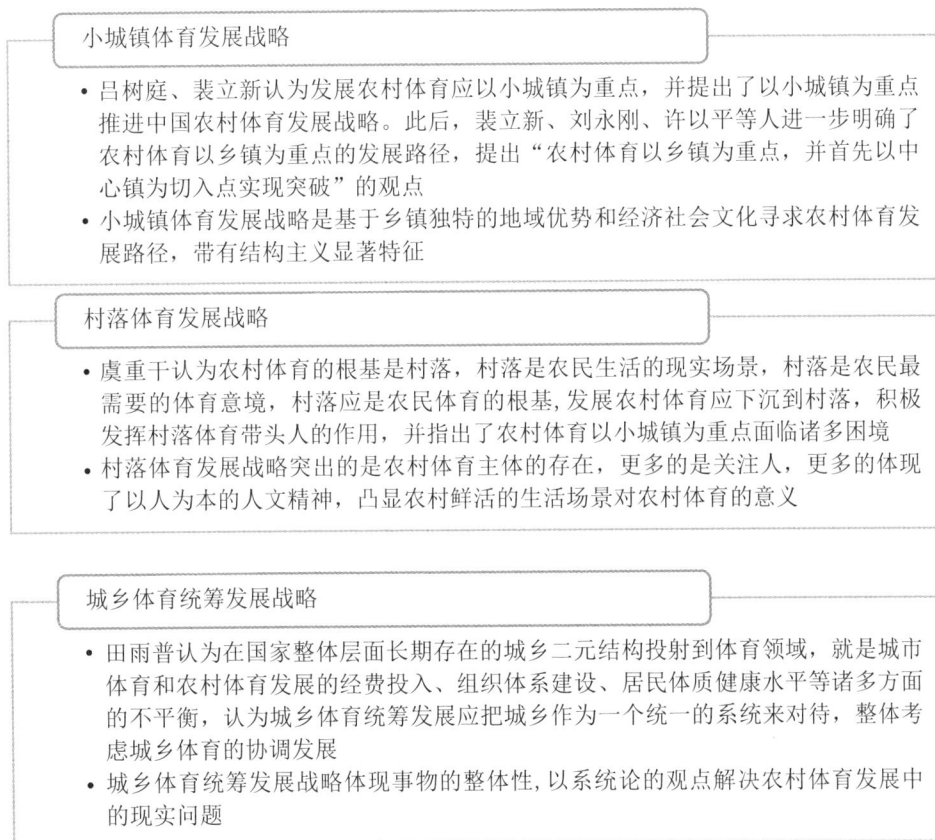

小城镇体育发展战略

• 吕树庭、裴立新认为发展农村体育应以小城镇为重点，并提出了以小城镇为重点推进中国农村体育发展战略。此后，裴立新、刘永刚、许henghua平等人进一步明确了农村体育以乡镇为重点的发展路径，提出"农村体育以乡镇为重点，并首先以中心镇为切入点实现突破"的观点

• 小城镇体育发展战略是基于乡镇独特的地域优势和经济社会文化寻求农村体育发展路径，带有结构主义显著特征

村落体育发展战略

• 虞重干认为农村体育的根基是村落，村落是农民生活的现实场景，村落是农民最需要的体育意境，村落应是农民体育的根基，发展农村体育应下沉到村落，积极发挥村落体育带头人的作用，并指出了农村体育以小城镇为重点面临诸多困境

• 村落体育发展战略突出的是农村体育主体的存在，更多的是关注人，更多地体现了以人为本的人文精神，凸显农村鲜活的生活场景对农村体育的意义

城乡体育统筹发展战略

• 田雨普认为在国家整体层面长期存在的城乡二元结构投射到体育领域，就是城市体育和农村体育发展的经费投入、组织体系建设、居民体质健康水平等诸多方面的不平衡，认为城乡体育统筹发展应把城乡作为一个统一的系统来对待，整体考虑城乡体育的协调发展

• 城乡体育统筹发展战略体现事物的整体性，以系统论的观点解决农村体育发展中的现实问题

图 1-8　关于农村体育发展战略的研究

（九）农村体育市场

随着农村经济的发展和农村体育的兴起，关于农村体育市场的研究也逐渐进入人们的视野，但是其研究还是零星的，没有形成体系。主要的研究见图1-9所示。

韩亚萍等（2004）	张晓春等（2005）	蒋桂凤（2005）	向政等（2005）
• 对北京农村体育市场的开发问题进行了研究，认为北京的农村体育市场目前面临着许多问题，但没有给出相应的对策	• 对农村体育消费的地位和功能进行了论述，并对现代农村体育消费的新思路提出了一些建议	• 对我国乡镇居民体育消费兴起的原因进行了分析	• 对湘鄂渝黔边区少数民族居民体育消费现状进行调查分析，对武陵地区少数民族居民体育消费现状进行研究

图1-9 关于农村体育市场的研究

（十）农村体育文化贫困

国内外对于文化与贫困，文化贫困、体育贫困、体育扶贫等领域的研究都有涉猎，具体如下。

第一，概念界定。学者们对文化贫困从内涵和外延、界定、成因、特征等进行了较为深入的研究，有广义和狭义之分。界定体育文化贫困的概念，首先应界定体育文化的概念，国内外学者对"体育文化"的概念尚未能达成统一的共识，任海（2019）认为体育文化"是人类社会体育的观念、知识和制度的复合体"，由体育价值观、体育知识、体育制度构成，价值观是体育文化的灵魂，知识是其基础，制度是其支撑。

关于"治理"，国内学者在引入西方治理理论基础上展开了进一步论述，俞可平教授认为：治理是政府与民间的社会组织及个人共同管理，以最大限度地增进公共利益，通过公共权威来维护公共秩序，从而满足公众需求的过程。

第二，文化解释在贫困研究中的地位日益凸显。国内外学者从多学科视角对贫困进行了解释，贫困研究可分为贫困文化讨论、底层阶级讨论和社会排斥理论讨论，这三部分内容大多被囊括在文化解释中，足见文化解释于贫困研究之重要地位。

第三，相关研究有待加强。在与体育文化贫困相关的领域，如"文化贫困""体育贫困""体育扶贫"等，重点关注的是贫困的产生机制、不同类型贫困的消除路径等，系统的、理论与实践结合较深入的研究有所欠缺，体育扶贫的研究多停留在物质层面，在文化贫困的评价体系、体育贫困人口的精准识别、针对贫困人口的深度扶贫、体育文化的扶贫等方面有待加强。

第四，丰富习近平社会治理思想在体育领域的实践。党的十八大以来，习近平社会治理思想受到学界广泛关注，科学社会主义、社会学等学科的学者们对其思想渊源、主要内容和特点、理论与实践意义等进行了较为系统的研究，将习近平社会治理思想运用到体育相关问题的治理实践有待深入。

第五，体育文化贫困的研究少见。国内外的研究中，专门针对体育文化贫困的研究比较少，体育文化作为一种亚文化，除具备文化的一般特性外，还具有身体表征和传承性、创造时空的延展性等特性，这决定了体育文化贫困与文化贫困的形成机制既有共同性也有其独特性，且现有的研究表明，文化影响人的行为，体育文化影响人的体育参与（高鹏飞，2019），因此，对体育文化贫困的研究是必要的。

综上，文化与贫困的关系密切，文化贫困是致贫的重要因素，相对于文化贫困研究的丰富，体育文化贫困的研究还处于起步阶段。

二、我国农村体育研究的总结

（一）我国农村体育研究的历史

从"农村体育"研究的历史来看，可粗略划分为以下几个阶段，具体如图1-10所示。

（二）我国农村体育研究的特点及成果

1. 农村体育研究的特点

总体看来，中国农村体育研究呈现以下特点，见图1-11。

2. 农村体育研究的成果

经过不懈的探索，我国农村体育研究也获得了阶段性的成果，首先，了解了我国农村体育的现实状况，其次，明确了未来的战略走向。具体来说，对农村情况的认识如图1-12所示。

起始阶段

在建国初期，百废待兴，农村体育的研究在科研人员、科研条件、科研刊物上面均难有条件开启；并且全面向苏联学习的过程中，也难以顾及到自身的实际状况。因此，极少有关农村体育的文献出现。但在一定的政治形势下也可有突破。例如，随着整个社会的大跃进高潮，农村体育的研究也呈现突起景况。但这些文献，旨在对中国的农村体育，进行发动和宣传方面。严格来说，只是有了关注，而没有研究

再度开启

1966年至1977年，农村体育研究几乎停滞，这是很自然的。在搜索有关农村体育的文献中，几乎找不到这十年间的相关论文。这是因为整个教育科研的停滞、教科人员的被改造和科研刊物的停办所致。例如，1959年开办的《北京体育学院学报》在60年代中期就停了，一直到1978年才恢复；与《北京体育学院学报》同年创刊的《上海体育学院学报》没出几年也因故停刊，直到1981年才重新开办

展开深入

到20世纪80年代，关注农村体育现状的研究性的文献才开始出现。进入90年代后，研究视野有了更进一步的开拓有着眼于宏观的论述，有着眼于农民态度的研究，有的以思辨的方法阐述理论观点，有的认识结构和实践结构的现实角度探求指导策略。到了2002年，由于政府对三农问题高度重视，2003年的研究数量上有了较大的增长，农村体育研究掀起高潮，但研究的领域与方法仍不离现状调查的定势

飞跃发展

统计1997—2007年间所发表的有关农村体育的论文发现，自2001年始基本上每年呈逐渐增加趋势，在2006和2007年达到顶峰。中国的体育工作者积极影响党的号召，充分认识和积极把握时代脉搏，投身于对农村体育的研究过程中。在研究论文的数量上，2006和2007年达到266篇，是以前8年总数的五倍多，这是一个历史的壮举，是对时代需求的最好回应，反映了中国知识分子积极关心政治、关心民生，与时代同呼吸共命运的基本特征。在论文研究的质量上也得到了充分的体现

图 1-10　我国农村体育研究的历史

问题意识较强，具有强烈的现实关怀并随政策导向而波动

多采用社会学问卷调查方法，将农村体育状况指标化、数量化而更具客观性

调查所获得的结果的一致性也较高，具有相互借鉴性、可比性；但分散而短暂的涉猎也造成研究的随机性、表浅性

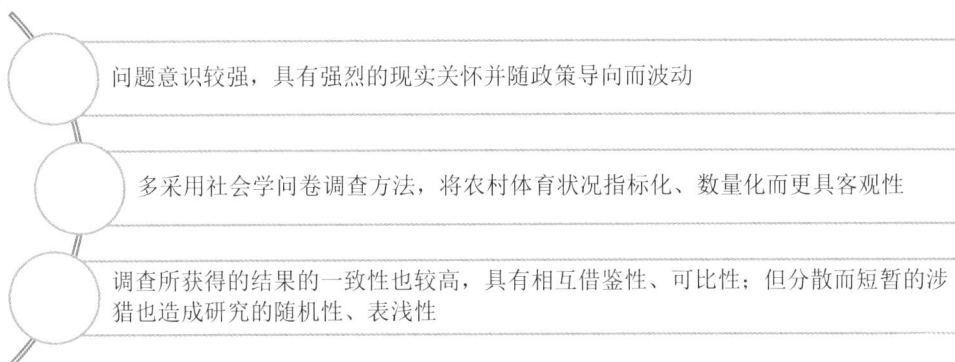

图 1-11　我国农村体育研究的特点

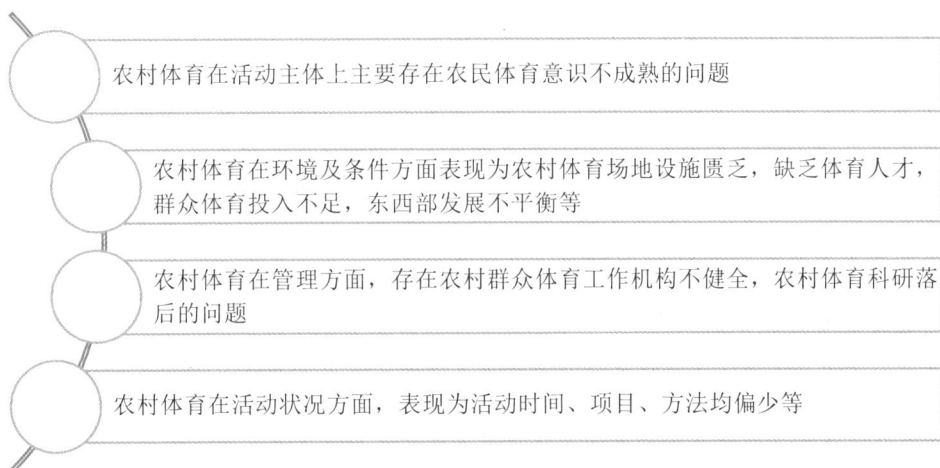

农村体育在活动主体上主要存在农民体育意识不成熟的问题

农村体育在环境及条件方面表现为农村体育场地设施匮乏，缺乏体育人才，群众体育投入不足，东西部发展不平衡等

农村体育在管理方面，存在农村群众体育工作机构不健全，农村体育科研落后的问题

农村体育在活动状况方面，表现为活动时间、项目、方法均偏少等

图 1-12　通过研究对农村情况的认识

我国各地的农村体育特色不同，但有一致性，农村体育的现实情况也具有客观性。对于农村体育的发展战略问题，已经得到了体育管理部门的重视，但还需要进一步的研究。

（三）我国农村体育研究存在的问题

从我国学者对农村体育的研究成果来看，我国学者付出了艰辛的努力和巨大的劳动，也对相关问题进行了有益的探索，提出的一些观点也很有建设性。但是，研究是永无止境的，我国学者对农村体育的研究还存在许多不足和问题，需要继续前行。

我国农村体育研究存在的问题如图 1-13 所示。

农村体育研究不受重视，科研落后于实践

- 迄今为止国内体育科研领域里专门从事农村体育的研究人员很少，大多数只是偶尔涉猎一两次。而对如此复杂的农村问题，没有长期的积累和深入研究，是难以有所收获的。因此，对农村群众体育的开展所起的指导推动作用相当有限，难以满足不断发展的实践需求

表面研究偏多，深层研究较少

- 我国对农村体育研究往往满足于照搬社会调查模式或者想当然地联系社会环境，缺乏对农村体育产生、发展、变化的机制的细致分析，缺乏对农村体育与地方社会文化背景间关系的深入研究

研究对象不全面，呈现偏颇状况

- 我国农民人口中包括以农业生产为主的农民，也包括了以农业生产为辅兼有其他收入的农民。从研究现状来看，大多研究集中于对县、镇、郊区农民体育的研究，而这些研究涉及的研究对象中既有以农业生产为主的农民，也包括县城、乡镇、城市郊区中以农业生产为辅有其他收入的农民，这些以农业生产为辅的农民与以农业生产为主的农民在生活方式、观念意识等方面都有着较大的差异，而我国以农业生产为主的农民又占了整个农村人口的大多数，这些人口的体育状况应该更能代表我国农村体育状况

宏观研究偏多，微观研究较少

- 这一状况的形成可能与流于现状调查及中国人惯于从整体观察事物、研究问题的倾向有关。研究应该更多地关注现实生活中具体的体育问题。农村是一个极为复杂的巨大系统，而不仅是一个地域空间概念。与城镇相比，乡村的社会活动具有分散性。镇即集镇，是一定地域内人口、政治、经济、文化和建设相对集中的地点。在人口的聚集、经济活动、文化教育、社会组织、社会生活或公共设施方面，集镇与周围的乡村是相区别的，因此任何宏观的农村体育研究很难阐明其内在的发生发展规律。随着农村改革的深入和市场经济的发展，小城镇与乡村的差距显得更为分明。因此，需更动态以及细微地进行划分与研究

研究方法单一

- 目前，我国体育界已开始重视对农村体育的研究，但由于在总体上缺乏方法学的理论指导，科研工作大多处于一种自发的、分散性的、问卷调查式的研究，因而论文缺乏足够力度，其实用价值受到影响。农村体育研究所采用的研究方法种类较少，采用多种方法进行综合交叉研究的论文数量少见。总体上讲，农村体育研究所采用的研究方法单一，大多停留在文献、调查、数理统计等方法上

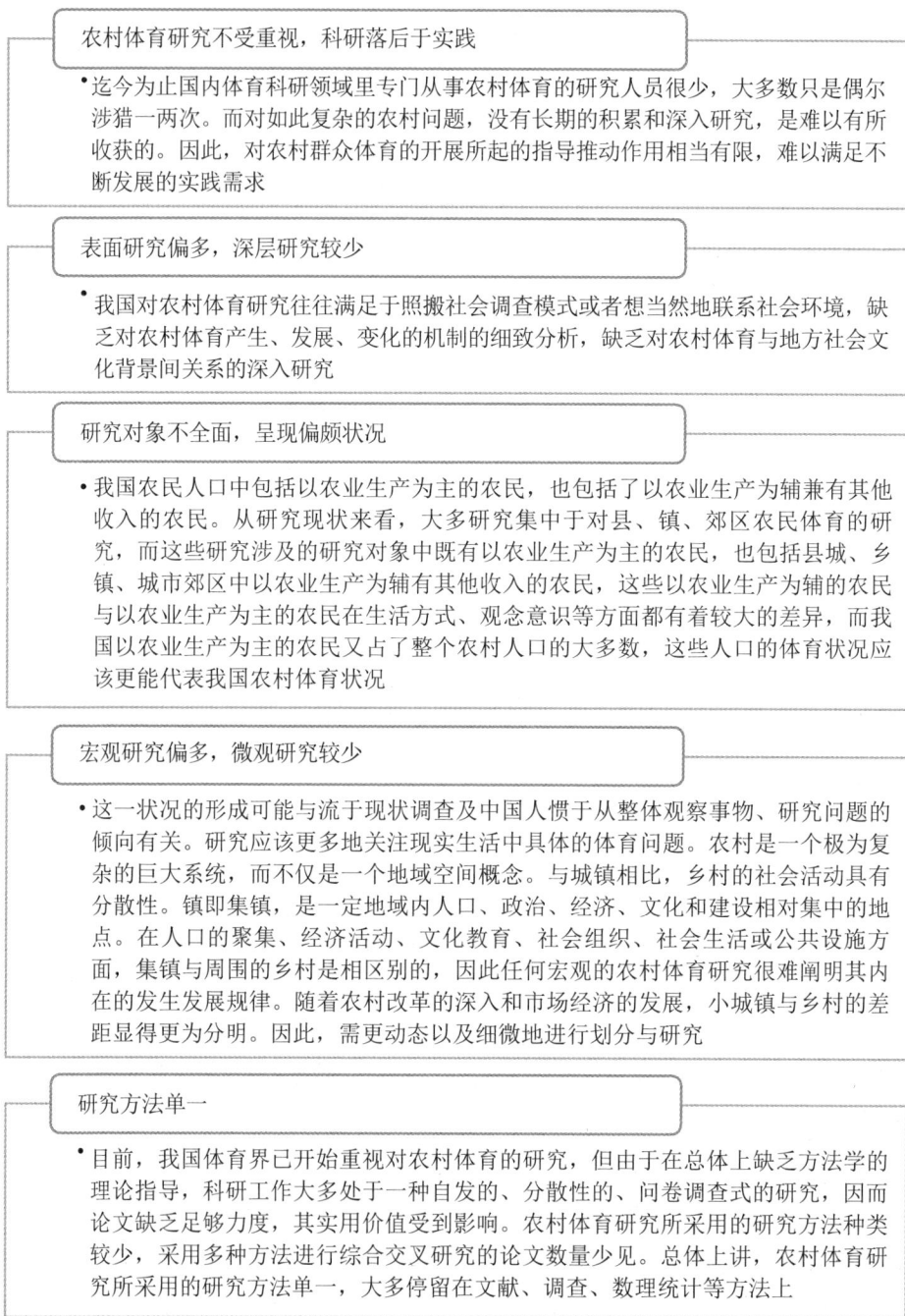

图 1-13　我国农村体育研究中的问题

第二章　农村体育文化相关概念阐释

研究中国农村体育文化，探究中国农村体育文化发展的问题，首先需要对相关的概念进行明晰，这些基本概念涉及农村、农民、农村体育以及农村体育文化等，本章对农村体育文化的相关概念进行阐述，为研究农村体育文化及其发展奠定基础。

第一节　农村与农民

事物会随着时间的推移而发生变化，农村与农民依然。随着社会的发展和时代的变迁，农村与农民的概念与以往相比发生了一定的改变，但其仍保留着以农为业、以农为本的基本特征。

一、农村

（一）农村的界定

关于农村，美国社会学家比勒和菲尔德等的观点主要有三种，具体如图 2-1 所示。

在我国，对"农村"的含义也进行了一定的研究，归纳起来，主要有图 2-2 所示的几种观点。

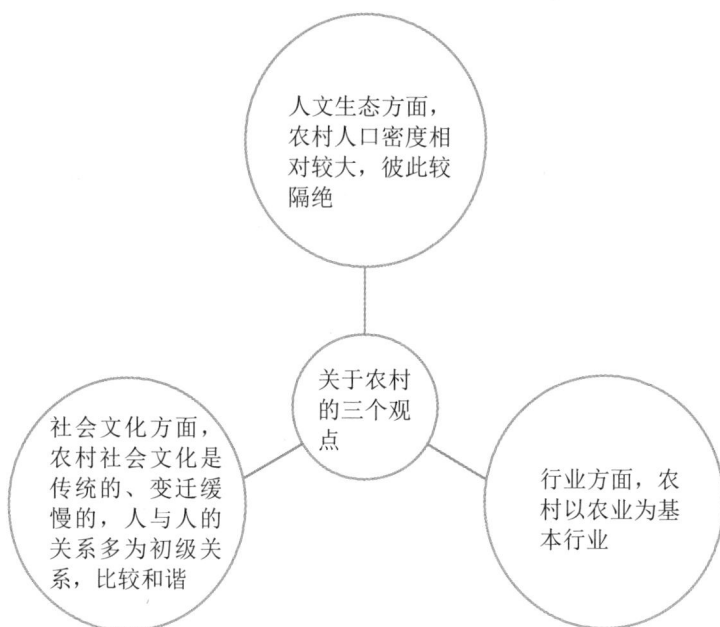

图 2-1　关于农村的三种观点

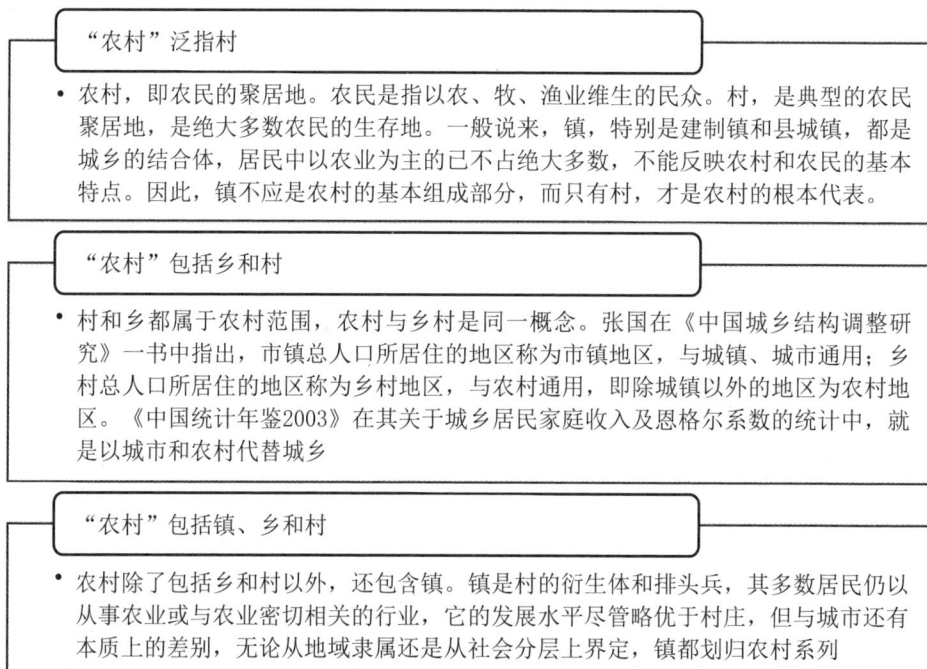

"农村"泛指村

- 农村，即农民的聚居地。农民是指以农、牧、渔业维生的民众。村，是典型的农民聚居地，是绝大多数农民的生存地。一般说来，镇，特别是建制镇和县城镇，都是城乡的结合体，居民中以农业为主的已不占绝大多数，不能反映农村和农民的基本特点。因此，镇不应是农村的基本组成部分，而只有村，才是农村的根本代表。

"农村"包括乡和村

- 村和乡都属于农村范围，农村与乡村是同一概念。张国在《中国城乡结构调整研究》一书中指出，市镇总人口所居住的地区称为市镇地区，与城镇、城市通用；乡村总人口所居住的地区称为乡村地区，与农村通用，即除城镇以外的地区为农村地区。《中国统计年鉴2003》在其关于城乡居民家庭收入及恩格尔系数的统计中，就是以城市和农村代替城乡

"农村"包括镇、乡和村

- 农村除了包括乡和村以外，还包含镇。镇是村的衍生体和排头兵，其多数居民仍以从事农业或与农业密切相关的行业，它的发展水平尽管略优于村庄，但与城市还有本质上的差别，无论从地域隶属还是从社会分层上界定，镇都划归农村系列

图 2-2　我国对于"农村"含义的研究

通过对农村含义的阐述，可以看出，农村一词在概念和范围方面存在不明晰之处，导致农村指向含糊。为了便于体育研究，通常认为"农村"包括镇、乡和村。

（二）农村的特点

我国疆幅员辽阔，各地的地理和自然环境迥异，经济与人文环境也不同，这导致了不同地区农村呈现不同的面貌。我国是一个传统农业国家，农村的发展经过了漫长的时间，形成了自己的特点。

费孝通的《乡土中国》一书，鲜明指出了我国农村普遍存在的地方性。[①] 而由于农村经济具有自给自足的特点，这一定程度上造成了农村的闭塞性。这两大方面主要是我国传统农村表现出来的特点。

随着社会的发展，我国农村地区开放程度不断提高，农村原有的封闭局面也有所改变，开始显示出社会化特征。虽然我国经济和社会在改革开放后获得了快速的发展，但是我国正处于并将长期处于社会主义初级阶段的基本国情没有改变，我国农村发展还面临着艰巨的任务，我国农村在长期发展过程中形成的乡土文化仍然十分显著，一时也难以改变。具体来说，我国农村主要呈现出图 2-3 所示的几个方面的特点。

（三）农村传统文化

1. 农村传统文化解读

自古以来，我国就是一个农业国家，形成了农业文化，农业文化孕育了我国农村传统文化，并渗透农村社会生活的各个方面。我国农村传统文化有着独特的特点，这也造成我国农民与其他国家农民不同。对于农村传统文化来说，其内涵十分宽泛。人们一提到农村，就会想到小农意识，将其作为中国农民的典型文化品格，其实这是存在认识误区的。小农意识只是农民为了达到目标而采取的策略，它是各种历史条件下农民理性选择的结果，一旦条件发生改变，这种意识也会发生转变。除了小农意识，农村中还存在一些保守、封闭的传统思想，随着时代的发展，这些思想将会被淘汰。在漫长的时间里，中华民族也形成了吃苦耐劳、自强不息的民族精神，已经融入中华民族的血液，成为中华民族的基因和特质，不会轻易改变，在这种精神的影响下，农民可以主动参与体育文化活动，促进农村体育的发展。

---

① 费孝通，乡土中国 [M]. 上海：三联书店，1985.

农耕的基本生活方式和文化特征

农耕不仅是农民的谋生手段，而且也是农民的基本生活方式。从古至今，中国农村一直都是以农业为主要生计，这种农业生产方式不仅决定了农民的物质生活状况，也决定了农民的认知方式、思维方式、情感方式、价值观念和生活方式。在同一地区生息劳作的家庭，在特定的空间内，依靠地缘关系组成村落共同体，在内部实行自给自足的自然经济，使农民对外界社会的依赖性很小。千百年来，社会几经变迁，但农村的自然环境和基本谋生手段却变化很小，人与人在空间上相互隔绝，反映在文化上则形成了浓厚的乡土色彩和以农耕为基础的封闭、守旧、安于现状等传统文化特征

家族式的组织形式和群体特征

中国传统的农村家庭既是生育的群体又是最基本的生产单位，具有政治、经济、宗教、教育等多种复杂的社会功能。由于世代居住一个地方，所以一个村庄的形成往往以一个姓氏家族为基础，同族人相聚而居，互相帮助，互相依靠，使得中国农村社会具有"宗法社会"的特点。新中国成立后，以宗族为基础的社会组织形式得到了改变，以宗族为基础的社会关系也大大地被削弱，逐步代之以社会主义的新型人际关系。但是目前，宗族仍有着不可忽视的潜在的社会影响，往往成为农村社会中占支配力量的伦理关系

孝悌和勤俭的社会价值和社会道德

孝悌本是属于儒家文化中的家庭伦理关系的内容，"孝"是维系社会关系中长幼关系的原则；"悌"是维系平辈关系的原则。但是，由于农村经济以家庭为基础，农村的社会生活也是家庭生活的延伸，所以在一定程度上，家庭中的伦理道德也就构成了农村社会的道德伦理的主体。勤俭是农村经济生活的准则和价值取向。传统的农业社会生产主要依靠繁重的体力劳动，不出力就难以有好的收成；另一方面，由于农业生产力低下，土地产出较低，不节约就可能导致生存困难，享受被降低到了最低限度。这样，勤俭就成了维持生计的基本道德要求

舆论和情感的农村社会控制

传统的农村社会是由一个个相对孤立的农村村落组成的，村落社区相对较小，如果某个人的行为有不合礼俗之处，不仅对个人不利，而且还给家庭、家族甚至社区带来负面影响，因此社区对越轨行为极为看重。在农村社会中，人与人的关系是以情感为基础的初级社会关系，这就决定了社会制约的力量不是依据法律、规章或契约，而是主要来自社区的舆论，带有很强的感情色彩。村民们在遇到麻烦的时候，处理的方法也多是托人情、求面子

图 2-3　我国农村的特点

2. 农村传统文化的特点

我国是传统农业国，农业是国家的根本，我国的农村文化就是一种农业文化。对于我国传统农村文化来说，有三大特点，分别为乡土性、封闭性和相对静态性。

农村传统文化的特点具体如图 2-4 所示。

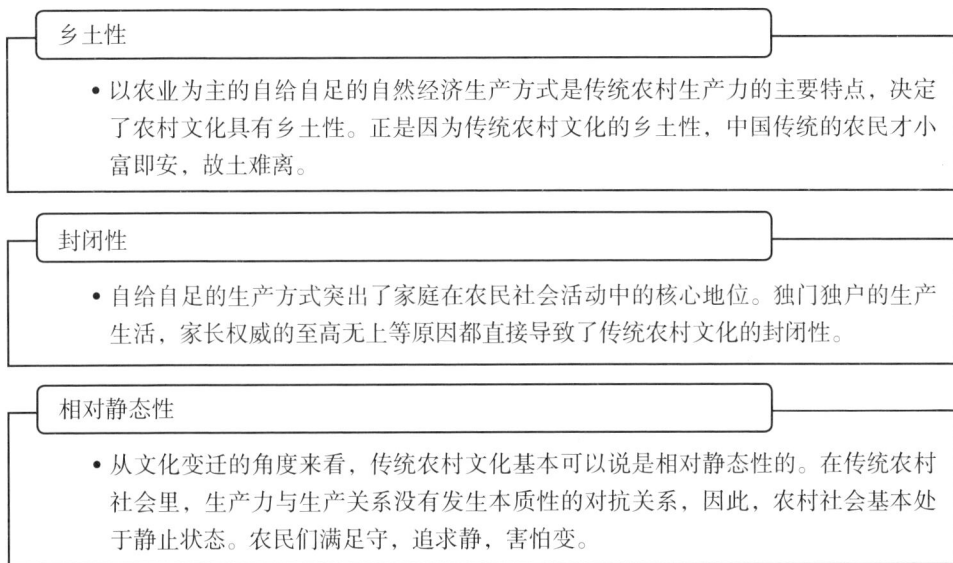

乡土性
- 以农业为主的自给自足的自然经济生产方式是传统农村生产力的主要特点，决定了农村文化具有乡土性。正是因为传统农村文化的乡土性，中国传统的农民才小富即安，故土难离。

封闭性
- 自给自足的生产方式突出了家庭在农民社会活动中的核心地位。独门独户的生产生活，家长权威的至高无上等原因都直接导致了传统农村文化的封闭性。

相对静态性
- 从文化变迁的角度来看，传统农村文化基本可以说是相对静态性的。在传统农村社会里，生产力与生产关系没有发生本质性的对抗关系，因此，农村社会基本处于静止状态。农民们满足守，追求静，害怕变。

图 2-4　农村传统文化的特点

3. 农村传统文化对农村体育发展的影响

人在社会上生存，创造了包含意识形态、生活方式以及精神物化产品等内容的丰富多彩的文化，并生活在这种文化之中，自然也会受到这种文化的影响和制约。尤其是对于我国农村传统文化来说，其绵延几千年，对我国农民的思维意识和行为举止的影响也制约作用巨大，同样影响着农民的体育意识和体育行为，影响着农村体育的发展。我国农村，经济与文化发展相对滞后，传统体育文化的消极影响不容忽视。具体来说，农村传统文化对农村体育发展的影响体现在以下几个方面。

（1）农村固守的生活方式

在长期的生产生活过程中，农民形成了传统的农村生活方式，其是传统文化的体现，由传统文化塑造，蕴藏着传统文化。自给自足是我国农村社会的常态，而农业生产是农民主要的生存基础，虽然生产力在不断发展，但这些情况并没有得到根本性的改变。这种生产特点和经济状况决定了农村生活方式的封闭性。加上农村地广人稀，农民居住分散，交往范围不大，助长了这种封闭和内向心理的形成。农民追求安稳，对其创造力和进取心是一种制约，从而面对新事物时，一时半会儿难以接受。

（2）农村守旧的传统思想

在我国，最具有代表性、影响最为深远的文化当属儒家文化，儒家文化即是中华民族优秀传统文化的组成部分，也存在一些糟粕。长期以来，我国农民也深受其影响，形成了守旧的传统思想。农村中存在的传统思想主要如图2-5所示。

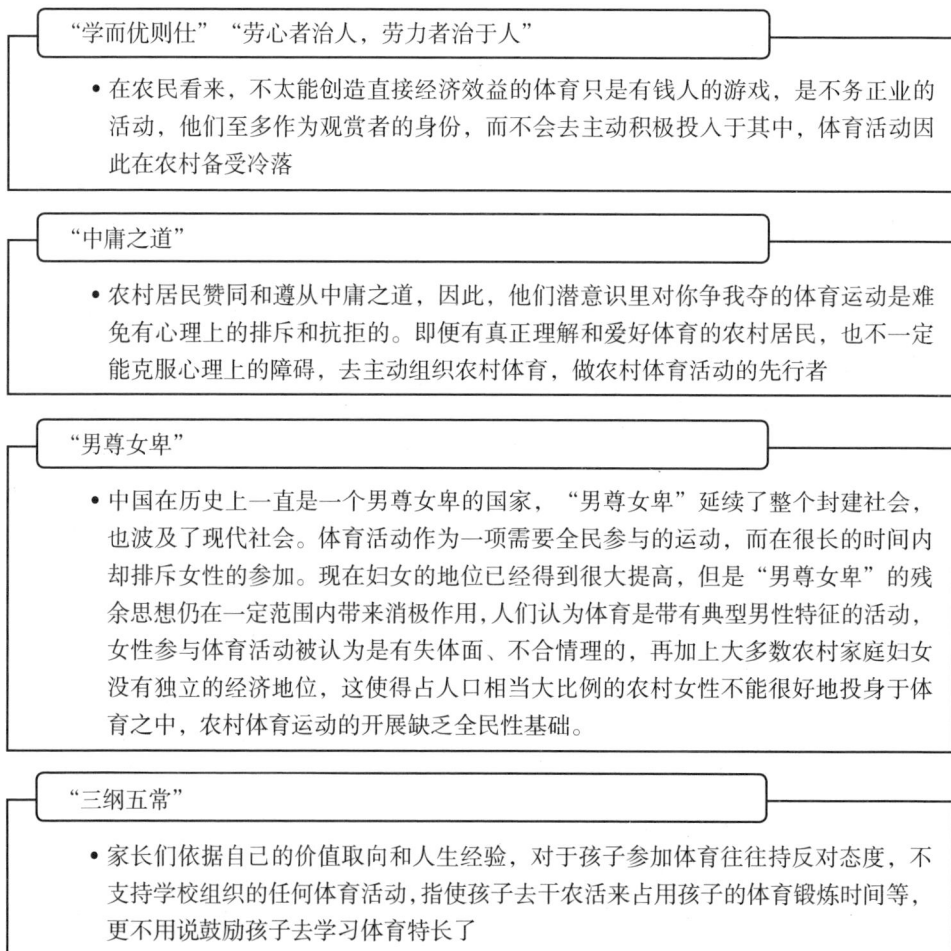

> **"学而优则仕""劳心者治人，劳力者治于人"**
> - 在农民看来，不太能创造直接经济效益的体育只是有钱人的游戏，是不务正业的活动，他们至多作为观赏者的身份，而不会去主动积极投入于其中，体育活动因此在农村备受冷落

> **"中庸之道"**
> - 农村居民赞同和遵从中庸之道，因此，他们潜意识里对你争我夺的体育运动是难免有心理上的排斥和抗拒的。即便有真正理解和爱好体育的农村居民，也不一定能克服心理上的障碍，去主动组织农村体育，做农村体育活动的先行者

> **"男尊女卑"**
> - 中国在历史上一直是一个男尊女卑的国家，"男尊女卑"延续了整个封建社会，也波及了现代社会。体育活动作为一项需要全民参与的运动，而在很长的时间内却排斥女性的参加。现在妇女的地位已经得到很大提高，但是"男尊女卑"的残余思想仍在一定范围内带来消极作用，人们认为体育是带有典型男性特征的活动，女性参与体育活动被认为是有失体面、不合情理的，再加上大多数农村家庭妇女没有独立的经济地位，这使得占人口相当大比例的农村女性不能很好地投身于体育之中，农村体育运动的开展缺乏全民性基础。

> **"三纲五常"**
> - 家长们依据自己的价值取向和人生经验，对于孩子参加体育往往持反对态度，不支持学校组织的任何体育活动，指使孩子去干农活来占用孩子的体育锻炼时间等，更不用说鼓励孩子去学习体育特长了

图2-5 农村守旧的传统思想

（3）农民滞后的价值观念

对于农民来说，时刻受到生活物资匮乏的困扰，虽然他们遵从道义价值和道德观念，但对功利性的人生目标往往更为关注。这种思想观念在现在也依然存在。主要体现在注重眼前利益，缺乏对长远利益的考虑。他们最容易接受的是能够看得到的好处，对于一些难以看到好处的新思想观念则持排斥态度。而体育的价值实现正式这种隐性的，需要长期坚持才能显现的，因而对农民的吸引力不够大。许多农民也难以看到身体健康的重要性，也就不会主动积极地参与体育运动来提升自己的体质水平。

（4）农民落后的思维方式

长期从事农业生产，受到农村传统文化的影响，农民的思维方式存在一定的落后性，主要体现在三个方面，如图 2-6 所示。

农民的这种落后的思维方式导致了他们主体精神和独立自主意识的缺乏，这样影响了农民参与农民体育建设的自主性，不利于形成自发的农民体育组织。

（四）农村社会

1. 农村的社会分化

自 20 世纪 70 年代以来，中国农村社会进行了大规模的社会分化。

按照陆学艺的观点，农村分化大致可以分为四类，主要为前分化型、低度分化型、中度分化型和高度分化型，具体如图 2-7 所示。

我国农村社会的分化与经济现代化水平提高和发展的路径一致，也将沿着前分化型向低度分化型，经中度分化型到达高度分化型的方向进行。

2. 农村社会结构

农村社会与城市社会是相对的，它处于一个发展的过程，其生产、生活方式也总处于动态发展过程之中。农村社会总体的构成要素以及它们之间具有的相对稳定的关系就称为农村社会结构。

农村社会结构的分类如图 2-8 所示。

依附心理

- 农民历来对土地有严重的依赖意识，把土地视为命根子，安于现状、小富即安、贫富相济，追求自给自足，不想甚至不敢想象外面的世界；并且依附于人，千百年来，只局限单家独户经营的农民，从无组织的习惯和能力，一切听从别人的安排，个人进行独立思考和判断的能力和意识受到严重的压制，谈不上具有主体意识；同时传统的宗法伦理观念也培养了中国传统农民所特有的依附性格，它严重地限制了农民的个性发展，忽视个人价值的存在，使农民缺乏独立自主的心理和意识

从众心理

- 从众心理表现为盲目从众、固守传统，看见周围的人都那样做、那样说，自己不去独立思考，盲目地跟着人家，或者某种行为和观点是自己已然的旧习惯、旧传统，自己也就遵从那些传统习惯，这就是农民常说的"过河随大流"

经验思维

- 农民的循环思想，植根于春播秋获，年复一年，单调重复，进化迟缓而又稳定的农耕生活节奏，直观而广泛地反映了文化层次循环论的哲理，这种循环思想又导致了农民经验型、静态型的经世观念，人循人，子循父，对来自外界的信息很难接受，个人习惯也就是社会风俗。以上传统的认知模式和思维方式在今天依然存在，但尊重知识、自主创新、授受变革、面向市场和开放意识正成为现代农民特别是沿海地区和经济发达地区农民崭新的思维方式

图 2-6　农民落后的思维方式

农村分化类型	前分化型	农业劳动者的点比在90%以上，乡镇企业职工不足5%
	低度分化型	农业劳动者的点比在70%～90%，乡镇企业职工的点比在20%～10%
	中度分化型	农业劳动者的点比在20%～70%，乡镇企业职工的点比在20%～60%
	高度分化型	农业劳动者的点比在20%以内，乡镇企业职工的点比超过60%

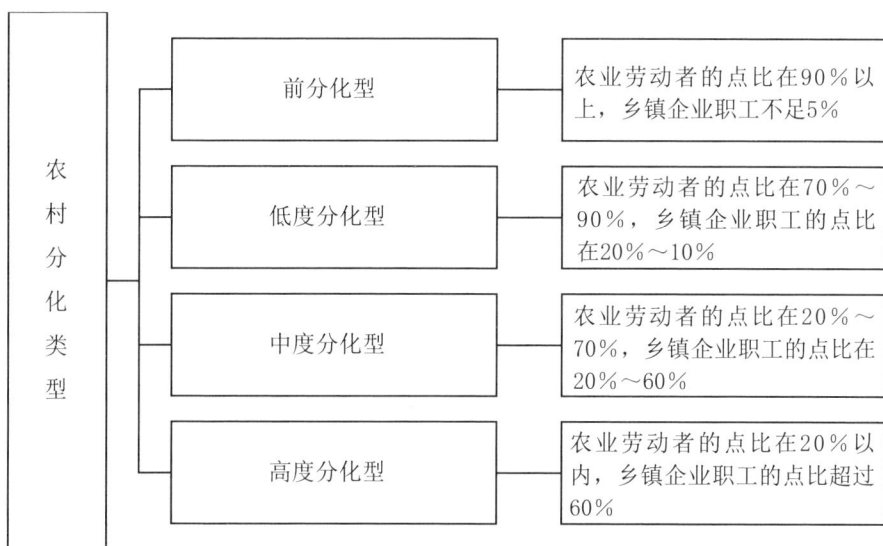

图 2-7　农村分化类型

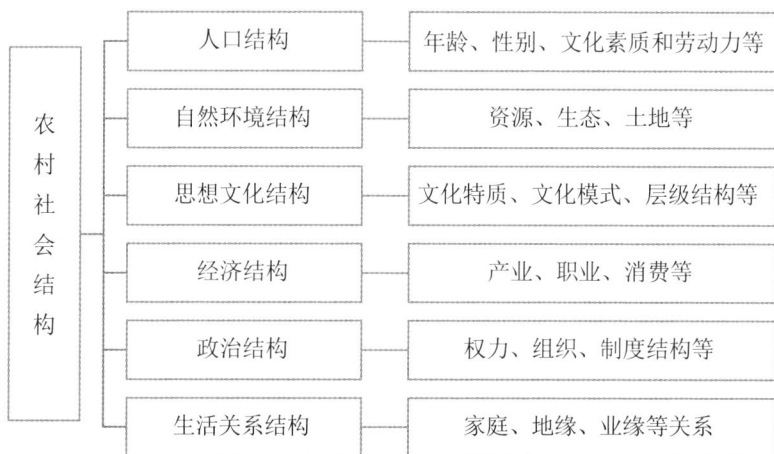

农村社会结构	人口结构	年龄、性别、文化素质和劳动力等
	自然环境结构	资源、生态、土地等
	思想文化结构	文化特质、文化模式、层级结构等
	经济结构	产业、职业、消费等
	政治结构	权力、组织、制度结构等
	生活关系结构	家庭、地缘、业缘等关系

图 2-8　农村社会结构的分类

二、农民

（一）农民的界定

关于农民，学术界一直在讨论研究，目前还没有形成一个公认统一的定义。20 世纪 70 年代到 20 世纪 90 年代，西方对于农民的讨论主要有三种观点，如图 2-9 所示。

第一种观点是把农民视为是历史上所有时代中的个体农业生产者，包括古典时代中农民城邦的公民、中世纪的农奴与村社员、独立农民直到当代的农场主，但不包括非农业生产者

第二种观点认为农民是不发达社会、宗法式社会或农业社会中的居民，包括社会中所有农业生产者与非农业生产者，但不包括非农业社会的农民

第三种观点是将农民定义为特定生产关系中的一个阶级，即中世纪的农民阶级，这个观点是马克思主义者所支持的，该定义既不包括"农业社会"的非农民生产者，也不包括非农业社会的农民

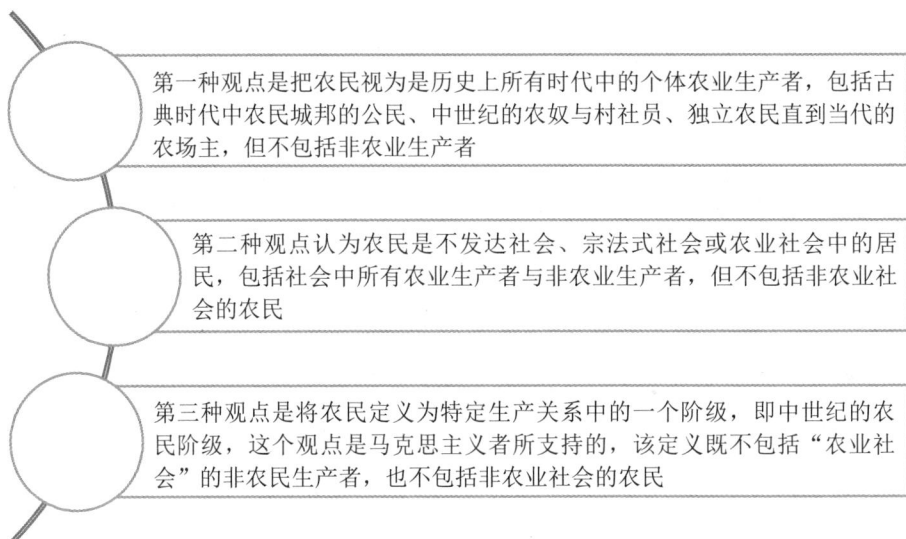

图 2-9　西方学界对于农民概念的讨论

我国对农民的定义也有着自己的认识，不仅《辞海》中对农民给出了定义，其他一些学者也对农民进行了研究，具体见图 2-10。

《辞海》	秦晖	朱光磊
• 直接从事农业生产的劳动者在资本主义社会和殖民地、半殖民地社会主要指贫农和中农，在资本主义社会，主要指集体农民	• 深入研究了农民的概念，他认为在发达国家中，农民（farmer）属于职业范畴，指的是经营农场或农业的人。这个概念与渔民、木匠、工匠、商人等职业是并列的关系。而所有从事相关职业的人都有公民的权利，在法律上都被称为市民，只不过从事的职业不同而已。无论在研究中还是在日常生活的语境中，他们都属于一种社会等级，一种身份，一种生存状态，一种社区乃至社会的组织方式，一种文化特征乃至心理结构	• 在我国，"农民"的概念具有很强的伸缩性。在广泛的意义上讲，它与城市居民的概念相对应，泛指一切农村人口。在这个意义上，农民意味着一种身份与地位，以及相应的生活方式；在严格的阶层定义中，农民指的是从事种植业和养殖业为主的农村劳动力，也就是所谓的农业生产劳动者

图 2-10　我国对农民概念的认识与研究

在我国的全民健身体系中，也有对农民的定义，如图 2-11 所示。

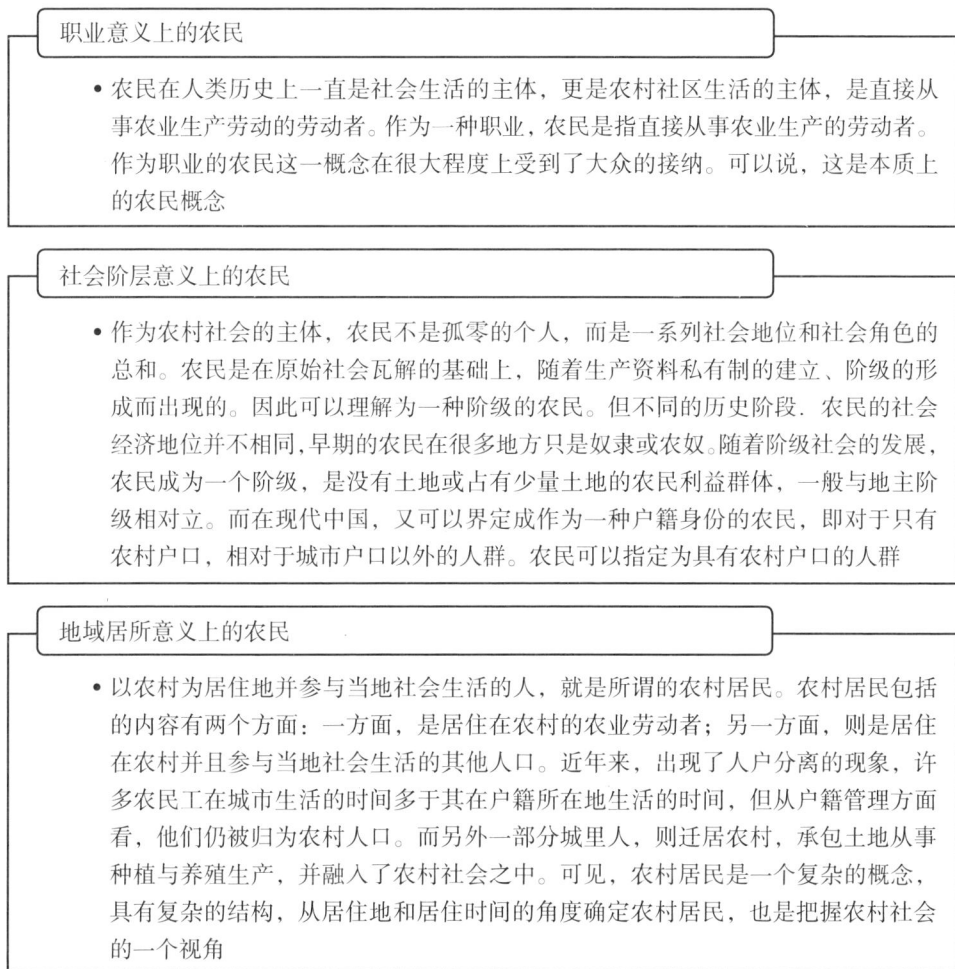

职业意义上的农民

- 农民在人类历史上一直是社会生活的主体，更是农村社区生活的主体，是直接从事农业生产劳动的劳动者。作为一种职业，农民是指直接从事农业生产的劳动者。作为职业的农民这一概念在很大程度上受到了大众的接纳。可以说，这是本质上的农民概念

社会阶层意义上的农民

- 作为农村社会的主体，农民不是孤零的个人，而是一系列社会地位和社会角色的总和。农民是在原始社会瓦解的基础上，随着生产资料私有制的建立、阶级的形成而出现的。因此可以理解为一种阶级的农民。但不同的历史阶段，农民的社会经济地位并不相同，早期的农民在很多地方只是奴隶或农奴。随着阶级社会的发展，农民成为一个阶级，是没有土地或占有少量土地的农民利益群体，一般与地主阶级相对立。而在现代中国，又可以界定成作为一种户籍身份的农民，即对于只有农村户口，相对于城市户口以外的人群。农民可以指定为具有农村户口的人群

地域居所意义上的农民

- 以农村为居住地并参与当地社会生活的人，就是所谓的农村居民。农村居民包括的内容有两个方面：一方面，是居住在农村的农业劳动者；另一方面，则是居住在农村并且参与当地社会生活的其他人口。近年来，出现了人户分离的现象，许多农民工在城市生活的时间多于其在户籍所在地生活的时间，但从户籍管理方面看，他们仍被归为农村人口。而另外一部分城里人，则迁居农村，承包土地从事种植与养殖生产，并融入了农村社会之中。可见，农村居民是一个复杂的概念，具有复杂的结构，从居住地和居住时间的角度确定农村居民，也是把握农村社会的一个视角

图 2-11　全民健身体系中对农民的定义

综上所述，结合我国的实际，可以将农民定义为在农村地缘关系的基础上，通过各种社会关系和联系而成为农村社会各类社会集团、群体及社会组织的农村居民。

（二）农民的特点

关于农民的特点，英国社会学家特沙宁进行了分析与概况，其观点主要体现在其《农民与农民社会》一书中。其中对农民特点的总结如图 2-12 所示。

一 • 农民是小规模生产的产生者，他们使用相对简单的劳动工具，其家庭成员也参加农业劳动，他们生产大多是直接或间接地对自己的消费需求予以满足，当然也履行政治、生活、经济掌权者的义务

二 • 土地是农民生存的重要资源

三 • 农民家庭是社会组织中一种基本的、多功能的单位

四 • 农民的特殊文化模式与他们所生活的农村社区的方式相互联系

五 • 农民处于社会的下层，在新中国之前的历朝历代都处于各统治阶级的压迫之下

图 2-12 特沙宁对农民特点的总结

特沙宁对农民特点的总结，针对的是传统农民。随着社会的发展，我国农民发生了变化，体现出了如图 2-13 所示特点。

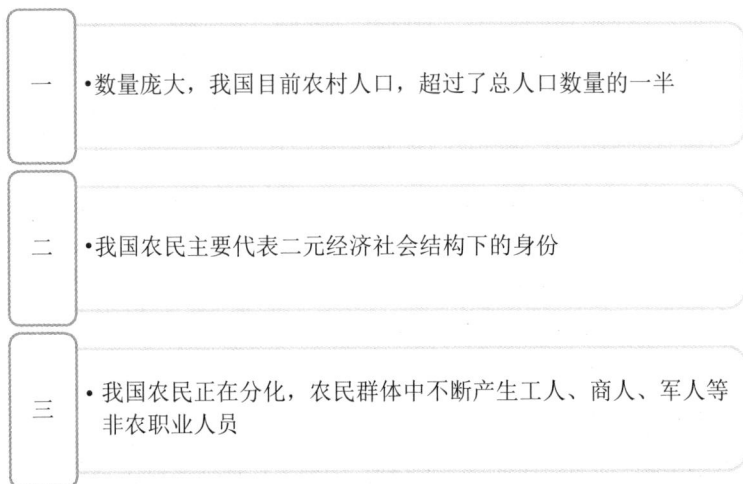

一 • 数量庞大，我国目前农村人口，超过了总人口数量的一半

二 • 我国农民主要代表二元经济社会结构下的身份

三 • 我国农民正在分化，农民群体中不断产生工人、商人、军人等非农职业人员

图 2-13 我国农民的特点

此外，农民还因年龄不同体现出一定的特征差异，这主要与他们所处时代不同有关。如，相比于老一代农村人口，新一代农村人口接受了更好的教育，体现出了较高的文化素质，在生活方式和消费观念上已经与城市居民没有多大差异。

（三）农民的发展现状

1. 与城市人口相比受教育水平较低

受教育水平包括两方面的内容，一是在总人口中受教育者的点比，另一个是在教育总投入中高等教育和职业化教育的占比。对于我国的农民来说，尤其是中西部地区的农民，他们的受教育水平一般都较低。受教育水平低也就导致了农民的科学文化水平方面存在短板，于是在法律意识、环境意识等方面都比较落后，这就导致了农村人口向城市人口转变受到限制。我们知道，高素质的劳动力是城市化发展的重要动力，农民受教育水平低，自然导致高素质人才的缺乏，这也就导致了我国城市化水平不高。

2. 农民专业人才比例不高

所谓的专业人才，不仅指掌握专业知识和技能的人，还要求其能够发挥自身作用，凭借创造性劳动促进经济社会发展。我国农村专业人才比例不高，这大大影响了我国农村与城市的发展。缺乏专业性的人才，便无法进行专业化生产，社会分工难以实现，也就影响了生产效率的提高。同时，专业性人才不足，也就无法满足城市化建设过程中对各层次劳动力的需求，导致城市化发展进程因人才缺乏而停滞不前。

第二节　农村体育

一、体育与农村体育

（一）体育

关于体育，各国学者进行了研究，比较具有代表性的观点有美国学者杰·科

克利 ①、美国学者罗纳德·B·伍兹 ② 和欧盟委员会《体育白皮书》③ 的观点，具体如图 2-14 所示。

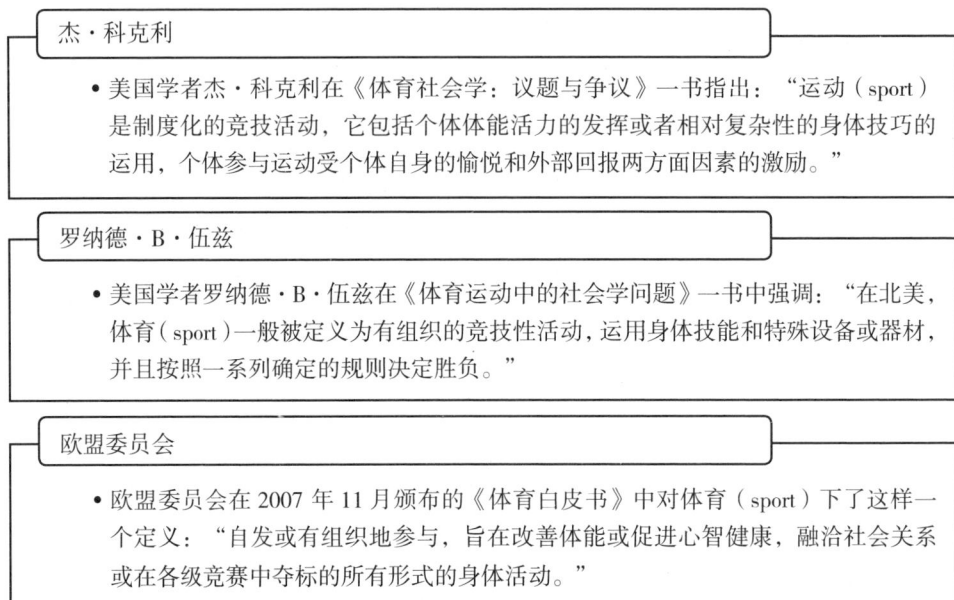

杰·科克利
- 美国学者杰·科克利在《体育社会学：议题与争议》一书指出："运动（sport）是制度化的竞技活动，它包括个体体能活力的发挥或者相对复杂性的身体技巧的运用，个体参与运动受个体自身的愉悦和外部回报两方面因素的激励。"

罗纳德·B·伍兹
- 美国学者罗纳德·B·伍兹在《体育运动中的社会学问题》一书中强调："在北美，体育（sport）一般被定义为有组织的竞技性活动，运用身体技能和特殊设备或器材，并且按照一系列确定的规则决定胜负。"

欧盟委员会
- 欧盟委员会在 2007 年 11 月颁布的《体育白皮书》中对体育（sport）下了这样一个定义："自发或有组织地参与，旨在改善体能或促进心智健康，融洽社会关系或在各级竞赛中夺标的所有形式的身体活动。"

图 2-14　关于体育的不同定义

（二）农村体育

体育包括竞技体育、学校体育和群众体育，农村体育是体育的下位概念，自然也就可以分为农村竞技体育、农村学校体育、农村群众体育这三大部分。这三个方面相互联系，又各有差异。具体内容如图 2-15 所示。

---

① 科克利著，管兵译. 体育社会学：议题与争议（第 6 版）[M]. 北京：清华大学出版社，2003：24.

② 伍兹著，田慧译. 体育运动中的社会学问题 [M]. 北京：人民体育出版社，2011：7.

③ 王家宏、陈华荣，刘卫东. 欧共体育一体化研究：《体育白皮书》及其附件编译 [R]. 北京：国家体育总局，2008：2.

> **农村竞技体育**
>
> - 农村竞技体育是为充分调动农村人口参与体育活动的积极性，体现出体育运动的竞技功能，在农村地区举办各种高水平的比赛活动。农村竞技体育在本质上属于社会体育的范畴，但伴随着现代体育的持续发展，农村竞技体育中的部分内容迟早会演变为竞技体育的组成部分。

> **农村学校体育**
>
> - 农村学校体育是指在农村地区或者面向农业的学校所进行的各项体育活动

> **农村群众体育**
>
> - 农村群众体育指农村人口（农民）包括其中的男女老幼及伤病残者自愿参加的以健身、医疗、养生、游戏为手段，达到强身、健心、康复、娱乐和休闲为目的的体育活动，是我国社会体育的重要组成部分

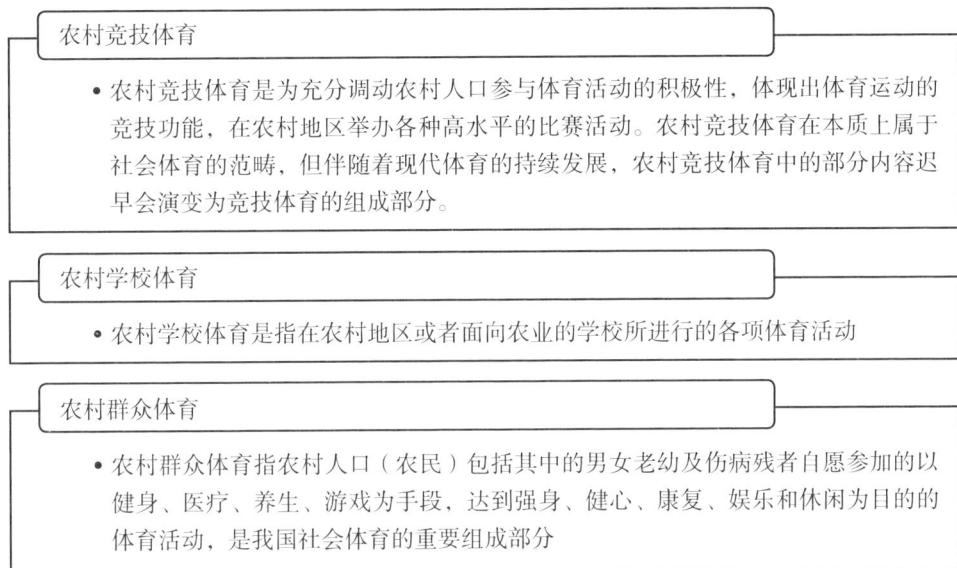

图 2-15　农村体育的三大内容

农村体育是农村竞技体育、农村学校体育、农村群众体育三部分的综合，这是从广义的角度对农村体育的总结，从狭义上来看，农村体育仅仅指农村群众体育。

二、我国农村体育的特点

我国农村体育的特点呈现出我国农村地区社会经济发展的缩影。农村体育有群众体育的一般特性，但相对于城市体育而言，农村体育又有独自的特征。农村体育的特点如图 2-16 所示。

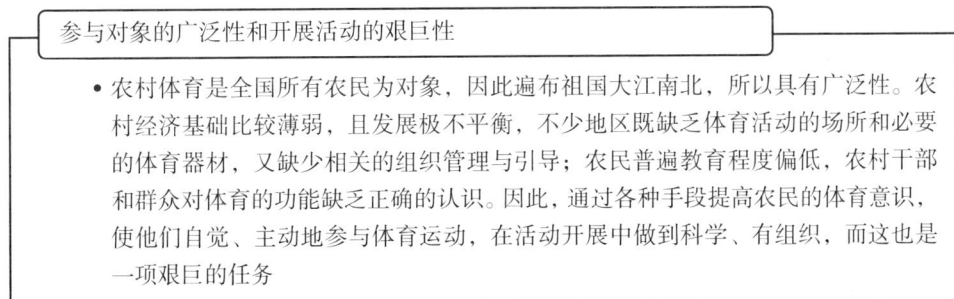

> **参与对象的广泛性和开展活动的艰巨性**
>
> - 农村体育是全国所有农民为对象，因此遍布祖国大江南北，所以具有广泛性。农村经济基础比较薄弱，且发展极不平衡，不少地区既缺乏体育活动的场所和必要的体育器材，又缺少相关的组织管理与引导；农民普遍教育程度偏低，农村干部和群众对体育的功能缺乏正确的认识。因此，通过各种手段提高农民的体育意识，使他们自觉、主动地参与体育运动，在活动开展中做到科学、有组织，而这也是一项艰巨的任务

体育活动项目的随意性和形式的灵活性

- 改革开放后，我国经济有了长足的发展，农村地区的物质条件有了明显的变化，广大农民群众的闲暇时间不断增多，使得高文化水平的农民不在少数，农村的体育需求发生了变化，体育活动的内容比以前更加丰富，参加锻炼的成员能有更多的选择权，结合自身实际情况"各取所需"，选择自己喜欢的项目。在活动和组织形式上也具有极大的灵活性，参与锻炼的单位可以是个人，也可以是群体；可由村、乡、镇组织，也可由村民自发组织。就体育锻炼的形式而言，更加丰富多样，因人而异，因地制宜

体育活动的传统性和民族地区的差异性

- 中华民族发展历程中，许多优秀项目历经筛选、提炼后流传至今，具有鲜明的传统性。像春节期间进行的龙灯狮舞、端午节的龙舟竞渡、重阳节的登山活动等。许多活动打上了深深的地方烙印，在祖国的不同地区开展得各不相同，如南方农村喜好赛龙舟，北方农村喜好赛马。至于农村地区的民族传统体育项目则更加绚丽多彩，我国有几百种少数民族体育项目，如抢花炮、叼羊、珍珠球、木球、荡秋千等，这在世界上也是极为少见的

体育活动的自发性和季节性

- 农村体育作为一种集体行为，除了表现出有规模、有组织、有领导的群众行为以外，还表现出非组织、非领导的自发行为。通常来讲，只要农民主观上对体育产生浓厚兴趣，就能通过其成员间的连锁反应去感染其他人的情绪，进而使全村都形成体育文化风气。从某种意义上说，这种民间自发性广泛而又生动，正是农村体育体现出生机与活力的基础。但是这种自发性不具备时间的连续性，要受生产劳动季节性的制约。因此，在农忙季节较少举办体育活动，最多是结合劳动和休息时间进行。只有在隆重节日期间和农休时节，体育活动才能体现出广泛的社会性，促使自发性体育活动延续和发展了起来

图 2-16　我国农村体育的特点

第三节 农村体育文化

一、体育文化的产生与发展

世界文化有东西方之分，也有四大体系之分，不同的文化受到地域等多种因素的影响，而具有了不同的特点。体育文化是在文化产生之后出现的，关于其起源，有几种不同的看法。图 2-17 显示了关于体育文化产生和发展的几种理论。

劳动起源论

- 从总体上说，人类的文化是通过人类自己的双手和大脑的思维创造出来的。早期人类在求生存中学会了奔跑、跳跃等技能。并在追捕猎物等活动中，发展了速度、耐力、力量、灵敏等各种身体素质。这个时候的体育鲜明的体现在以生存为直接目的，进行着各种能力的训练

军事起源论

- 由于个人之间为争夺狩猎得来的猎物而产生的冲突到后来发展到部落之间的武装冲突，各部落为了提高自己的力量进行了有组织的身体训练。其中还包括拌跤、飞镖、棍棒等技能

游戏起源论

- 当原始人在获得丰富猎物后，特别是当丰收之后，聚集在一起以游戏欢舞的方式庆贺，也表明了体育是在跑、跳、投等劳动形态中演化出来，并以欢唱和舞蹈表达内心的喜悦

宗教起源论

- 原始社会后期，由于生产力水平低下，又受到四季和环境的困扰，原始人为求助自然恩施，祭祀天地而形成的原始宗教活动，并以体育形式进行求助祭拜

教育起源论

- 生产劳动的发展以及在军事、游戏中演变出来的运动技能、技巧，以劳动教育的方式传授给后代。既发展了上述各种技能和身体素质，又逐步脱离了动物野性，向人性方向进化，形成了具有文化内涵的体育生活

图 2-17 体育文化产生和发展的几种理论

综上所述，体育文化的产生是在人类生产生活过程中多种因素综合影响的结果。也就是说，体育文化是人类在改造自身的过程中所形成的人类社会特有的文化现象。体育文化在发展中不断丰富和完善，地位和价值也不断提高，发挥着促进人全面、协调、完善发展的作用。

二、农村体育文化

（一）农村体育文化的界定

体育文化是农村体育文化的上位概念，农村体育文化包含于体育文化之中。农村体育文化由于其特定的形成环境，受到地理环境、经济生产方式、社会生活方式和历史传统文化的影响。具体来说，农村体育文化是指生活在农村区域的人群在从事体育活动相关的物质生产和精神生产的过程中所形成的具有浓厚地域特色的基础设施、价值观念、心态、精神、风俗习惯和道德规范等的总和。[①]

（二）农村体育文化的特点

城市和农村是不同的地域，在生产方式、生活环境和生活习惯方面都存在着不同，因此与城市体育文化相比，农村体育文化自然存在相应的不同。农村体育文化在独特的形成和生长环境中，形成了自己的特点和风格，具体表现在以下几方面。

1. 传统性

我国农村体育文化具有传统性的特点，主要从历史性、乡土气息以及活动内容中得以体现，如图 2-18 所示。

2. 封闭性

农村是农民生活的环境，是农民生产活动的主要场所。由于地形和交通的限制，我国农民在社会流动方面存在不便，由此也导致了我国农村体育文化具有一定的封闭性特点。随着社会的发展和经济水平的提升，农村的生活条件改善了，交通设施也不断完善，但农村与城市之间的互动和交流仍然不够频繁，尤其是对于农村来说，长期形成的封闭性仍然存在。受传统观念根深蒂固的影响，农民在意识中本能地拒绝和排斥外来文化，对现代体育文化的吸收性存在不足。

---

① 刘巍. 新农村体育事业发展问题研究 [M]. 北京：中国物资出版社，2009.

从历史视角而言，我国农民体育活动的发展历史十分悠久，像摔跤、武术、马术、射箭、荡秋千、赛龙舟等这样的民间体育健身活动和比赛很早就出现在我国一些农村地区和少数民族地区，而且活动内容非常丰富，活动形式多种多样，农民一般从自己的具体情况出发对自己感兴趣的活动内容进行选择，具有一定的随意性。农民既可以自己参加体育活动，也可以组成一个群体参加，具体活动方式因人而异、因时因地制宜

农村体育活动内容的乡土气息非常浓厚，文化继承特点也很突出，如在北方，闹社火、踩高跷、扭秧歌、舞龙等是农村体育活动内容的主体，这些活动文化内涵深厚，普及面广；在南方，龙舟竞渡、舞狮等活动在农村较为常见

我国少数民族体育活动内容愈发丰富，经过漫长的筛选和提炼，积淀了优秀的少数民族体育文化，出现了大量优秀的民族传统体育项目，这些项目集传统性、民族性、健身性、娱乐性等于一体，流传至今

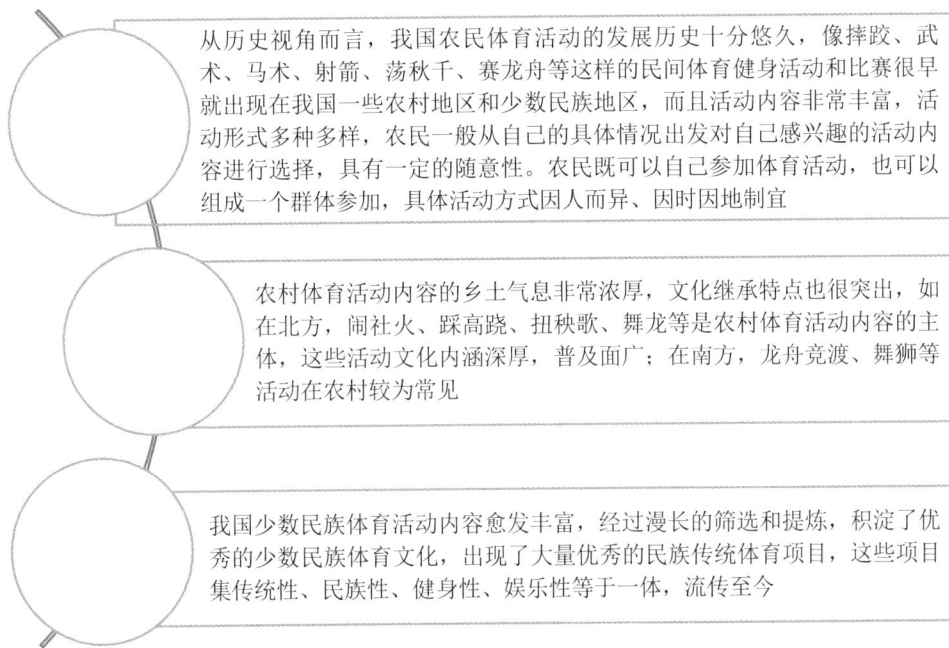

图 2-18　我国农村体育文化的传统性特点

理想状态下，体育文化的变迁与社会发展是相匹配的，但现实中普遍存在的现象是两者之间是非平衡的，这也就是"体育文化脱序"。农村体育文化与其他体育文化的交流和融合是有限的，受制于传统观念的影响，农村体育文化也很难接受其他体育文化中的一些观念，加上农村体育文化的封闭性特点，导致农村体育文化在短时间内难以吸收先进文化或其他文化中的先进部分，也就导致农村体育文化的发展落后于城市体育文化的发展。

3. 不确定性

季节性、随意性是农村体育活动体现出来的重要特征，这与农村体育活动的开展受到生产活动、体育意识及观念、健身条件等因素的影响有关。对于农民来说，参与农业生产是其主要的活动，而农业生产具有明显的季节性，农民只有在农闲时间才能抽出时间开展体育活动，这导致了农村体育活动的季节性。农民的体育意识及观念、体育健身的条件都会对农民开展体育活动造成影响，因此，农民参与体育运动具有较大的随意性，而且较为零散，多为个人活动。农村体育活动的季节性和随意性，体现了农村体育活动的不确定性。

4. 不平衡性

农村体育文化呈现出不平衡性，主要体现在两个方面，如图2-19所示。

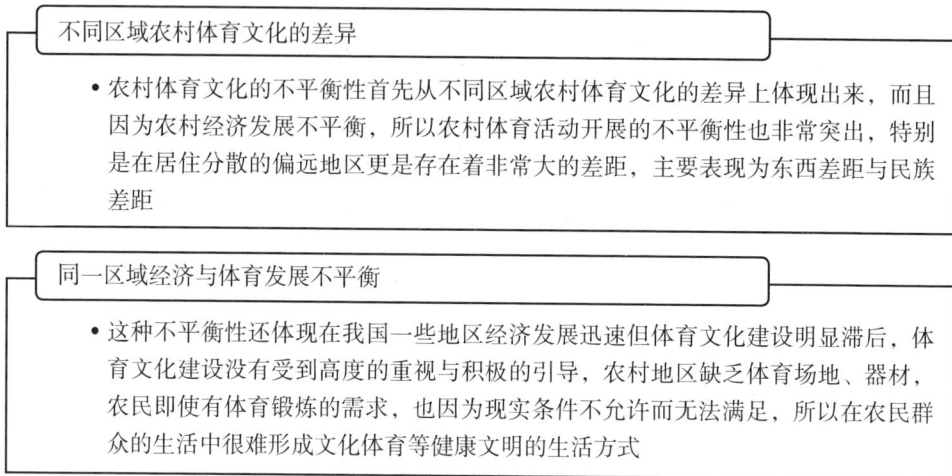

> **不同区域农村体育文化的差异**
>
> - 农村体育文化的不平衡性首先从不同区域农村体育文化的差异上体现出来，而且因为农村经济发展不平衡，所以农村体育活动开展的不平衡性也非常突出，特别是在居住分散的偏远地区更是存在着非常大的差距，主要表现为东西差距与民族差距

> **同一区域经济与体育发展不平衡**
>
> - 这种不平衡性还体现在我国一些地区经济发展迅速但体育文化建设明显滞后，体育文化建设没有受到高度的重视与积极的引导，农村地区缺乏体育场地、器材，农民即使有体育锻炼的需求，也因为现实条件不允许而无法满足，所以在农民群众的生活中很难形成文化体育等健康文明的生活方式

图2-19　农村体育文化的不平衡性

5. 边缘性

一般说来，体育文化是人类的创造，是较为稳定的东西。长期以来，我国农民受小农生产方式的影响，形成了独特的意识形态、道德意识、风俗习惯和行为方式。这自然与现代化和市场化发展趋势不相适应，因此，与城市快速发展相比，农村体育文化逐渐被边缘化。

6. 落后性

体育文化随着社会的发展而进行相应的变迁，这是一种理想状态。其实，现实情况却是，社会与体育文化变迁不平衡、不系统是很常见的。对于农村体育文化来说，与其他文化的接触、交流和融合很少，因此农村体育文化中的主体，也就是农民，他们的思想观念、体育心理、生活态度很少受到外界因素的影响而发生改变。而且农民在长期的发展中自然形成的守旧和封闭性，使他们对先进文化难以轻易地、快速地接受，这难免造成农村体育文化具有严重的落后性。

（三）农村体育文化建设的作用

农村体育是我国乡村振兴和社会主义现代化国家建设的重要组成部分，要发展农村体育，离不开农村体育文化的建设。只有农村体育文化建设得好，才能为农村的发展提供文化支撑，也才能实现乡村振兴，进而建设社会主义现代化国家。农村文化建设具有的功能是多元的，包括整合、凝聚、同化、规范社会群体行为和心理等，这是其他社会要素没有办法替代的。

农村体育文化建设的作用如图 2-20 所示。

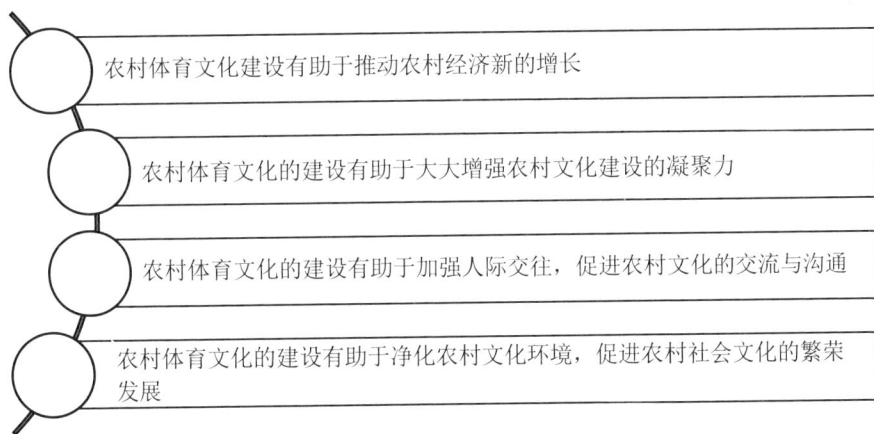

农村体育文化建设有助于推动农村经济新的增长

农村体育文化的建设有助于大大增强农村文化建设的凝聚力

农村体育文化的建设有助于加强人际交往，促进农村文化的交流与沟通

农村体育文化的建设有助于净化农村文化环境，促进农村社会文化的繁荣发展

图 2-20 农村体育文化建设的作用

第三章 农村体育文化贫困的界定与影响

我国农村体育文化发展取得了一定的成就，同时也存在着一定的问题，其中体育文化贫困就是重要方面。关于农村体育文化贫困，首先需要对其进行界定，对其影响进行分析，在对其有所了解和认识的基础上，才能进行科学治理，促进我国农村体育文化的发展。

第一节 文化贫困与农村体育文化贫困

一、文化贫困

研究文化贫困，首先需要了解贫困。关于贫困，国外早在 19 世纪就有相关的讨论和研究。经过一百多年的时间，对于贫困的研究主要围绕三个方面进行，具体如图 3-1 所示。

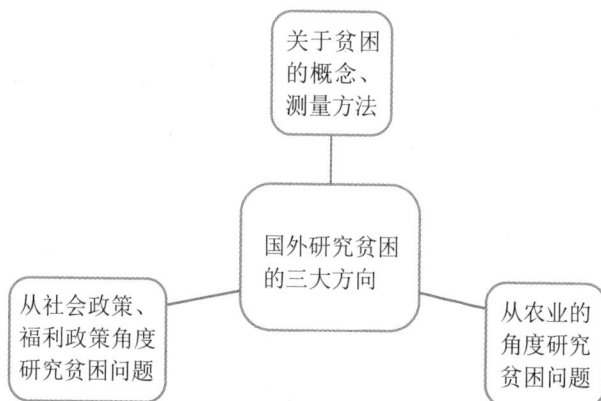

图 3-1 国外研究贫困的三大方向

绝对贫困和相对贫困是贫困的两大分类。绝对贫困，也叫作生存贫困，一般是指发展中国家面临的贫困，而相对贫困一般是发达国家面临的贫困。

文化贫困是从贫困问题的研究中延伸出来的。对文化贫困进行界定，前提和基础是理解文化贫困。关于"文化贫困"，美国人类学家刘易斯在1959年就提出了概念。他是从穷人的角度来分析文化贫困的，认为穷人因文化贫困而导致了贫困。

"贫困"在相当长的时间里是我国理论研究的"禁区"，这种情况直到1986年才得到改变，但由于长期没有进行研究，出现了理论研究滞后的情况，存在着一些问题，尤其是与国外相关研究水平有着较大的差距。改革开放不断深入，国外研究成果也不断丰富，在此基础上，我国学者在20世纪80年代中期以来，系统研究了贫困，取得了一定的成果，体现了自身研究的特点，如图3-2所示。

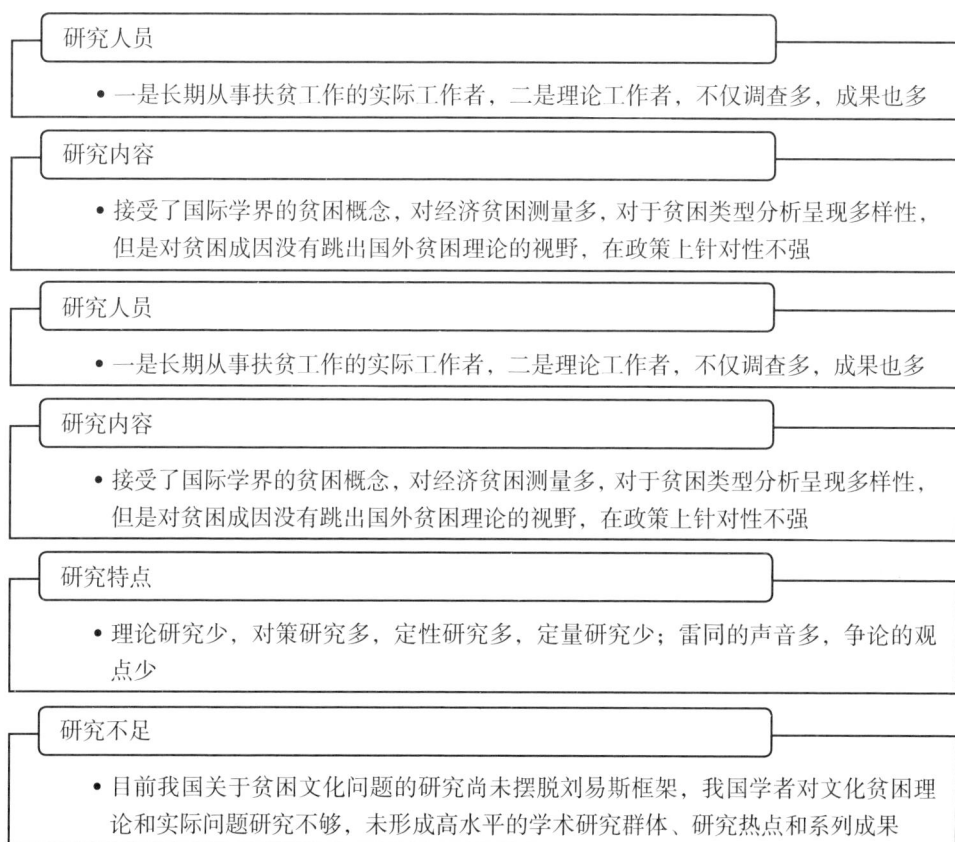

研究人员

- 一是长期从事扶贫工作的实际工作者，二是理论工作者，不仅调查多，成果也多

研究内容

- 接受了国际学界的贫困概念，对经济贫困测量多，对于贫困类型分析呈现多样性，但是对贫困成因没有跳出国外贫困理论的视野，在政策上针对性不强

研究人员

- 一是长期从事扶贫工作的实际工作者，二是理论工作者，不仅调查多，成果也多

研究内容

- 接受了国际学界的贫困概念，对经济贫困测量多，对于贫困类型分析呈现多样性，但是对贫困成因没有跳出国外贫困理论的视野，在政策上针对性不强

研究特点

- 理论研究少，对策研究多，定性研究多，定量研究少；雷同的声音多，争论的观点少

研究不足

- 目前我国关于贫困文化问题的研究尚未摆脱刘易斯框架，我国学者对文化贫困理论和实际问题研究不够，未形成高水平的学术研究群体、研究热点和系列成果

图3-2 我国关于文化贫困的研究

通过分析我国关于文化贫困的研究，可以看出我国学者还需加强学习，既要深化对国际文化贫困研究的认识，也要掌握科学的方法和工具，由简单描述转向深入探究，以研究成果助力乡村振兴。

文化有广义和狭义之分，同样文化贫困也有广义和狭义之分，如图3-3所示。

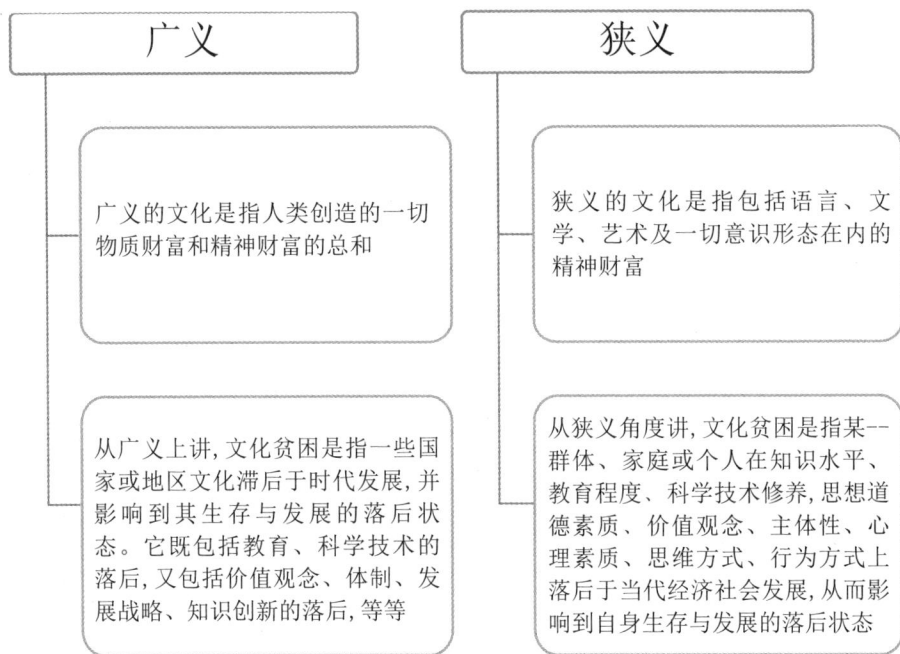

广义	狭义
广义的文化是指人类创造的一切物质财富和精神财富的总和	狭义的文化是指包括语言、文学、艺术及一切意识形态在内的精神财富
从广义上讲，文化贫困是指一些国家或地区文化滞后于时代发展，并影响到其生存与发展的落后状态。它既包括教育、科学技术的落后，又包括价值观念、体制、发展战略、知识创新的落后，等等	从狭义角度讲，文化贫困是指某一群体、家庭或个人在知识水平、教育程度、科学技术修养，思想道德素质、价值观念、主体性、心理素质、思维方式、行为方式上落后于当代经济社会发展，从而影响到自身生存与发展的落后状态

图3-3　贫困与文化贫困的广义与狭义之分

我国文化事业发展取得了辉煌的成就，但仍然存在着严重的文化贫困问题，这已经严重影响了乡村振兴的实现。长期以来，人们对文化贫困的认识不足，对文化贫困的严峻现实把握不够，针对文化贫困的科学评价指标体系也没有形成，采用的评价内容和方法也十分落后，这导致了严重的文化贫困问题的存在。评价文化贫困应该采取现代标准，丰富完善现有的评价指标，使我国文化发展的非平衡状态和文化贫困的状况得到真实体现，如此才能找到差距和问题所在，才能有的放矢解决文化贫困问题，促进文化的快速发展，促进我国综合竞争能力的全面大力提升。

二、农村体育文化贫困

（一）体育文化贫困

1. 体育文化贫困的表现

体育文化有着不同的定义，但关于体育文化的构成，学界一致认为其包括物质的、制度的、精神的 3 个层面。

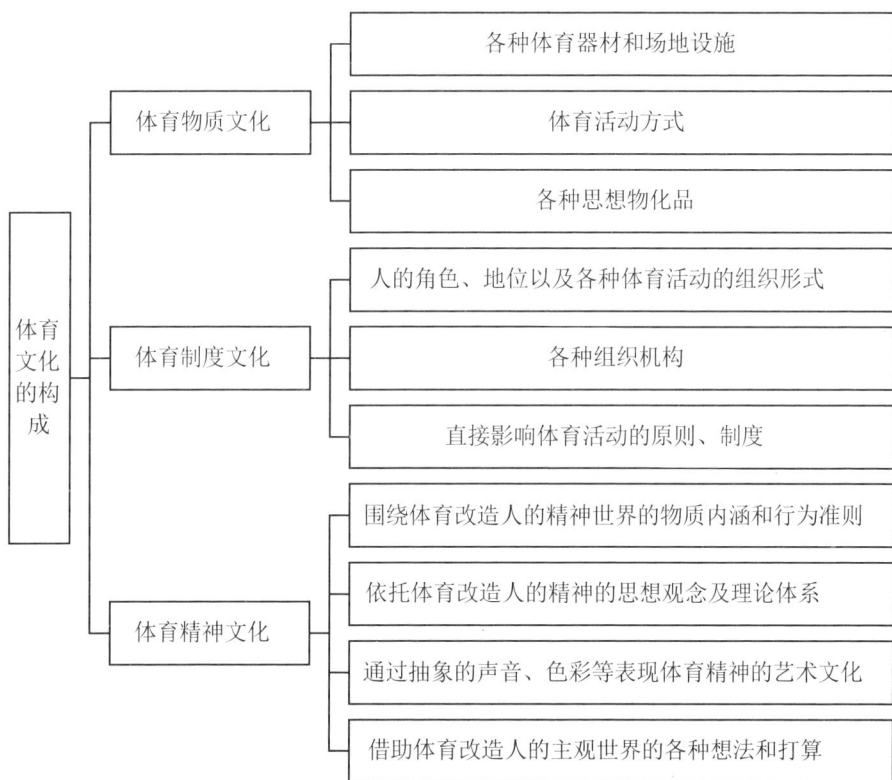

```
                    ┌─────────────────────────────────────┐
                    │        各种体育器材和场地设施         │
                    └─────────────────────────────────────┘
        ┌─────────┐ ┌─────────────────────────────────────┐
        │体育物质文化│─│            体育活动方式              │
        └─────────┘ └─────────────────────────────────────┘
                    ┌─────────────────────────────────────┐
                    │            各种思想物化品             │
                    └─────────────────────────────────────┘
┌──┐                ┌─────────────────────────────────────┐
│体│                │ 人的角色、地位以及各种体育活动的组织形式 │
│育│                └─────────────────────────────────────┘
│文│ ┌─────────┐   ┌─────────────────────────────────────┐
│化│─│体育制度文化│──│            各种组织机构              │
│的│ └─────────┘   └─────────────────────────────────────┘
│构│                ┌─────────────────────────────────────┐
│成│                │     直接影响体育活动的原则、制度      │
└──┘                └─────────────────────────────────────┘
                    ┌─────────────────────────────────────┐
                    │ 围绕体育改造人的精神世界的物质内涵和行为准则 │
                    └─────────────────────────────────────┘
                    ┌─────────────────────────────────────┐
                    │ 依托体育改造人的精神的思想观念及理论体系 │
        ┌─────────┐ └─────────────────────────────────────┘
        │体育精神文化│ ┌─────────────────────────────────────┐
        └─────────┘─│ 通过抽象的声音、色彩等表现体育精神的艺术文化 │
                    └─────────────────────────────────────┘
                    ┌─────────────────────────────────────┐
                    │ 借助体育改造人的主观世界的各种想法和打算 │
                    └─────────────────────────────────────┘
```

图 3-4 体育文化学理论关于体育文化构成的划分

按照体育文化学理论的思路，体育文化贫困也包括物质的、制度的、精神的 3 个层面的贫困，通过 3 个层面的各个子系统表现出来，如图 3-5 所示。

2. 体育文化贫困内容分析

对体育文化贫困的内容进行分析，也主要从体育物质文化、体育制度文化和体育精神文化三个方面进行。具体如图 3-6 所示。

体育文化贫困的表现

体育物质文化贫困
- 体育器材等体育用品和场地设施短缺
- 体育活动方式在人们生活中被忽视或不被重视
- 体育文化思想物化品的缺或少

体育制度文化贫困
- 人们在体育活动中角色的不清晰、地位的低下或被忽视，以及体育活动组织形式的有序性偏差
- 体育组织机构的缺乏或不健全
- 体育活动原则、制度的不完善

体育精神文化贫困
- 物质内涵的贫瘠、行为准则的模糊
- 思想观念的落后，理论体系的不完善
- 体育精神艺术文化方面的不足
- 通过体育手段改变人的精神的想法、打算的忽视

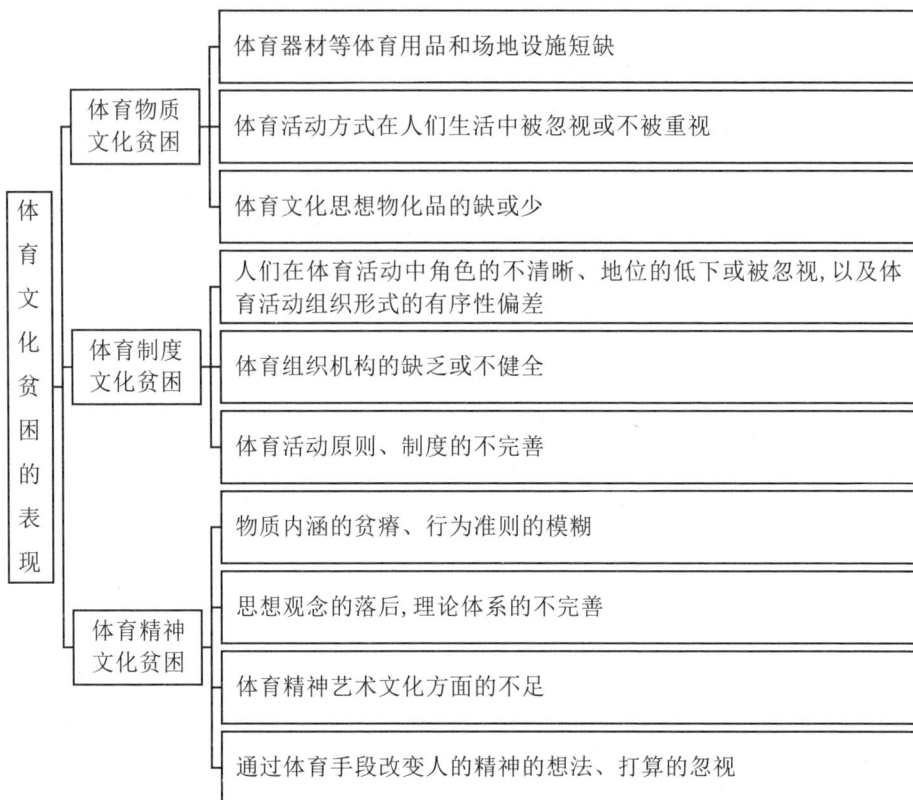

图 3-5　依据体育文化学理论对体育文化贫困表现的分析

体育物质文化角度

- 体育锻炼、体育竞赛、体育表演等体育活动是需要场地设施做保障的，一些体育项目的开展离不开体育器材的配备，就是健身走这样的锻炼项目也需要除了合适场地等外部环境以外的运动服装、运动鞋这些体育用品以保证锻炼的安全进行。跑、跳、投是原始人类为了生存而选择的劳动方式，随着劳动工具的使用，劳动生产率得到提高，人们闲暇时间逐渐多了起来，跑、跳、投劳动方式被用来休闲娱乐，逐渐演变为体育活动方式。当下，体育活动方式已经成为提高劳动生产率、提升健康水平、满足精神文化需求的重要手段。思想物化品的缺或少既与人们体育意识、观念的淡薄有关，也是经济发展水平落后的一种表现

┌─────────────────────────────┐
│ 体育制度文化角度 │
└─────────────────────────────┘

- 体育活动参与者自身角色定位的缺失或不清晰，必然会影响贫困群体参与体育活动的主动性不足；体育活动参与者地位的被忽视，必然会影响贫困群体参与体育活动的积极性。以参加人数划分，体育活动组织方式有全体村民体育活动、村民小组体育活动、若干村民组成的团体体育活动、俱乐部体育活动、个人体育活动等，以时间划分，体育活动组织形式有劳动间歇体育活动、节假日体育活动、农闲时间段体育活动等。体育活动项目的选择、体育竞赛的开展、体育活动质量的提高、体育活动评价体系的构建、激励机制的建立、体育活动条件的保障等，需要贫困人口处理好家庭角色与体育活动角色之间的冲突以及体育活动内部各角色之间的协调，从而保证各种组织形式的体育活动有序开展。贫困村、贫困人口体育活动的有序有效开展需要体育组织机构发挥应有作用，体育组织机构的建立、设立要符合贫困村的实际，符合组织化需要及体育活动的规律，推动贫困村体育活动高质量发展。体育活动开展要依据一定的法则、标准。如依据正确的原则，通过严格的执行，贫困村内的社会组织机构就能够有效运转，从而保证包括贫困人口在内的村民有效开展体育活动。体育管理体制、体育法规、体育政策等对体育的组织形式、活动方式、发展方向起着直接作用，贫困村、贫困人口的体育活动是在体育制度文化作用下开展的

┌─────────────────────────────┐
│ 体育精神文化角度 │
└─────────────────────────────┘

- 体育物质文化与体育精神文化有着直接的联系。然而，随着市场经济的发展，对民俗体育坚守的人越来越少，这是需要引起有关方面重视的。有什么样的观念，就有什么样的行动。从一定角度看，思想观念落后是贫困村文化贫困的一种突出表现。体育贫困文化及体育文化贫困问题的治理，是一项长期的系统工程，需要依据科学的理论体系有针对性地加以治理，才会取得良好效果。表现体育精神的艺术文化数量多，不仅反映出某一个贫困村体育精神文化的富足，同时还反映该村落百姓体育文化创造性传统的活力强；如果数量极少或没有，则突出地表明体育精神文化贫困的存在。体育改变人的精神心理已经毋庸置疑了，问题是人们首先要有改变的想法、打算，才有可能达到预期的效果。因此，通过制度、机制的激励，通过有效的方式方法，达到激发贫困群体运用体育手段改变阻碍脱贫意志的目的

图 3-6　体育文化贫困内容分析

（二）农村体育文化贫困

本书将"体育文化贫困"界定为：某一群体、家庭或个人因体育观念、知识、制度落后于当代经济社会发展，从而影响到自身生存与发展的落后状态，它包括体育价值观念、知识和制度的落后。

对农村地区体育文化贫困现象进行治理，其治理的主体并非具有国家强制力，而是全体社会的协同参与，治理的过程以调和多种社会关系的矛盾冲突为主，治理的目标是消除体育文化贫困、实现农村居民享受体育权力的公共利益。

1. 农村体育的物质文化优先于精神文化

体育文化是由三个层次或三个子系统组成的结构—功能体系，如图3-7所示。

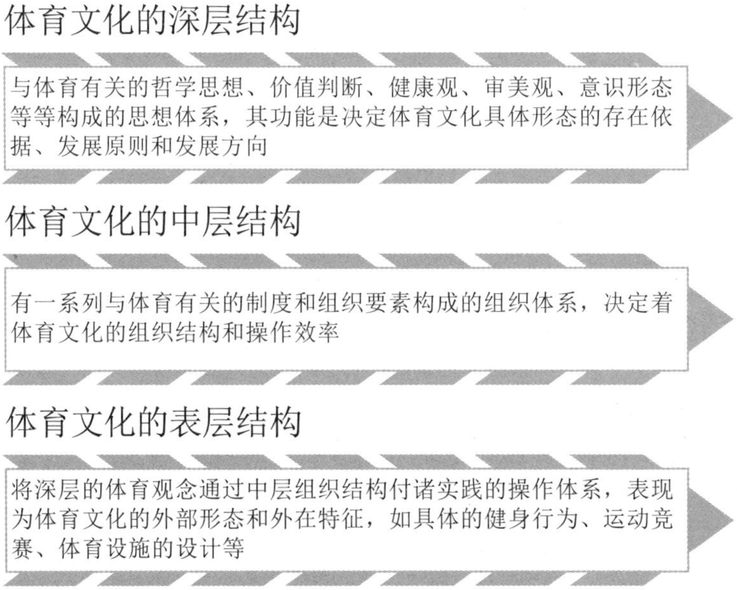

体育文化的深层结构

> 与体育有关的哲学思想、价值判断、健康观、审美观、意识形态等等构成的思想体系，其功能是决定体育文化具体形态的存在依据、发展原则和发展方向

体育文化的中层结构

> 有一系列与体育有关的制度和组织要素构成的组织体系，决定着体育文化的组织结构和操作效率

体育文化的表层结构

> 将深层的体育观念通过中层组织结构付诸实践的操作体系，表现为体育文化的外部形态和外在特征，如具体的健身行为、运动竞赛、体育设施的设计等

图3-7　体育文化的结构—功能体系

从总体上看，农村物质体育文化发展速度快于精神体育文化，其原因主要有图3-8所示的三个方面。

在竞技体育超前快速发展和国民身体素质亟待增强的双重压力下，发展农村体育成为各级地方政府的责任，而物质体育文化自身所具有的特性则成为实现政府责任绩效最有效、最快捷的途径。在这一观念指导下，体育场地设施均被作为农村体育文化建设的首要考核指标

农村经济的快速发展和资金筹集方式的变革为农村物质体育文化提供了经济基础

体育场地设施等物质体育文化生产厂家的营销策略对农村物质体育文化和精神体育文化的非均衡性发展起到了推波助澜的作用

农村物质体育文化发展速度快于精神体育文化

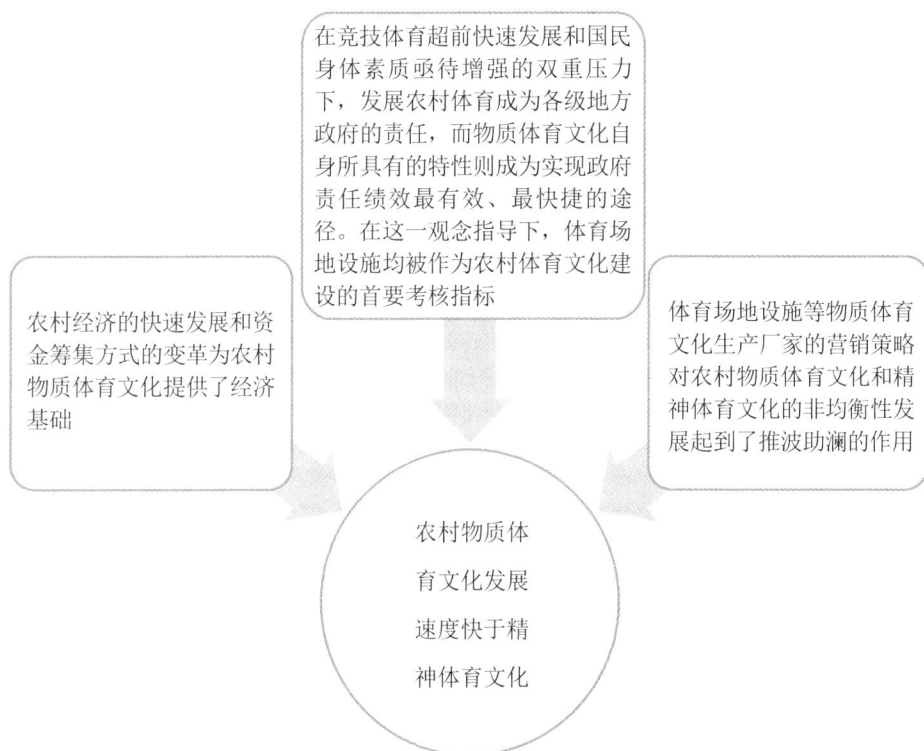

图 3-8　农村体育物质文化发展优先于精神文化的原因

2. 竞技体育文化优先于群众体育文化

同属于体育的重要内容，群众体育与竞技体育有着一些不同。对群众体育来说，通过体育运动实现身心素质的全面提升是其目的，它一般见效慢，这与能体现高体育水平的竞技体育是不一样的，也正因为此，相对于竞技体育，群众体育受到的重视不够，许多资源都优先用于竞技体育，导致农村体育发展受到很多制约和限制。

3. 现代体育文化优先于传统体育文化

人创造了体育文化，因地区、民族的不同，体育文化也有所不同。不同的体育文化具有适应其具体物质条件和社会条件的特点。我国的传统体育文化与西方的体育文化就有着明显的不同，如图 3-9 所示。

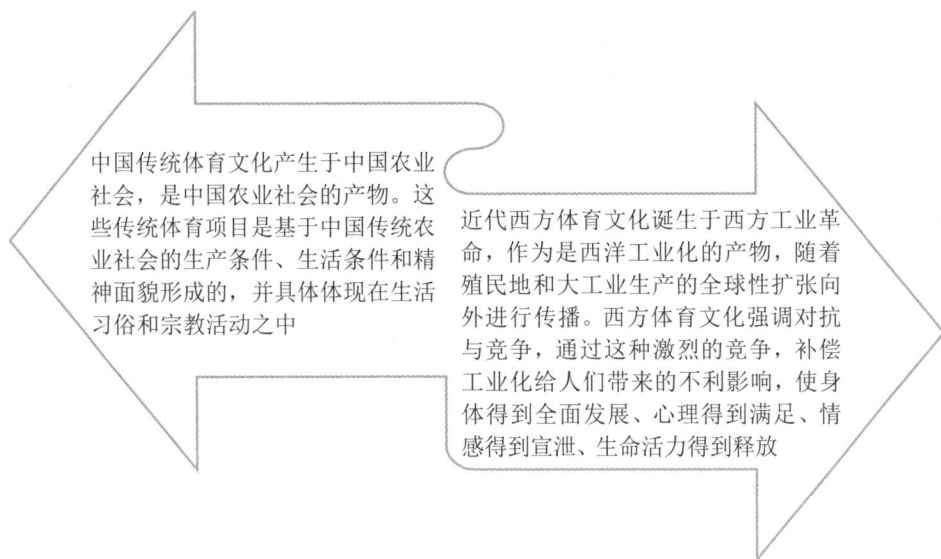

中国传统体育文化产生于中国农业社会，是中国农业社会的产物。这些传统体育项目是基于中国传统农业社会的生产条件、生活条件和精神面貌形成的，并具体体现在生活习俗和宗教活动之中

近代西方体育文化诞生于西方工业革命，作为是西洋工业化的产物，随着殖民地和大工业生产的全球性扩张向外进行传播。西方体育文化强调对抗与竞争，通过这种激烈的竞争，补偿工业化给人们带来的不利影响，使身体得到全面发展、心理得到满足、情感得到宣泄、生命活力得到释放

图 3-9　中国传统体育文化与现代西方体育文化的不同

随着工业化的发展以及全球化的推进，传统体育文化的发展面临着越来越大的挑战。在农村体育发展中，传统体育文化是必要的，现代体育文化也是不可少的，必须协调好两者的发展，实现农村体育科学、合理的发展。

4. 节假日体育文化优先于日常体育文化

节假日体育文化与日常体育文化有着不同的概念，体现在不同的特点，如图 3-10 所示。

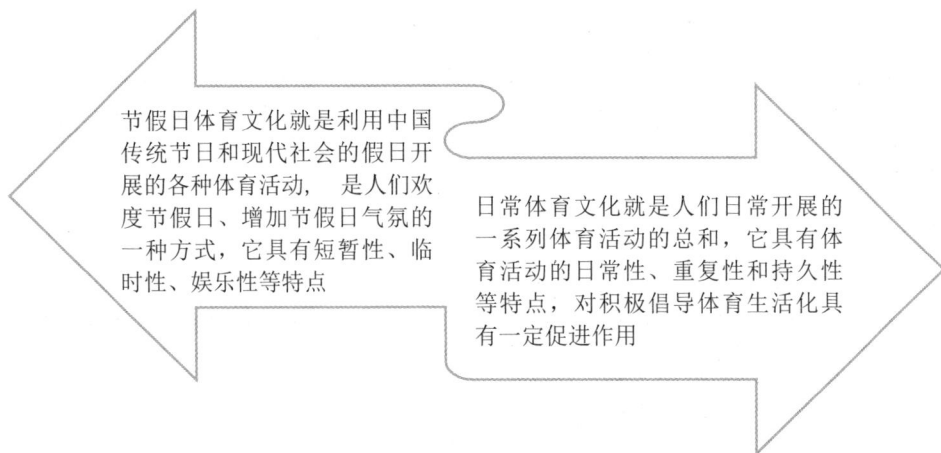

节假日体育文化就是利用中国传统节日和现代社会的假日开展的各种体育活动，是人们欢度节假日、增加节假日气氛的一种方式，它具有短暂性、临时性、娱乐性等特点

日常体育文化就是人们日常开展的一系列体育活动的总和，它具有体育活动的日常性、重复性和持久性等特点，对积极倡导体育生活化具有一定促进作用

图 3-10　节假日体育文化与日常体育文化

长期以来，中国农村就比较重视节假日体育文化。在传统农业时期，农民从事着长期的劳动，为了保证获取足够的生存物资，农民必须具备一定的体能，因此在日常生活中，农民往往选择静养。而在传统节日里，中华民族凭借着智慧创造了灿烂的节日体育文化，对农村节日文化生活以极大的丰富。随着农村经济社会文化的发展，节假日体育文化得到加强和提高，而日常体育文化并没有取得与节假日体育文化同样发展的地位，这导致了农村节假日体育文化与日常体育文化处于非均衡发展状态，影响了日常体育文化健康发展。

第二节　农村体育文化贫困的影响

农村社会文化是一个动态概念，具有地域性特点和时代性特征。在时代变革的今天，农村文化已经不是一成不变的传统文化了，具有浓烈的现代性。随着城镇化的发展，越来越多的农村居民，有过城市生活的经历。在这种背景下，农村居民的生产生活方式及思想观念受到了很大冲击，发生极大改变；而作为农村社会文化一部分的体育文化逐步为农村居民所适应和接受，其对体育健身文化的需求越来越浓。但是，在城乡二元结构的背景下，城乡之间的差异不仅是生存性的经济贫困，更多表现在信息资源匮乏、农村人力资源流失以及社会资源获得的不足。在农村发展的起步阶段，农村体育文化相对人们的体育需求还比较落后，制约着农村体育的发展，主要表现在两个方面。

一、居民受教育程度普遍较低，体育参与意识有待提高

一般而言，农村的受教育年限普遍低于城市，文盲、半文盲大多集中于农村地区。虽然我国城乡之间的受教育机会的差距缩小，但城乡之间的平均受教育年限的差距缩小极少，证明了我国城乡之间的受教育机会仍然存在差距。农村居民的受教育程度水平低，这和长期以来农村经济基础薄弱，文化、教育落后有直接关系。受教育程度对健身意识和健身行为有着广泛的影响作用，且时间是持续的，并会在多方面和长时间跨度内发挥作用，受教育程度和人的体育健身意识呈正相关，而人的体育健身意识直接决定着其健身行为，且参加体育活动的比率和人的

受教育程度也呈正相关趋势。由于受教育程度的不同，人们接受现代生活方式及文明的意愿能力和渠道不同，在接受体育健身知识、方法和手段时也不尽相同；受教育程度高的人接受体育健身方面的知识、技能较快，而且获得这些体育健身信息的方法途径多样化，比如网络、报刊等；而受教育程度低的人接受体育健身信息知识慢，且大部分认识不到体育锻炼的重要作用，因此体育参与意识较差，需要在实际过程中给予具体锻炼方法和锻炼技能的指导，解决他们在实际的体育锻炼中所遇到的困难和问题。

二、体育文化氛围不浓，农村居民的体育参与程度有待提高

由于农村体育健身缺乏氛围，导致很多农村居民想参与体育运动却无法进行。首先，部分农村居民受封建思想和传统文化中一些糟粕意识的制约，相信迷信或宗教信仰能够保健康；还有极少一部分人害怕因进行体育锻炼而遭到嘲笑。很多农村居民尤其是那些留守的农村妇女和老人，因为受传统思想及文化程度的制约，部分居民认为宗教信仰能保平安，把宗教信仰"迷信化""神圣化"；甚至还有少部分农村居民认为"生病不用吃药，基督耶稣能治病""体育是城里人的事，烧香拜佛就能保平安"。这种愚昧迷信的宿命论思想长期统治着农村社会，导致农村社会文化落后，致使体育这种健康文化氛围基础薄弱。其次，部分农村居民有参与体育锻炼的意愿，但缺少各种体育组织、社会体育指导员或体育专干的指导和组织，农村体育活动处于自发、无人管理的状态。体育组织机构的不健全导致农村居民进行体育锻炼时不会技术、方法，不懂健身知识而无法进行体育锻炼。尤其是农民体育健身工程实施以来，在大部分行政村实施了农民体育健身工程、推动省级和国家级"雪炭工程"实施，创建乡镇体育健身工程等，但从大多数农民体育健身工程的实施现状来看，"一场两台"的农民体育健身工程只是建成了农村的体育场地，因未形成广泛的乡镇、村等各种体育组织网络，致使这些场地不能发挥作用。大多农村居民未能掌握篮球、乒乓球运动的技术技能，又缺少指导，同时，农村居民对各种健身器材设施的使用方法也不甚了解，致使场地器材设施闲置。

因此，要充分发挥社会体育指导员和农村体育专干的作用，对农村居民进行专门的体育技术、技能及锻炼方法和知识的指导，培育其参与体育的兴趣和健身意识，进而促使他们的体育健身行为，使体育活动成为农村居民健康文明生活方

式的载体，抵制农村赌博、迷信等落后文化的侵蚀。这种健康文化成为农村社会文化的主流，无疑为推进农村建设起到积极的作用。

三、农村青年流失，农民体育知识缺乏，无法科学进行体育运动

当前农民体育健身工程为农村体育开展奠定了物质基础，尤其是文化广场、篮球场、乒乓球台的配备，为农村村落开展现代体育项目提供了硬件设施保障。然而，现阶段农村青壮年的大量流失，缺少社会体育指导员的指导，缺少基层体育社团的组织，使具有一定技术难度和有一定规则要求的现代体育项目无法适应农村村落居民对体育健身的需求。大部分留守老年人、妇女更愿意参与的是一些现代和传统相结合的体育项目，如太极拳、广场舞、健身秧歌、旱船等；针对农村社会变迁引起的社会流动，农村体育发展的过程中，既要加大专业体育指导人才队伍的建设，又要充分利用节假日如春节、元宵节、国庆节等重大节日开展各种特色的传统项目和现代项目结合的体育活动，鼓励他们积极参与体育活动，增强其体育健身意识。

第三节　治理农村体育文化贫困的意义

一、提高农村居民的文化素养，促进正确体育健身观念的培养

农村居民的文化素养是形成正确的体育价值观的必要前提。农村居民对农村体育的需求是促使其发展的内部动力，而体育健身价值观直接影响主体的内在体育需求。一方面，农村居民体育价值观受到主体的体育知识、经历等影响，而这些又直接和农村居民的受教育状况密切相关。农村居民受教育程度低下的状况，影响着农村居民的体育经历和对体育的认知。另一方面，农村居民的体育健身价值观念受当前农村体育文化氛围和环境的影响。农村传统文化在几千年的封建文化和思想制约下，又受自然经济、聚居方式以及儒家文化的影响，具有封闭性和根固性的特点，虽经历史的变迁，但变化不大。直到改革开放后，农村逐渐和外界接触越来越多，农村社会分层流动及身份变迁，改革开放的良好政策以及大众媒介的发展和统筹城乡一体化等发展格局给农村带来了活力和发展，带动了

农村文化氛围的变化；农村体育文化在这种大文化背景的影响下，也逐步得到了突变，但根深蒂固的封建思想文化对农村居民的影响不是短期内能改变的；广大农村居民的价值观、思想和生活方式等仍然受影响，其体育健身价值观也会受到影响。

对农村体育文化贫困进行治理，有利于提高农民的体育文化知识素养，培养正确的体育健身价值观，从而促进农村体育健康良性的持续发展，培养农村居民的体育健康知识和体育技术技能，培养新型农民的体育健身意识，使体育锻炼成为农村一种科学健康的生活方式。为农村体育发展送物质层面的财物资源容易，但培养其体育文化素养和体育健身意识很难，需要长期的过程且需各政府体育部门、文化部门，农业部门及体育行政部门的联合协作，建立长效机制，共同推进农村体育的科学、有序、长期开展。

二、增强农民体质，促进全民健康

我国发展群众体育最根本的目的是促进人民群众体质健康水平的提高。现阶段，我国人民群众的整体健康水平较低，多项体质健康指标都和欧美人民有差距，有些指标也低于亚洲其他国家的人民。通过发展群众体育来改善国民体质健康现状、促进国民体质健康水平提升的同时要将解决农民体质健康问题高度重视起来。在我国人口结构中，农民所占的比例非常大，国民总体健康水平直接受这一庞大群体健康水平的影响。可以说全民健身中如果没有农民健身就不能称作真正的全民健身，而全民健康如果忽略了农民健康也就不是真正的全民健康。

当前，城乡之间的不平衡发展态势在经济、教育、文化、医疗等方面都有明显的体现，各方面的不平衡造成了城乡居民健康水平和人均寿命的差距，而且农村体育人口的占比远不及城市。因此，治理农村体育文化贫困，发展农村体育，可以改善农村人口的体质健康现状和文化生活现状，提高农村人口的健康水平，为全民健康目标的实现奠定基础。

三、促进农村经济发展

我国是一个农业大国，农村人口占全国人口的绝大多数，这为我国发展农村体育文化产业提供了有利的条件。随着社会和经济的发展，农村农民的健康意识越来越强，参与体育运动的需求日益高涨，参与体育活动和消费的积极性不断提高，在此影响下，他们对于体育方面的消费支出也会大幅增加，我国农村体育产业成为投资关注的热点。

发展农村体育是提高农民体质健康水平的重要路径，农民主要从事农业生产，作为一个重要的劳动力群体，农民的体质水平和体力情况直接影响其在农业生产中的工作效率，进而影响农村经济的发展。所以对农民来说，参加体育锻炼就是一种提高体力劳动效率和农业生产效率的主要动力。此外，农民通过参加体育运动而增强体质后，患病率会降低，医疗支出会相应减少，这也是改善农民生活条件、发展农村经济的一个重要方面。对于患有慢性疾病的农民患者来说，可以通过参加康复性运动锻炼来促进康复，这也是农村体育的一部分。

随着丰富多彩的农村体育活动的兴起，农民的体育需求越来越多元化，体育消费观念也有了变化，体育消费水平不断提升，给农村体育市场的开发与发展带来了积极的影响。近年来，一些经济条件较好的农村大力发展体育产业，农村人口特别是青年人都普遍喜欢经营性体育活动，体育产业逐渐成为农村经济发展的重要推动力。

四、促进农民素质的提升

农民素质水平较低是导致农村经济落后、农民收入水平低的主要原因之一。在新农村建设中，要重点落实对农民素质的培养和对新型农民的培育工作。在培养与培育过程中要把文化教育和体育教育这两种手段结合起来，促进农民体质的增强和文化素质的提升，使现代农民既有强健的体魄，又有良好的文化素养，发展成为农村现代化建设的先进主体，这既是社会主义新农村建设的要求，又是城乡一体化改革与发展的要求。身体强健、文化素养高的新型农民通过发挥自己的主观能动性和重要价值来推动农村现代化建设与发展。

体育不但能够促进农民体质的增强，还能培养农民的公平意识、平等意识、合作意识、竞争意识，培养农民的进取心和持之以恒、坚持不懈的精神，这些都是体育文化的主要内涵，这些意识与精神是新型农民必需具备的特质。开展丰富多彩的农村体育活动，鼓励农民参与进来，必将促进他们综合素质的提升，使其快速转型成为社会主义现代化建设所需的新型农民、现代农民。

体育这种健康文明、积极向上的生活方式很受现代人推崇，体育还具有社会交往功能，是非常重要的一项社交手段。所以农民参与农村体育活动，不仅可以强身健体，提升精神品质，还能形成积极向上的生活习惯，提升社交能力，提高社会参与度，这对于农民的成长与转型具有重要意义，也能对抵制农村封建文化、改变农村落后文化、改善农村贫困文化起到积极的促进作用。

现阶段，随着生产力水平的提高和农业科技成果的普遍应用，农村农业生产机械化水平大幅度提高，农民渐渐解放双手，有了较多的余暇时间，这为他们参与体育活动提供了可能。在各种有利条件的支持下，应积极开展农村体育活动，活动项目以农民喜闻乐见的为主，并举办一些有组织的农村体育赛事，鼓励农民参与多种形式的体育活动，从而切实提升农民的身体素质、精神品质和文化素养，提升农民的综合素质。

五、弘扬优良传统，传承体育文化

中华民族在长达五千年的发展历史中创造了许多辉煌灿烂的优秀文化，其中就包含绚烂多彩的体育文化。一个民族的物质生活以物质资源为基础，而精神生活则以民族文化为纽带，民族文化渗透人们的社会生活中，潜移默化地影响着人们的言行，也被人们以自觉或不自觉的方式传承与弘扬，民族文化在增强民族凝聚力，提升民族自尊心和自信心、促进全民族人民团结一致等方面发挥着不可忽视的作用。在民族传统文化的发展历史中，节日欢庆娱乐活动、体育活动是继承这些文化的主要形式，气功、龙狮、秧歌、武术、毽球等根植于农村的传统体育文化在全国各地都很活跃。这些项目具有鲜明的地域性、民族性色彩，是中国传统文化的重要组成部分，能够将中华民族文化的发展轨迹、特征等反映出来。作为民族文化的重要载体，这些项目能够为新体育项目的挖掘和开发提供素材。但是，近些年在西方竞技体育和现代时尚体育的冲击下，民族传统体育的边缘化发展现状越发明显，民族传统体育被冷落，流失惨重。

从文化传承视角而言，推动农村体育发展不但能够促进农村体育文化的繁荣，促进农民文化生活的丰富、生活质量的改善以及文化品位的提升，还能够对传统体育文化予以弘扬和传承，对那些处于消失边缘的传统体育文化予以保护，促进传统体育文化的长远发展。

作为中华民族传统体育文化重要发源地的农村应当自觉承担起传承、弘扬、保护与发展民族传统体育文化的重任，因此要加快推动农村体育的发展，开展形式多样、内容丰富的农村体育活动，对发祥于农村的传统体育文化遗产进行深入挖掘与大力保护，彰显中华民族文化特色，依托特色文化资源打造体育文化精品，将传统体育文化的炎黄色彩、华夏风格充分彰显出来。此外，还要将体育精品的感召力充分发挥出来，面向广大农民进一步普及体育锻炼，带动农村体育的进步，促进农民体质的增强和体育活动能力的提升。民族文化的发展离不开创新，在通过发展农村体育促进传统文化弘扬与传承的过程中，还要创造新的民族传统体育文化发展模式，及时对活动内容进行更新，这将为中华民族体育文化的繁荣发展提供动力源泉，使中华民族优秀的体育文化代代相传、永不枯朽。

第四章　中国农村体育文化贫困的主观成因

中国农村体育文化贫困有主观方面的成因。对于农村体育来说，参与主体是农民，他们的群体构成与特点、生活方式、体育意识与行为都会对农村体育文化的发展产生关键性的影响。本章主要从这三个方面对中国农村体育文化贫困的主观成因进行分析。

第一节　农村体育参与主体分析

任何活动都需要人的参与，对于体育活动来说，同样需要人作为主体进行参与。对于农村体育来说，其也有着自己的参与主体。农村体育主体可以总结为农村地区从事体育实践活动和体育认识活动的人，是农村体育认识活动和实践活动的知行者，具体是指居住在农村地区或者归属感在农村的所有人。随着经济的发展以及城市化的建设，我国农村发展呈现出独特的特点，对于参与农村体育的主体来说，也有着独特的构成，其主体主要包括农民工、留守妇女、留守儿童和留守老人。

一、农民工

（一）农民工主体分析

与其他国家一样，我国也沿着人类社会发展的进程不断走向工业化、城市化和现代化，但是随之出现的农民工则是我国特有的一种情况。农民工是我国社会结构变迁的结果，也是我国城市化发展的一大标志。所谓的农民工，就是在城镇务工而户口在农村的一个群体。我国的农民工是流动人口的主要组成部分，也是一个相对弱势的群体。对于农民工来说，大致可以分为两类，一类为离土不离乡，即在本地乡镇务工者，一类为离土且离乡者，即在外地大城镇务工的农民群体。对于农民工的主要构成来说，主要是后者。

（二）农民工主体体育参与分析

虽然农民工的生活场所主要在大城镇，但是他们的根在农村，因此他们的体育参与情况也应列入农村体育的内容之中。

1. 影响农民工体育参与的因素

影响农民工体育参与的因素主要有制度方面的限制、社会资源的不足以及农民工自身因素，如图 4-1 所示。

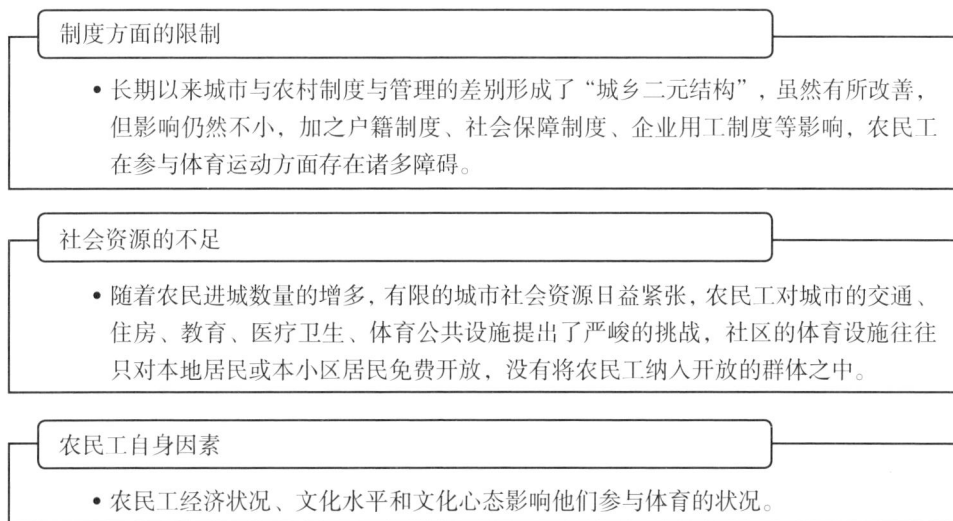

制度方面的限制

- 长期以来城市与农村制度与管理的差别形成了"城乡二元结构"，虽然有所改善，但影响仍然不小，加之户籍制度、社会保障制度、企业用工制度等影响，农民工在参与体育运动方面存在诸多障碍。

社会资源的不足

- 随着农民进城数量的增多，有限的城市社会资源日益紧张，农民工对城市的交通、住房、教育、医疗卫生、体育公共设施提出了严峻的挑战，社区的体育设施往往只对本地居民或本小区居民免费开放，没有将农民工纳入开放的群体之中。

农民工自身因素

- 农民工经济状况、文化水平和文化心态影响他们参与体育的状况。

图 4-1　影响农民工体育参与的因素

图 4-2 所示是农民工自身因素的具体分析。

2. 农民工体育参与现状

（1）农民工有参与体育的必要但参与情况堪忧，且存在不平衡

参与体育运动对农民工是有着很大价值的，一方面能够锻炼农民工的身体，提高其劳动质量，另一方面可以调剂农民工单调的生活，缓解生活和劳动带来的压力和疲劳。但是现实情况是，参与体育运动的农民工少之又少，且存在严重的东西部差距。相对于物质需求，体育运动参与属于比较高级的精神需要，且需要

一定的经济条件和时间作为基础。对于农民工来说，他们迫于生计来到城镇务工，最根本的目的就是获得酬劳，为了能够有足够的收入，他们很少会花费时间用于体育运动，而且相对来说，其工作劳动时间长，休闲时间也存在不足，很难抽出时间参与体育运动。这种不乐观的生活状况限制了他们参与体育运动的需求和欲望，导致农民工体育参与较亮的严峻现实。

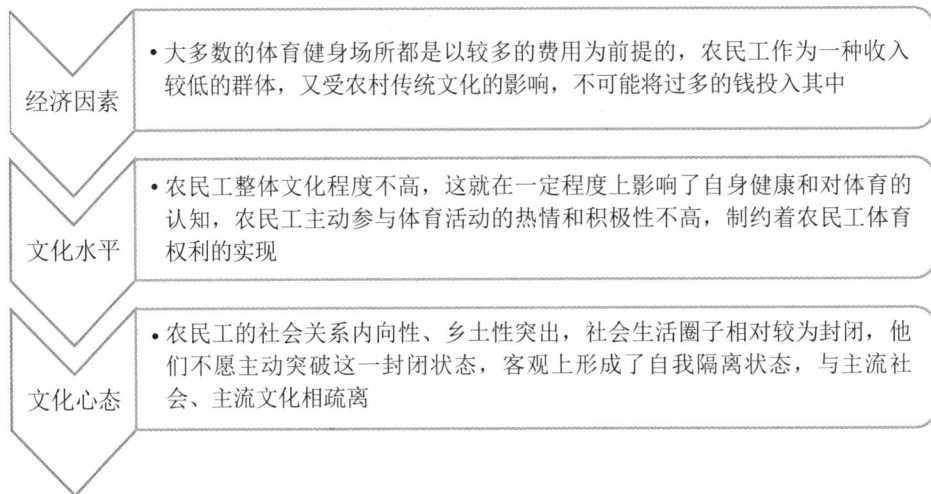

经济因素	• 大多数的体育健身场所都是以较多的费用为前提的，农民工作为一种收入较低的群体，又受农村传统文化的影响，不可能将过多的钱投入其中
文化水平	• 农民工整体文化程度不高，这就在一定程度上影响了自身健康和对体育的认知，农民工主动参与体育活动的热情和积极性不高，制约着农民工体育权利的实现
文化心态	• 农民工的社会关系内向性、乡土性突出，社会生活圈子相对较为封闭，他们不愿主动突破这一封闭状态，客观上形成了自我隔离状态，与主流社会、主流文化相疏离

图 4-2　农民工自身因素对体育参与的影响

（2）农民工体育观念落后，制约农村体育发展

农民工参与体育的情况在很大程度上受农民工体育观念的影响。对于我国农民工来说，其体育观念相对比较滞后，对体育运动的认识也比较片面和不足，如认为体育就是跑跑跳跳，对体育运动最大的认识就是奥运会，这样的体育观念的存在无疑影响了其科学参与体育运动。其实农民工体育观念落后有其深刻的原因。首先就是城乡发展的差异导致农民工受教育的机会和年限不足，一大表现就是农民工整体文化素质不高，即使接受了较多的教育，但也没有能够转化为个体体育观念的有效手段。在体育理论教育方面存在不足也就罢了，至于具体参与体育运动来说，由于体育场地器材的缺乏，体育管理的缺位，农民工无法从实际活动中获得体育观念的培养，进而严重制约了农村体育的发展。

（3）农民工群体缺乏一定的支持，难以参与体育运动

农民工背井离乡，来到大城镇务工，面临着艰苦的工作环境和繁重的工作任

务，但收入并不高，在有限的社会资源中，难以在竞争中取胜，因此超出日常衣食住行等基本生活需要的文体娱乐等高级消费，对他们来说是一种奢侈。这与我国共同富裕的社会主义本质是相违背的，满足农民工的体育等文娱需求，是一种社会责任，也是和谐社会的应有之义。因此，应对农民工等弱势群体给予一定的支持，让他们享受城市居民应有的权益，获得自由参与体育运动的机会。

动机的多元化

- 新生代农民工参与体育锻炼大多出于休闲娱乐、交往需要和增加对城市生活了解的需要。由此可见，新生代农民工在参与体育健身时具有很强烈的个体需求动机。此外，相对于传统意义上的农民工，新生代农民工由于受教育层次比较高，具有比较全面的体育健身知识和很强的体育锻炼意识，对体育能调节情绪、健身娱乐、促进人际交往等功能有较好认识

体育内容多样化、城市化

- 农民工对体育功能认识的程度可以通过其选择的体育内容反映出来。我国农民工参加体育活动的内容比较丰富，其中散步和慢跑是农民工最主要的体育选择，此外还包括各种器械练习、传统体育活动、以及篮球、台球活动等。我国农民工所参与的体育活动多以技术要求不高、对场地器材要求不严格、无资金投入或投入非常少的项目为主，且呈现出一定程度的传统地域特点和乡土特点。相对于传统意义上的农民工，新生代农民工所采用的体育锻炼项目多为当今社会较为流行的体育活动内容。如羽毛球、乒乓球、足球、篮球、排球和跳绳等深受男农民工与女农民工的青睐。此外，还有不少的新生代农民工参加健美操、器械健美等。可见，新生代农民工在健身内容方面逐渐多样化、城市化

体育消费积极且理性

- 新生代农民工在体育健身的投入方面有很高的积极性。他们的体育消费主要涉及购买运动服装、体育器材、图书等实物消费。在非实物性消费中，主要用于购买体育彩票、观赏体育比赛和参加健身俱乐部健身。与传统意义上的农民工相比，新生代农民工参与体育消费的情况比较乐观，体育参与人数多，体育消费比例大，而且体育消费方式更加理性

图 4-3　新生代农民工体育特点

（三）新生代农民工与体育参与

随着时代和社会的发展，农民也发生了一定的变化，出现了新生代农民工群

体，相对于老一代农民工，新生代农民工年龄小，数量大，学历水平不断提高，主体意识得到增强，具有更加开放的观念，更具有时尚性。新生代农民工体育也呈现出不同的特点，主要体现为动机的多元化，体育内容多样化、城市化，体育消费积极且理性。具体如图 4-3 所示。

二、留守妇女

（一）留守妇女主体分析

留守妇女群体是随着农民工的出现而出现的。随着工业化、城市化和现代化的发展，大量的农村劳动力进入城市，成为农民工，但是他们的家庭成员并没有随之进入城市一起生活，于是大量的妇女留在农村，成为留守妇女。大量的农民工由农村进入城市，之前他们身上担负的农业生产和照顾家庭的重任落在了留守妇女身上，为此，留守妇女背负起沉重的家庭负担，为外出的农民工提供支撑，免去他们外出务工的后顾之忧。但随之而来的，大量的留守妇女为了家庭，为了农业生产，耗费了巨大的精力，也因长期的分居生活，出现身体和心理各方面的问题。

留守妇女在农村中肩负着进城农民工留下来的繁重的农业生产和家务劳动，长期进行体力劳动，而且没有丰富的业余生活，容易出现精神上的空虚孤寂感，由于经济压力大，精神压力也大，加上没有足够的健康知识以及不良的生活方式，身心容易出现问题，呈现不良的身心状态。

由于经济水平较低，农业生产负担重，导致闲暇时间较少，留守妇女的业余生活单调乏味，闲暇时间主要进行收看电视节目、与邻居闲聊和打牌等活动。

对于广大留守妇女来说，其健康意识并不高。她们认为对健康而言，最重要的是要加强营养、参加体育活动、生活有规律。然而，具体来说则存在误解和片面性，如认为加强营养就是多吃肉类和蛋类食物，认为已经参加了大量的体力劳动再参加体育活动没有必要，对于规律生活方面，因为平时生活空虚单调，即便知晓自己的娱乐方式不合理，也难以进行有效改善。

（二）留守妇女主体体育参与分析

对留守妇女主体体育参与状况的分析主要从体育活动参与度、体育活动场所、体育活动形式以及体育消费的几个方面进行。

留守妇女主体体育参与情况分析如图 4-4 所示。

体育活动参与度

- 由于体育意识差、缺乏活动的体育场地设施和体育活动的氛围环境，留守妇女参与体育活动的时间有限，在繁重的体力劳动后身心疲惫不愿再参加体育活动。

体育活动场所

- 留守妇女的体育活动场所主要选择在村委会大院、体育爱好者家中、自家庭院，或者是田间地头

体育活动形式

- 与邻居、儿女一起锻炼是留守妇女的首选形式，个人锻炼也是重要形式。留守妇女参与各体育组织锻炼的人数比例较少，因为大部分妇女观念保守，不愿意参加表演性项目，怕在众人面前出丑。另外村委会组织的体育活动多是适合男性村民的活动，活动竞争激烈且集中在过年过节，留守妇女成为被忽略的群体。基础设施和经济因素成为制约留守妇女体育活动的主要因素。留守妇女参加体育活动的项目多为简便易行的跑步、广场舞等。

体育消费

- 留守妇女体育消费水平较低，花费主要集中在运动服装、体育器材上，在订阅体育相关资料、报刊书籍方面消费少，在花钱参加体育活动和观赏体育比赛方面更少

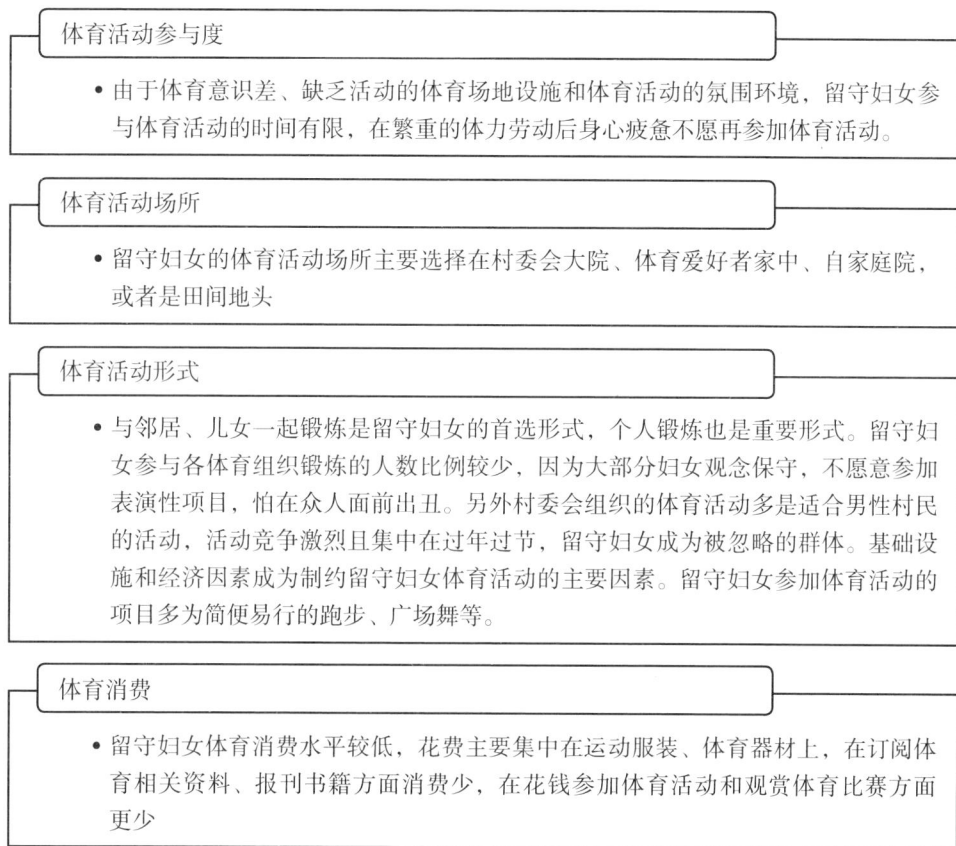

图 4-4 留守妇女主体体育参与情况

三、留守儿童

近年来，留守儿童问题不断引起社会的关注。随着经济的发展，农民工数量激增，有些农民为了获得经济收入，改善生活水平，夫妻双方都进城务工，这种情况越来越多，而受制于各方面条件，他们的孩子无法跟随在身边，只能在农村和爷爷奶奶等一块生活，成为留守儿童。由于缺少父母的亲身陪伴，留守儿童容易在心理和情感上产生缺失，正常成长受到影响。

（一）影响农村留守儿童体育参与的因素

1. 家庭因素

对于留守儿童来说，其父母均为农民工，文化程度普遍不高，所从事的工作也大都是体力劳动。由于自身经历，他们普遍认为文化水平的低下，技术和本领

的缺乏是造成他们从事繁重、不稳定、低收入工作的重要原因，因此他们希望子女们避免重蹈他们的覆辙，从而对子女的教育非常重视，将孩子的学习成绩放在首要位置，当孩子花费时间在体育运动方面时，他们一般会持反对态度。对于留守儿童来说，大部分父母都不在身边，隔代老人是他们的直接陪伴人，由于老人身体条件的退化，大部分留守儿童需要承担一定的家务和体力劳动，这就导致留守儿童没有太多的闲暇时间。直接陪伴留守儿童的老人自身的知识比较缺乏，尤其是对于体育运动了解甚少，他们会持有孩子参与劳动就是在锻炼身体的观点，认为再专门进行体育运动就是在贪玩，因此会干涉留守儿童的体育参与。体育运动本身还具有一定的风险性，看护留守儿童的老人担心孩子的安全，或者担心出问题无法向孩子父母交代，一般也不会支持留守儿童参与体育运动。此外，留守儿童家庭的经济条件一般都不太好，父母们也很难专门为孩子购买体育运动的相关装备。种种因素，限制了留守儿童参与体育运动的积极性和兴趣。

2. 学校因素

对于留守儿童来说，大部分时间都是在学校中受教育，农村学校对其身心健康成长有着重要的作用。随着全面素质教育的推行，国家提倡"健康第一"，学校也在全面贯彻落实，学校工作的高效开展对留守儿童的体育参与至关重要。留守儿童的监护人一般文化程度都较低，学校成为他们获取知识的重要场所，学校教师也是留守儿童监护人比较依赖的对象，他们倾向于把孩子的教育完全交给学校和教师。

由于城乡发展的巨大差异以及教育资源的分配不均，大部分的农村学校与城市学校相比存在巨大的短板，这尤其体现在体育的开展方面。农村学校体育的受重视程度低，体育课程内容相对单一，体育教师无论数量还是质量都存在不足，体育场地和设施不仅质量差，而且存在严重的不足，这些严重影响了农村学校体育活动的开展和留守儿童体育参与的程度。

（二）农村留守儿童体育参与分析

1. 农村留守儿童家庭体育参与

体育兴趣是人们参与体育运动的动力，农村留守儿童参与体育运动的兴趣不高，尤其是与非留守儿童相比，体育兴趣方面的差距较大。儿童体育兴趣的养成与其父母的影响有着较大的关系，由于农民工自身参与体育运动的主动性不足，兴致不大，从而留守儿童也难以培养起参与体育运动的兴趣。

留守儿童家庭的经济条件比较差，其父母及其他监护人大部分时间和精力都花费在体力劳动或者家务劳动中，繁重的体力活动已令他们疲惫不堪，就更不用说进行体育活动了，这样留守儿童也就失去了参与体育运动的机会。对于留守儿童来说，他们即便参与体育运动，项目和内容也比较单一，主要是滚铁环、踢毽子、弹溜溜、打口袋等，留守儿童由于多种原因形成了自卑和孤僻的性格，影响了他们参加体育活动的意愿，留守儿童的父母一般对孩子的物质生活比较关注，很少提供体育运动相关的用品，也不利于留守儿童体育运动的参与。

2. 农村留守儿童学校体育参与

对于留守儿童来说，学校是其接受体育教育、参与体育运动的主要场所。但是农村学校在体育教育方面存在着诸多的问题，如重视程度不高、教学内容单一、教师数量不足、教师质量不高、体育场地和设施短缺，等等。尤其是体育教师，肩负着向学生传授体育知识的重任，体育教师缺乏，教学任务过重，有些甚至由其他科目教师担任，这严重影响了体育教学的效果；对于学校的体育设施来说，落后、单一是常态，天气情况好时还可以使用，遇到恶劣天气时，便难以为正常体育活动提供保障，一些专门的体育场地也比较少，器材也不足，有些器材因使用率高损坏程度比较严重，硬件设施难以满足学生正常体育活动的需要。这些导致农村留守儿童在学校中难以接受高质量的体育教育，不利于其体育知识的获取和体育兴趣的培养，进而影响其体育活动的参与。

3. 农村留守儿童课外体育参与

对于留守儿童来说，其课外时间一般都是与其他小朋友一起玩耍，体育活动形式也主要是与其他小朋友一起进行。在需要用到体育器材时，多是在经过其他小朋友允许后与他人共用，因此比较被动，如果遇到没有被允许的情况下，只能旁观，在心灵上也会受到伤害。留守儿童在课外参与体育，多是小群体形式，有时因为还要承担家庭中的一些家务，造成留守儿童往往单独进行体育活动，从而助长了孤僻性格的形成。

相比以往，农村体育得到了发展，农村孩子的体育活动内容也不断丰富，像滑板、轮滑等一些时尚项目也进入农村。但对于留守儿童来说，他们参与这类体育运动的机会少之又少，因为这些体育项目的器具花费不菲，留守儿童家庭很难花费较多金钱在这些自认为没有太多用处的地方。因此，留守儿童多参与一些摔跤、打沙包、跳皮筋、踢毽子等传统的体育项目。

在参与体育运动的过程中，留守儿童的表现与其他相比存在着一定的不同。这种不同首先体现在参与积极性上，相比普通学生，留守儿童参与体育运动的积极性较低，尤其是在一些集体类项目中，留守儿童有回避的倾向，这些与留守儿童家庭条件所造成的心理问题有关。

四、留守老人

据 2020 年第七次全国人口普查主要数据公报显示，我国 60 岁及以上人口为 264018766 人，占 18.70%，其中 65 岁及以上人口为 190635280 人，占 13.50%。与 2010 年第六次全国人口普查相比 60 岁及以上人口的比重上升 5.44 个百分点，65 岁及以上人口的比重上升 4.63 个百分点。除西藏外，其他 30 个省份 65 岁及以上老年人口比重均超过 7%，其中，12 个省份 65 岁及以上老年人口比重超过 14%。这些数据说明，我国人口老龄化进程持续加快，人口问题日益凸显。

人口老龄化问题不仅是城市发展面临的问题，也是农村发展面临的问题，而且随着农民工数量的增多，留守老人规模也随之增大，农村人口老龄化带来的问题更加严重。

（一）留守老人娱乐活动单调，缺乏人际交往

随着农民工群体的出现，农村中也出现了"三大"群体，分别为留守妇女、留守儿童、留守老人。在这"三大"群体中，留守老人可以说是农村最稳固的守护者。有三大方面的原因，决定了这一情况，具体如图 4-5 所示。

受我国教育发展水平等因素的影响，当今的老年人，尤其是农村留守老人平均受教育程度较低，文化水平低下，一般来说农村留守老人文化水平大都较低，有些甚至是文盲或半文盲。受制于文化水平状况，留守老年人的娱乐生活一般比较单调，主要的闲暇活动就是看电视、聊天、散步和走街串巷，而且留守老人人际交往的范围小，交往简单。改革开放以来，我国社会得到了飞速的发展，工业化程度越来越高，物质生活条件越来越好，老年人周围的环境发生了翻天覆地的变化，但是他们依然保留着传统的交往习惯，在农村中，他们还是主要借助于亲缘和地缘关系，与邻居和亲朋之间进行简单的交往。

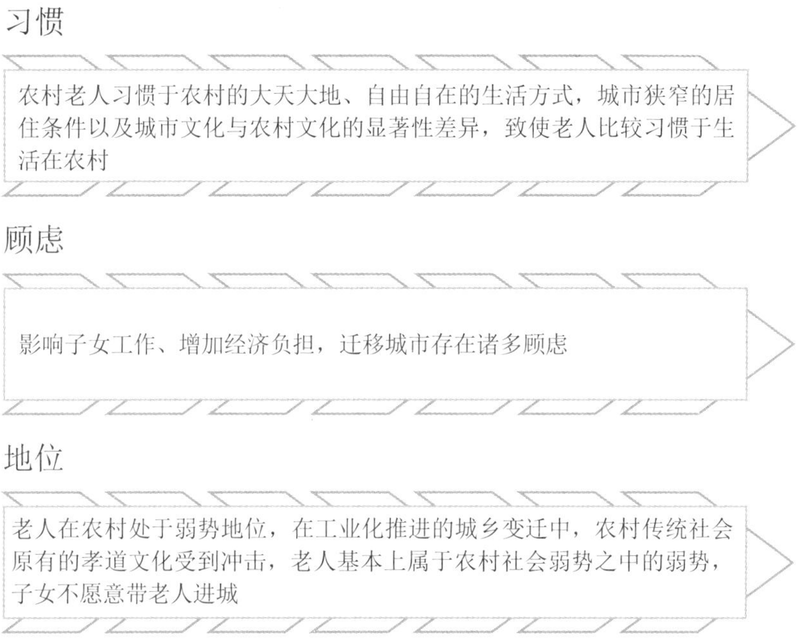

习惯

农村老人习惯于农村的大天大地、自由自在的生活方式，城市狭窄的居住条件以及城市文化与农村文化的显著性差异，致使老人比较习惯于生活在农村

顾虑

影响子女工作、增加经济负担，迁移城市存在诸多顾虑

地位

老人在农村处于弱势地位，在工业化推进的城乡变迁中，农村传统社会原有的孝道文化受到冲击，老人基本上属于农村社会弱势之中的弱势，子女不愿意带老人进城

图 4-5　留守老人稳守农村的三大原因

（二）农村留守老人缺乏幸福感

受到家庭经济状况、生活压力、人际交往、社会支持和文化水平等方面因素的综合影响，农村老人对自己的认识和评价存在偏差，从而形成对他人和社会的不正确认知和理解。尤其是对于子女外出务工的留守老人来说，这种情况是更为严重的，因此内心会有无助感。农村留守老人在物质方面条件不好，在精神方面也需要获得支持。由于子女外出务工，农村留守老人只能依靠老伴和亲属，受制于健康状况不佳、文化程度不高等因素，他们精神方面缺乏慰藉，幸福感不强，甚至有患上空巢综合征的风险。

（三）农村留守老人身心健康不佳，有较高的精神需求

老年阶段是人生的末期，身体机能在不断退化，随着免疫抵抗能力的降低，各种疾病相继而来。对于老人来说，身体机能的衰退是不可逆的，而且即便合理休息、适当锻炼，这种身体的衰弱感也会越来越强烈。然而现实情况是，由于儿女进城务工，难以在身边陪伴，留守老人需要承担一定的生产劳动和家务劳动，而且精神方面有着不小的压力，这在无形之中会加速其身体的衰退，罹患各种疾

病的概率也大大增加。与普通老人相比，留守老人对自己健康的关注不高，有病了也不会及时去看，当去看病时，由于无人陪伴，更会有一种孤独和无助感。

对于农村留守老人来说，外出务工子女也对他们有所关注，但这种关注主要是对身体健康或者物质生活的关注，认为老人只要不缺吃不少穿就可以了。这就导致了对留守老人精神生活的关注不足。其实在经济条件不断改善的情况下，老人的精神追求相比以往越来越高，如果这种需求长期得不到满足，便会产生诸多方面的问题，容易导致留守老人失去生活的信心，影响身心健康。

农村留守老人是农村最稳定的固守者，随着老龄人口的增加，农村留守老人也是农村体育参与的重要主体，他们是农村体育文化贫困治理需要考虑的重要方面。作为外出务工子女，应该对留守老人的精神需求有足够的关注，为留守老人参与体育愉悦精神提供条件，积极引导老人参与体育活动，通过体育活动收获幸福感和满足感。

第二节　农村体育主体生活方式研究

农村体育主体长期生活在农村，形成了一定的生活方式，这种生活方式的形成与农村传统文化有着密切的关系，生活方式可以说就是传统文化的重要组成部分。下面主要对农村体育主体生活方式进行研究。

一、农民生活方式的概念

社会是由人组成的，人在社会中生活，为了避免无所适从，需要一定的社会条件支持，需要按照一定的方式进行。生活方式就是人的这种有序活动，它是人们社会生活各方面的具体表现。

农民生活方式就是农民在农村社会条件下，依从自身的主观意识，从事各种生活活动和参加社会生活的方式。农民生活方式是与城市生活方式相对的，与城市生活方式不同，农民生活方式有着自身独特的特点和内容，而且随着社会的发展，呈现出一定的发展走向。

二、农民生活方式的内容

生活方式内容十分广泛，农民生活方式也是一样，作为农村居民从事生活活动的典型形式的总和，农民生活方式的内容也很丰富，主要包括图 4-6 所示的几个内容。

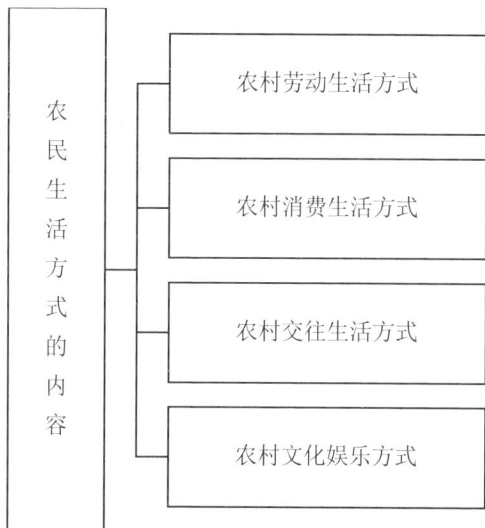

```
农           ┌─────────────────────┐
民           │   农村劳动生活方式   │
生           └─────────────────────┘
活           ┌─────────────────────┐
方           │   农村消费生活方式   │
式           └─────────────────────┘
的           ┌─────────────────────┐
内           │   农村交往生活方式   │
容           └─────────────────────┘
            ┌─────────────────────┐
            │   农村文化娱乐方式   │
            └─────────────────────┘
```

图 4-6 农民生活方式的内容

（一）农民劳动生活方式

人们要生存，要获得生活资料，主要手段就是劳动，由此而言，人类社会最基本的生活内容就是劳动生活方式，尤其是对于参与劳动较多的农民来说。从我国大多数农村的发展状况来看，当前农民的劳动生活方式有图 4-7 所示的几大特点。

（二）农民消费生活方式

人的生活包括吃、穿、住、用等内容，为了满足生活需要，农民需要消耗生活物资，也需要消耗劳务，这些过程及行为就是农民消费生活方式。农民的消费既是一种自然现象，也是一种社会现象。农民消费生活方式的一大特点就是水平较低，尤其是与城市相比，差距明显。消费水平的高低反映了消费生活发展程度的高低。我国农村消费水平与城市相比一直处于较低的水平。近些年来，随着农村生产力的发展，农民逐渐摆脱了贫困，这种情况开始有所改变，农村消费水平快速提升，甚至有些农村的消费观念和水平都超前于一些城市。

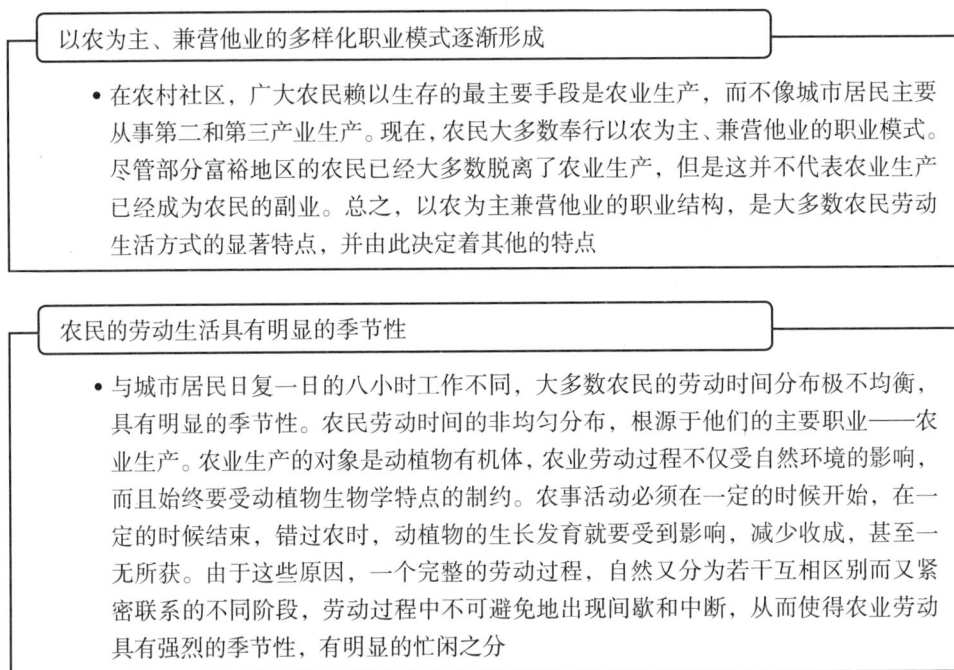

> **以农为主、兼营他业的多样化职业模式逐渐形成**
>
> - 在农村社区，广大农民赖以生存的最主要手段是农业生产，而不像城市居民主要从事第二和第三产业生产。现在，农民大多数奉行以农为主、兼营他业的职业模式。尽管部分富裕地区的农民已经大多数脱离了农业生产，但是这并不代表农业生产已经成为农民的副业。总之，以农为主兼营他业的职业结构，是大多数农民劳动生活方式的显著特点，并由此决定着其他的特点

> **农民的劳动生活具有明显的季节性**
>
> - 与城市居民日复一日的八小时工作不同，大多数农民的劳动时间分布极不均衡，具有明显的季节性。农民劳动时间的非均匀分布，根源于他们的主要职业——农业生产。农业生产的对象是动植物有机体，农业劳动过程不仅受自然环境的影响，而且始终要受动植物生物学特点的制约。农事活动必须在一定的时候开始，在一定的时候结束，错过农时，动植物的生长发育就要受到影响，减少收成，甚至一无所获。由于这些原因，一个完整的劳动过程，自然又分为若干互相区别而又紧密联系的不同阶段，劳动过程中不可避免地出现间歇和中断，从而使得农业劳动具有强烈的季节性，有明显的忙闲之分

图 4-7 当前农民劳动生活方式的特点

当前我国农民的消费生活方式在发生着改变，主要是从温饱型、传统型向着小康型和现代型转变。在很长时间里，我国农民的温饱问题还没有解决，因此在消费时还是以温饱为目标，注重基本生存的维持。近些年来，随着我国经济的发展，人们已经基本解决了温饱问题，走向了小康，这也导致了消费生活方式发生变化，具体如图 4-8 所示。

（三）农民交往生活方式

人实现社会关系，最重要的方式就是交往，所以生活方式的一个重要方面就是交往生活方式。随着社会的发展，农民的交往生活方式呈现出很多特点，具体如图 4-9 所示。

耐用消费品大量进入了农家，如自行车现已普及各家各户，有的已被摩托车甚至小汽车替代，电视机、收录机、洗衣机、电风扇、电冰箱也不断进入农户

智力开发和文化服务支出在生活消费支出中占的比重越来越大，绝大部分农民都懂得了文化教育的重要性。这种变化有利于提高农民的素质，形成文明、健康、科学的生活方式

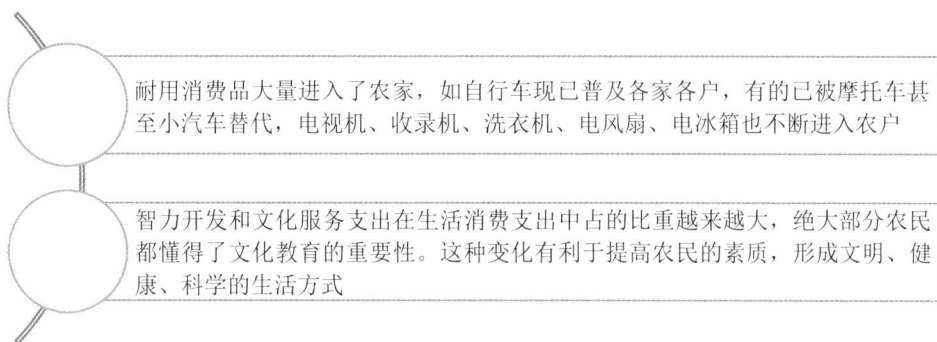

图 4-8　农民消费生活方式发生变化

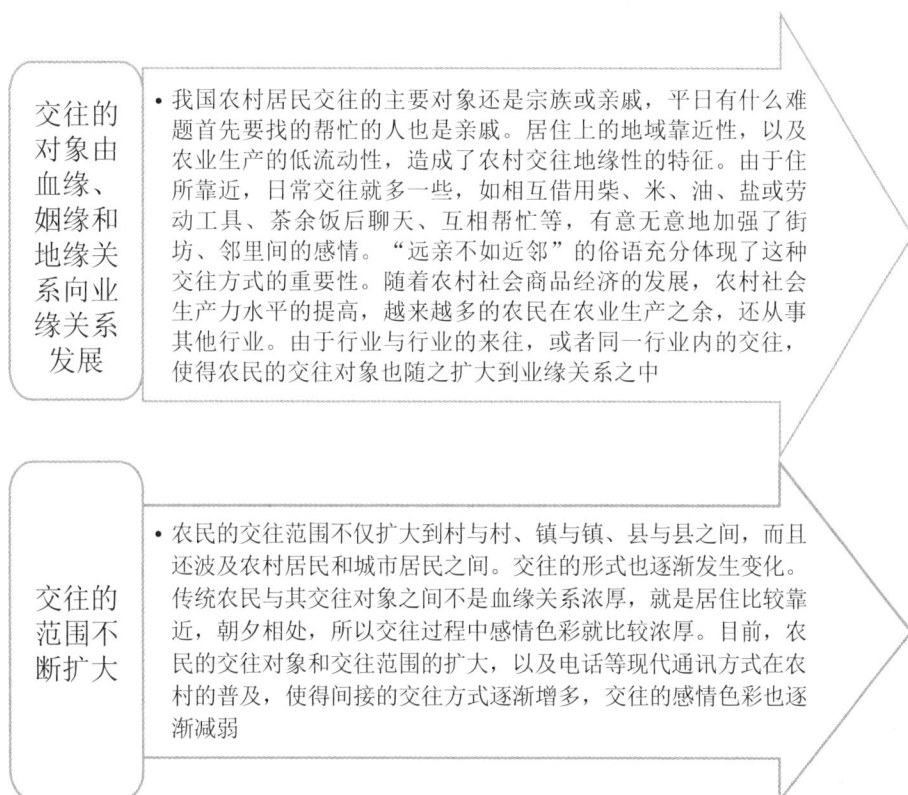

交往的对象由血缘、姻缘和地缘关系向业缘关系发展

- 我国农村居民交往的主要对象还是宗族或亲戚，平日有什么难题首先要找的帮忙的人也是亲戚。居住上的地域靠近性，以及农业生产的低流动性，造成了农村交往地缘性的特征。由于住所靠近，日常交往就多一些，如相互借用柴、米、油、盐或劳动工具、茶余饭后聊天、互相帮忙等，有意无意地加强了街坊、邻里间的感情。"远亲不如近邻"的俗语充分体现了这种交往方式的重要性。随着农村社会商品经济的发展，农村社会生产力水平的提高，越来越多的农民在农业生产之余，还从事其他行业。由于行业与行业的来往，或者同一行业内的交往，使得农民的交往对象也随之扩大到业缘关系之中

交往的范围不断扩大

- 农民的交往范围不仅扩大到村与村、镇与镇、县与县之间，而且还波及农村居民和城市居民之间。交往的形式也逐渐发生变化。传统农民与其交往对象之间不是血缘关系浓厚，就是居住比较靠近，朝夕相处，所以交往过程中感情色彩就比较浓厚。目前，农民的交往对象和交往范围的扩大，以及电话等现代通讯方式在农村的普及，使得间接的交往方式逐渐增多，交往的感情色彩也逐渐减弱

图 4-9　农民交往生活方式的特点

（四）农民的文化娱乐方式

农民文化娱乐方式是农民生活方式的重要组成，主要包括农民文化娱乐的活动过程和活动形式。中华人民共和国成立后，特别是改革开放以来，我国农村居民的文化娱乐方式发生了巨大的变化，既体现出对传统优秀文化的继承，也出现了新形式，同时仍存在发展的不平衡性。

第一，传统娱乐方式被继承和发展，如图4-10所示。

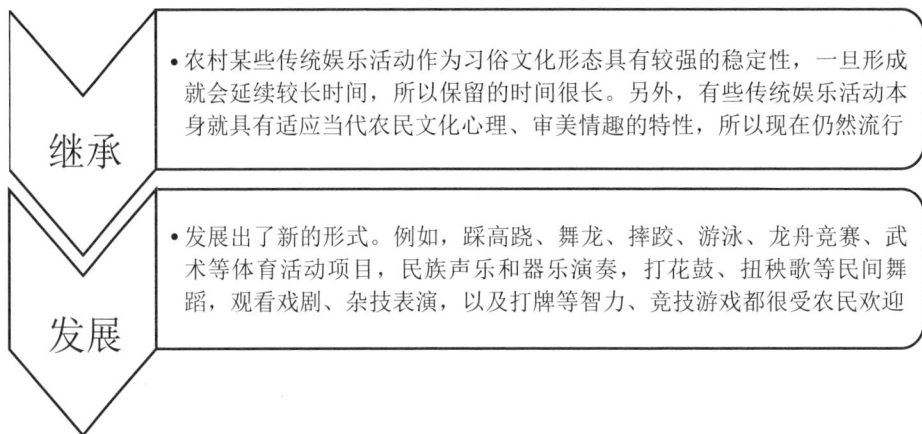

继承

• 农村某些传统娱乐活动作为习俗文化形态具有较强的稳定性，一旦形成就会延续较长时间，所以保留的时间很长。另外，有些传统娱乐活动本身就具有适应当代农民文化心理、审美情趣的特性，所以现在仍然流行

发展

• 发展出了新的形式。例如，踩高跷、舞龙、摔跤、游泳、龙舟竞赛、武术等体育活动项目，民族声乐和器乐演奏，打花鼓、扭秧歌等民间舞蹈，观看戏剧、杂技表演，以及打牌等智力、竞技游戏都很受农民欢迎

图4-10　传统娱乐方式被继承和发展

第二，农村娱乐生活方式呈现出不平衡性。农民进行文化娱乐活动，需要具有一定的物质条件，具有什么样的物质条件，就要进行相应的文化娱乐生活，当然这还受到社会的文化事业发展水平及相应的文化设施的影响。我国地域广阔，农村数量多，各地区的经济发展水平存在差异，各地农村居民的受教育水平也不均衡，这就导致我国农村文化娱乐活动呈现出很大的不平衡性。不平衡性的表现如图4-11所示。

发达地区农民的文化娱乐方式日渐丰富，少数落后地区农民的娱乐活动却显得更为贫乏和落后

娱乐活动也表现出高雅型和低俗型之分。高雅型娱乐方式是指农民通过体育活动、读书、看报等方式度过闲暇，并增进健康、增长知识，学习及掌握多方面才能，全面丰富和发展自己的个性，在提高物质生活水平的同时，提高自己的文化素养。低俗型的娱乐方式往往使人沉迷于腐朽堕落的文化之中，如吸毒、赌博等。这与我国农村文化教育落后，文盲充斥的状况有关。要改变这种不平衡状况，一要靠发展经济，二要靠发展教育，从根本上改变农村文化教育的面貌

图 4-11　村娱乐生活方式不平衡性的表现

第三节　农民的体育意识与行为研究

一、农民体育意识研究

（一）农民体育意识的生发

1. 伴随假日节庆文化产生发展

中华民族是一个伟大的民族，富有智慧，充满了创造力，节日文化就是中华民族的重要智慧结晶和伟大创造。在各种各样绚丽多彩的节日中，人们会进行各种各样的活动，也会进行丰富多彩的运动。人们通过举行这种活动和运动，增添气氛、收获娱乐，在长期的发展过程中，从其中萌生了体育健身意识。

在物质与精神生活都不丰富的古代，体育在节日文化中扮演者非常重要的角色。从我们传统的节日习俗中可以看到，许多传统节日都有自己代表性的体育项

目，如重阳节的登高、端午的赛龙舟等。体育运动让人们收获了欢乐和喜悦，为节日增添了色彩。

每逢节日，举行传统体育活动，已经成为中华民族的文化基因，成为中华民族的民族习惯，这种习惯至今仍有体现。亲朋好友在节日期间欢聚一堂参加传统体育活动以进行娱乐就是重要体现。[①] 在我国农村，每逢重要节假日或庆典活动，都会涉及多种多样的民俗体育活动，这已成为我国农村重要的体育文化内容。

2. 在农闲闲暇时间中逐步增强

经济发展、物质水平提高的一大结果，就是人们的闲余时间不断增多，为人们进行各种各样的活动提供了条件，人们用于体育健身的时间也相应增多。

在社会发展的影响下，我国农村也得到了发展，农业生产技术提高，现代化水平提升，对劳动力的需求减少，对农民的生活产生了重要影响，体现在两个方面，如图4-12所示。

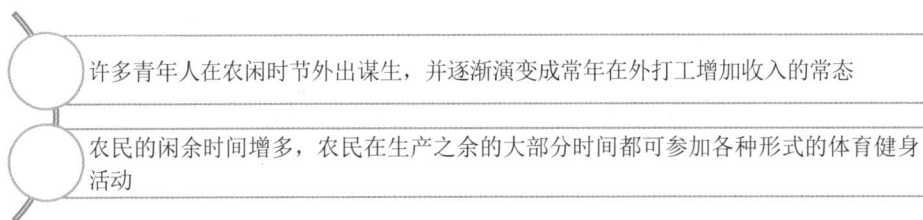

许多青年人在农闲时节外出谋生，并逐渐演变成常年在外打工增加收入的常态

农民的闲余时间增多，农民在生产之余的大部分时间都可参加各种形式的体育健身活动

图4-12　农业生产现代化对农民生活的影响

随着生活水平的提高，农民也有了更多的休闲娱乐的需求，而日益增多的余暇时间以及生活方式的改变，为农民休闲娱乐提供了条件。在农忙之余，农民进行休闲娱乐主要选择体育活动，其中较受欢迎的是一些民族传统类的体育活动，这些在农村有着深厚的群众基础。不论如何，体育运动作为一种休闲娱乐手段，正逐渐被农民接受。

3. 现代体育娱乐对农民体育意识的影响

对于生活在农村的农民来说，他们有着众多的休闲娱乐方式，体育活动只是其中的一个选择，虽然农民参与体育健身的热情高涨，但是，总体来看，体育健身在农民休闲娱乐活动中占据的时间并不太多。

---

① 张玲燕.农村体育场地供需矛盾与有效供给研究[M].北京：北京体育大学出版社，2016.

相比于体育健身，农民在余暇时间进行的活动，更多的是处理家务或是观看电视节目，而即便参与体育健身，也主要涉及棋牌或者麻将等静态项目。我们把棋牌活动归于体育之中，但是在农村，这些通常带有赌博性质。由于农民长期参与农业生产，难得有空余时间，往往通过观看电视节目获得休息，因此看电视成为主要的休闲活动，至于体育健身，也只在节气活动中有所涉及，这样来看，农民进行的休闲主要是一种"静止休闲"。

（二）影响农民体育意识的因素

地区不同，具有不同的社会、经济、文化等发展情况，也就导致在体育事业的发展程度方面存在差异，这就使人民表现出不同的体育意识。[1]

对农民体育意识来说，影响它的因素有很多，主要包括五大因素，分别为经济因素、知识因素、文化因素、社会因素和个人因素。[2]

影响农民体育意识的这些因素具体如图 4-13 所示。

从对影响农民体育意识的因素来看，知识和个人因素对农民主观能动性的发挥有着重要作用，应该对这两大因素给予高度重视。

就知识因素而言，在我国农村体育刚开始发展的时候，农民对体育的认识不足，甚至对体育抱有排斥的态度，为了发展农村体育，我国大力发展体育健身设施，而农民则认为在这方面投入的资金还不如直接发给农民，在一些体育设施建成之后，也没有得到有效的利用，没能发挥体育设施为农民健身提供物质条件的作用。为了改变农民对体育的错误认识，转变农民的传统观念，国家花了很大力气进行体育观念的宣传，经历了漫长的过程。但是受制于农民受教育程度较低、知识水平有限，农民很难一时转变思想观念，因而对体育在健身、健心、促进社会适应方面的作用不够了解，也认识不到体育在社会发展和国家发展中的巨大价值。而农民体育意识的形成很有必要，只有农民有了正确的体育观，才会支持子女参与体育运动，也就会促进体育意识的代际传播，形成良性循环。与老一代的农民相比，新时代的农民接受的教育较多，知识水平也较高，对体育的认识也更加深刻和全面，因此对参与体育运动、发展农村体育有着比较高的积极性和主动性。

---

① 徐颂峰，欧阳秀雄，刘烨.农村体育发展的制约因素及其对策研究 [J].沈阳体育学院学报，2006，（1）：26-28.

② 于向.新农村体育发展的制约因素分析与对策研究 [J].北京体育大学学报，2007，（6）：745-747.

经济因素

- 经济发展水平对我国农村体育发展有着很大的影响，而农民的个人收入则影响到了农民的体育思想。农村地区经济水平仍是我国国民经济短板，仍需要我国持续保持关注和加大投入力度来保障其快速稳定发展。研究和调查均证实，"体育发展取决于当地经济水平"已经成为农村体育发展的重要现实。经济因素对农民体育意识的影响，并不是说经济因素就决定了农民的体育思想，但是不可否认的是，经济发展水平高，则农民的生活水平会提高，在温饱之后追求的就是精神需求的满足，农民参与体育健身的概率就会大大增加。

知识因素

- 和城镇居民相比，我国农民知识水平有限，农村地区文化水平普遍偏低，这直接影响了农民的体育健身观念的形成和体育健身锻炼意识的培养。我国农村地区文化水平普遍偏低，农民知识水平有限，对许多事物的认识片面而不科学，成为农村体育发展的严重阻碍。

文化因素

- 农村体育意识的文化影响因素，主要包括两个方面的内容，一是个人知识文化水平的影响，二是农村文化环境的影响。农村体育发展是要以农村文化为立足点的，只有扎根于农村文化土壤推行体育运动项目，让体育运动更贴切农民的生活、更能符合他们的习惯，才能有效推动其参与体育运动健身。

社会因素

- 农民体育思想还受政府部门和大众传媒等影响，尤其是政府部门的政策和方针影响。现阶段，农村体育的发展还是需要政府行政部门的支持和重视。农村一般大型体育活动的开展，都离不开政府，如果领导不够重视，领导组织不当，领导开展体育活动是为了表现政绩行为，则农民不可能形成正确的体育意识，农村体育也不可能得到良好的发展。当前，我国许多农村地区，农村体育基层组织建设不完善，广大农民群众的文化生活中根本就没有体育活动，在这些农村地区，体育场地基础设施建设匮乏，农民的基本体育活动无法得到保障，农村的体育健身参与性低。因此，农村的整个体育环境建设非常重要，这种环境因素是影响农民体育意识的重要因素。

个人因素

- 开展全民健身，其目的与动机就是推进广大人民群众参与体育健身，提高国民素质，建设健康中国。农民在我国总人口中占据一半以上，实现我国广大人民群众的身体素质的提高，发展农村体育、促进农民积极参与体育健身是一项非常重要的工作。

图 4-13 影响农民体育意识的因素

从个人因素而言，农民参与体育活动的动机非常关键。对农民参与体育锻炼的动机进行分析，主要包括两个方面的内容，如图4-14所示。

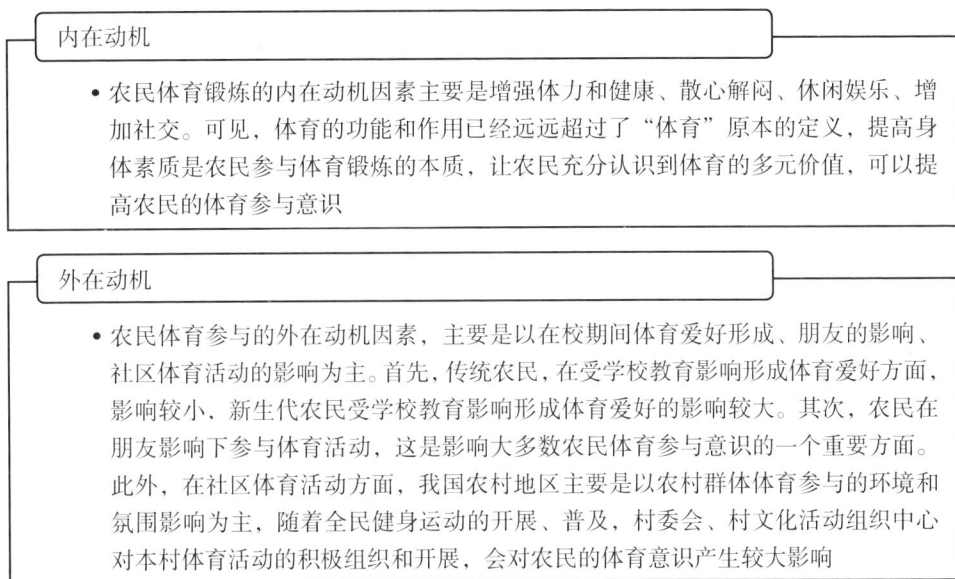

内在动机

• 农民体育锻炼的内在动机因素主要是增强体力和健康、散心解闷、休闲娱乐、增加社交。可见，体育的功能和作用已经远远超过了"体育"原本的定义，提高身体素质是农民参与体育锻炼的本质，让农民充分认识到体育的多元价值，可以提高农民的体育参与意识

外在动机

• 农民体育参与的外在动机因素，主要是以在校期间体育爱好形成、朋友的影响、社区体育活动的影响为主。首先，传统农民，在受学校教育影响形成体育爱好方面，影响较小、新生代农民受学校教育影响形成体育爱好的影响较大。其次，农民在朋友影响下参与体育活动，这是影响大多数农民体育参与意识的一个重要方面。此外，在社区体育活动方面，我国农村地区主要是以农村群体体育参与的环境和氛围影响为主，随着全民健身运动的开展、普及、村委会、村文化活动组织中心对本村体育活动的积极组织和开展，会对农民的体育意识产生较大影响

图4-14　农民参与体育运动的动机分析

（三）增强农民体育意识的途径

1. 加强媒体体育宣传

在农村中，电视是农民接触最多的一种媒体，因此它的影响比较广泛。在闲暇时刻，农民都喜欢通过看电视来打发时间、休闲娱乐，通过观看电视，农民获取各种信息，在观看电视节目的过程中，自然而然地受到电视媒体播放内容的影响。

因此，通过电视媒体对体育相关内容进行宣传，可以促进农民对体育认识的转变，更新农民的思想，从而实现农民体育意识到行为的转变。

对于农村来说，除了电视媒体以外，较常见的还有乡村板报，这种宣传形式比较经济实用，对农民来说，也更为亲切，因此在影响农民体育健身意识方面效果比较好。

2. 推动农村经济发展

（1）农村经济与体育发展的关系

一个地区的经济发展水平影响和制约着其他诸多方面的发展，其中就包括体育，因此发展农村体育，提高农民体育意识，发展经济也是必由之路。

经济基础决定上层建筑，经济的发展是社会文化发展进步的前提和基础，而作为社会重要组成的文化，也必须以经济发展为前提（图4-15）。对于体育文化发展来说同样如此，从历史来看，世界上的国家和地区，体育事业发展水平较高的，经济一般都比较繁荣。

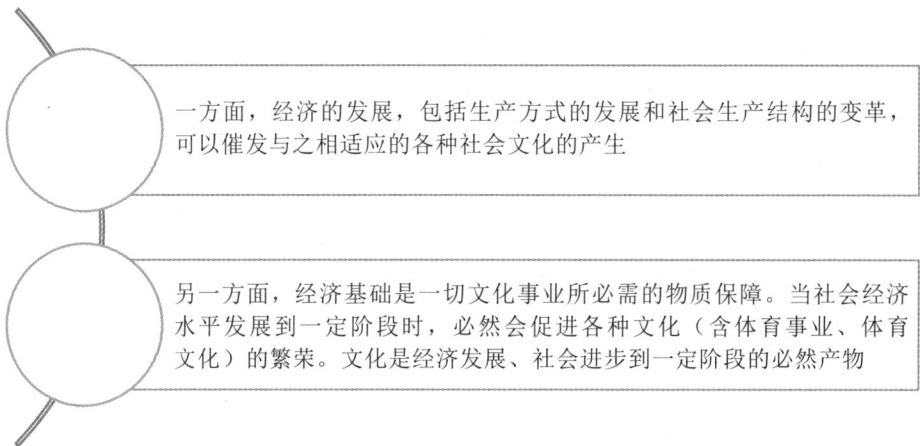

一方面，经济的发展，包括生产方式的发展和社会生产结构的变革，可以催发与之相适应的各种社会文化的产生

另一方面，经济基础是一切文化事业所必需的物质保障。当社会经济水平发展到一定阶段时，必然会促进各种文化（含体育事业、体育文化）的繁荣。文化是经济发展、社会进步到一定阶段的必然产物

图4-15　经济发展是文化发展的前提

经济水平的高低也与人的需求有着重要的关系，可以说，经济发展水平决定着人的需求层次。心理学家马斯洛有个著名的需求理论，具体指人的需求有高低层次之分，在低层次的需求得到满足后，便会产生高层次的需求。对于人来说，基本的吃穿住等问题是低层次的物质需求，在这种需求得到满足之后，便会追求精神层面的高层次需求。

对于人类来说，吃穿住用等都是人生存、生活的基础，因此属于人类的最基本需求，也就是最低层次的需求，而体育显然是要比这种生存需求的层次要高的，是一种发展性的需求。因此也只有人们满足了基本的生存需求之后，才会产生体育这种高层次的需求，于是，要使农民有参与体育健身的积极性，必须首先解决农民的基本生存问题，也就是温饱问题。

农村经济的发展显然会带来农民生活水平的提高，这也就促进农民基本生存生活需求得到满足。这之后，农民自然而然地就产生了高层次的精神方面的需求，也就有了参与体育运动的动力和欲望，也就能为农村体育的进步发展贡献一定的力量。

从这一层面上来看，必须发展农村经济，通过发展经济提高农民收入和生活水平，满足农民的低层次需求，以此为前提，农民便会产生参与体育运动的需求，从而促进农村体育的发展。

（2）发展农村经济的措施

在当前贯彻高质量发展理念和农村振兴战略的背景下，发展我国农村经济，要从调整农村经济结构入手，推动农村经济高质量发展。

我国农村经济结构的内容如图4-16所示。

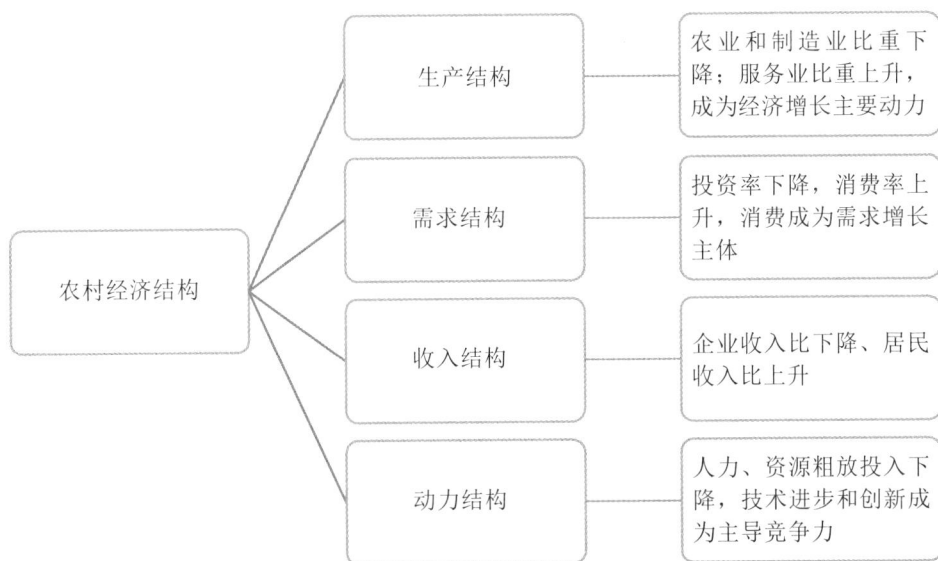

图4-16 农村经济结构的内容

我国农村农业发展面临着经济结构不合理的情况，必须采取一定的措施进行改变，具体来说，可以从几个方面进行，如图4-17所示。

改变传统农业以生产销售为主的发展模式，实现多元化营利创收。如让农业生产与当地特色习俗相结合，发展农家体验的农家乐旅游形式

优化农业生产结构，加快农业机械化，以工业提高农作物生产效率。农业的产业化发展，可以促进生产力的提高，能将更多的农民从生产劳动中解放出来，从而拥有更多的时间参与丰富多彩的体育文化活动

使农业逐步和工业、服务业相结合

推动农业的服务化建设，让农业集生产、运输、销售成为一条龙服务

精心培养优质农作物、特色农作物，走绿色、优质、无公害的特色农作物供给道路

农业生产要与科学技术相结合，确保农业生产的现代化、高效率、科学性

农业生产要与创新相结合，转变传统农业生产观念，建设多元化农业供、销渠道

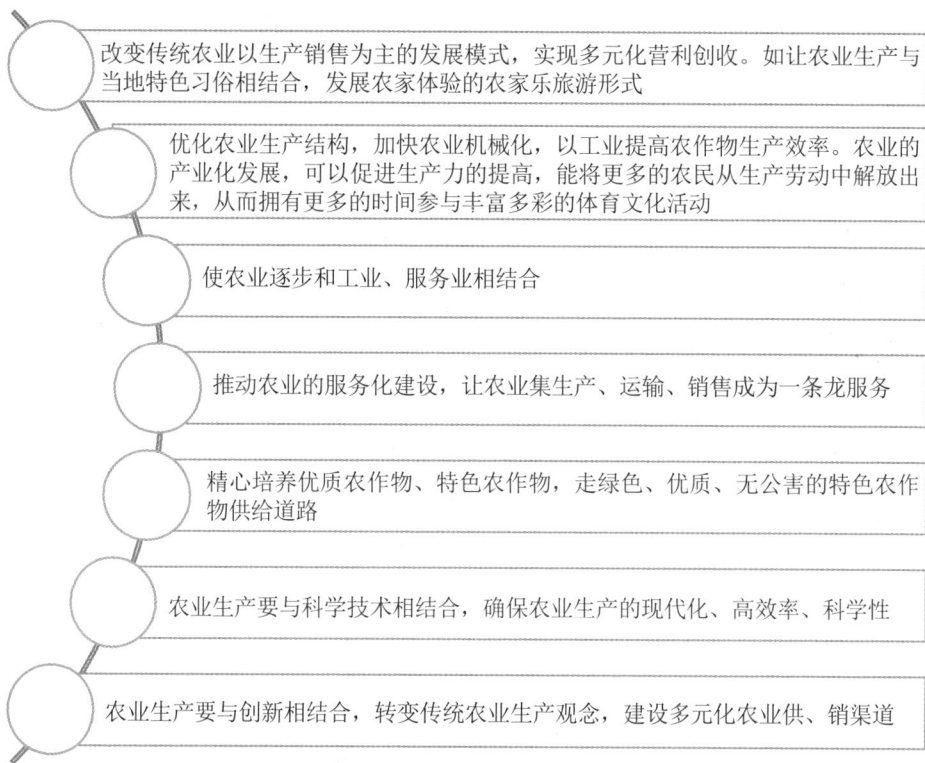

图 4-17　改变农村经济结构的措施

3. 立足农村文化

农村的文化影响着农村农民的体育思想，因此要使农民形成正确的体育意识，必须从农村文化发展的角度考虑。

在农村体育发展的过程中，长期以来对农村文化缺乏足够的重视，而是照搬照抄城市体育发展的经验和模式，这与农村文化和农民需求是不相符合的，因此也不符合农村体育发展的实际，最后导致农村体育发展受阻。

要立足于农村文化发展农村体育，用一分为二的观点来看待和分析问题，在发展农村体育的过程中，既要继承发扬农村优秀传统体育文化，实现农民体育思想的同化，促进农民体育思想与体育行为一致的内化；又要基于农民体育文化需求，对传统农村体育文化大胆创新，对农村常见体育项目进行认真分析，研究其"长盛不衰"的原因，对于这类运动项目而言，最好的发展方式就是侧重它的健

身属性，利用现有的体育器材，适时弱化运动的竞技性，使之成为更具娱乐性和健身性的运动，使之更加适合在农村中开展。

二、农民体育行为研究

（一）分析农民体育行为的依据

对农民体育行为进行分析需要一定依据才能保证结果的可靠性，也需要一定的依据，主要包括三个方面，分别为背景依据、理论依据和现实依据。[①] 具体如图 4-18 所示。

> **背景依据**
>
> - 长期以来，我们忽视了农村传统文化对城市现代文化形成的基础性作用的同时，过分注重城市文化所代表的时代文化对农村的导向与表率作用，进而以城市人的体育思想代替并等同了农村人的体育思想。由此，城市人的体育体制、制度、项目等特征演化、代替、等同了农村人体育思想的特征演化。城市与农村严重的文化二元分割一直困扰着人们，广大农村难以得到城市文明和工业文明的辐射与带动。久而久之，农村与城市产生了严重的隔阂：农村无法理解城市文化，城市无法接纳农村思想。所以，要想在广大农村普及推广全民健身意识，就必须正视城乡二元分割的影响，寻求城市和农村共同发展的道路。在实际操作中，也往往是"一刀切"，或者是直接以城市体育文化的趋向来发展农村体育。在城市文化的背景下，孕育、书写农村体育是不现实的，有效发展农村体育，要建立在正视农村体育文化的基础上重视农村体育内在文化力的深入分析

> **理论依据**
>
> - 文化三层次结构理论指出，文化包括三个层面：器物层、制度层、思想层。器物层表现的是一种现实状况；制度层是一种非本原意识形态；思想层是最本质的东西，决定了器物层能否朝健康的方向发展。以往对农村体育的研究主要集中在影响农村体育发展的物力、器材、组织、制度等外在因素上，而对影响农村体育发展本质上的、深层次的农民体育思想的研究较为缺乏。体育思想以极其稳定的性质作为体育文化最内层的因素，潜于农村体育的物力、器材、组织、制度层面之下，成为深层次调控外在因素特征演化的决定性因素，并随着文化的发展、变迁而改变。器物层文化、制度层文化最终是由农民体育思想所决定的，离开了农民体育思想这个基点，器物与制度的选择就会盲目甚至失去方向，即农村体育能否健康发展、

[①] 陈佳，赵强. 浅析中国传统文化与现代文化对农民体育思想意识的影响 [J]. 齐齐哈尔师范高等专科学校学报. 2007，（1）:98-99.

朝哪个方向发展主要是由农民的体育思想观念所决定的。由此，发展农村体育的首要问题就是解决好农民的体育思想，在研究好农民体育思想的基础上方能建设好农村体育

现实依据

- 事物的发展原因随着时空的不同而有所变化，目前文化力对农村体育的发展影响重大。经济力对农村体育的发展起决定性作用，但并不意味着经济力有了，农村体育就一定能够得到很好的发展。同时，政治力规定社区体育、学校体育的发展方向，但政治力规定不了农村体育发展的方向。另外，农村体育的现实状况是有法可依，但有法不能依，原因在于法律对于传统文化背景下的农村体育缺乏约束力。归根结底，政治上的需要与农民的真正需求相互矛盾。经济力、政治力对农村体育的发展起着重大作用，但真正起主导性作用的还是质层文化力——农民的体育思想。因此，必须重视农村体育质层文化力的研究

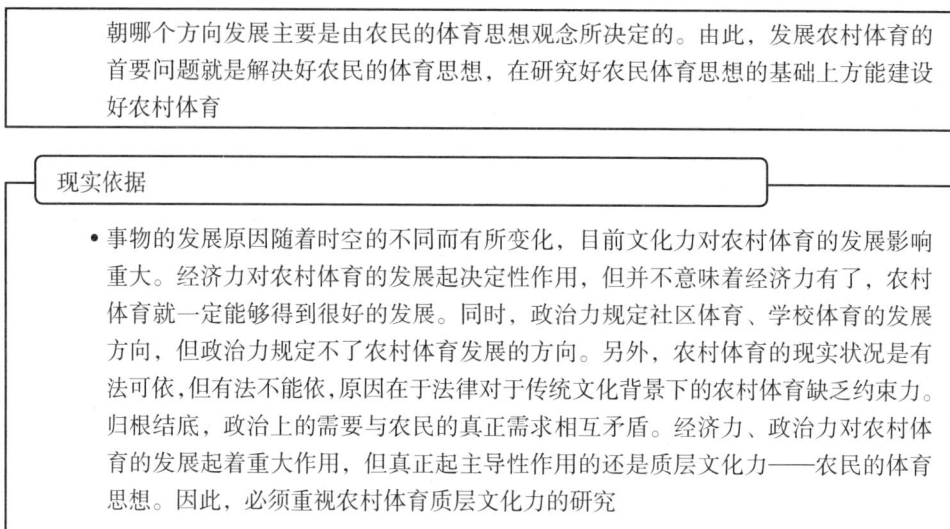

图 4-18　分析农民体育行为的依据

（二）农民体育态度同化阶段及其行为

凯尔曼提出了著名的态度改变三阶段理论，以此为依据可以将农民体育健身态度的发展阶段分为服从阶段、同化阶段、内化阶段，如图 4-19 所示。

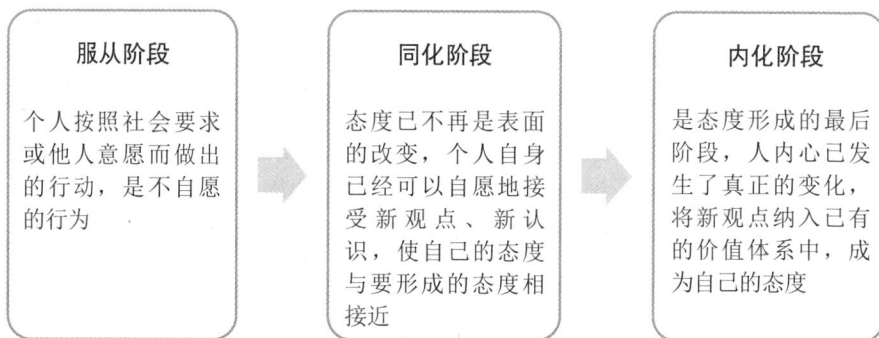

服从阶段

个人按照社会要求或他人意愿而做出的行动，是不自愿的行为

同化阶段

态度已不再是表面的改变，个人自身已经可以自愿地接受新观点、新认识，使自己的态度与要形成的态度相接近

内化阶段

是态度形成的最后阶段，人内心已发生了真正的变化，将新观点纳入已有的价值体系中，成为自己的态度

图 4-19　凯尔曼的态度改变三阶段理论

当前，我国农民大多数已达到同化阶段，对体育形成了较为正确科学的认识，其所具有的认知行为表现如图 4-20 所示。

认识到体育能够增强人们体质，提高竞技水平，丰富社会生活，这也是体育区别于其他身体运动和活动的一个根本点。体育是一种可以增进健康、改善农民的身体素质的活动。农民长期生活在艰苦的生活条件下，生存的能力较强，但是农民的生活质量并不高。虽然农民在体力劳动过程中锻炼了身体，形成了强健的体魄，但是体力劳动的沉重负担使农民的身体在潜移默化中受到了损伤，而进行体育锻炼能够有效地防止、缓解这些损伤

认识到体育不仅能够丰富个人和社会的文化生活，还能提高人们的生活质量。农民们可以根据不同条件、不同年龄、不同身体状况和个人爱好进行体育运动，在运动过程中获得特殊的身体感受，在锻炼身体的同时可以达到"娱己"的目的。农民们通过参加和欣赏体育运动不仅能增强体质还能够愉悦身心，丰富文化生活。世界上还没有其他任何一种活动能像体育竞赛那样有规律地举行

认识到体育能够改善人际关系。在体育运动过程中，能增强人与人之间的交流和交往，是促进人们的友谊和增强团结的重要手段。通过体育活动，能够扩大人们的情感交流，增加人与人之间的相互了解，改善人际关系，共同创造和谐文明的社会环境。国际间的体育交往，还能够促进国家与国家之间、不同民族之间的相互了解和相互信任，有利于人类社会的和平与发展

了解许多体育卫生保健知识。要增强体质有多种途径和方法，其中包括营养、保健等多种手段。体育并不是唯一的方法，但是通过专门设计的身体运动来增强体质，并在身体运动的过程中获得特殊的身体体验，这正是体育独特的存在条件。体育还有治疗疾病的作用，体育活动可以缓解疲劳、放松身心

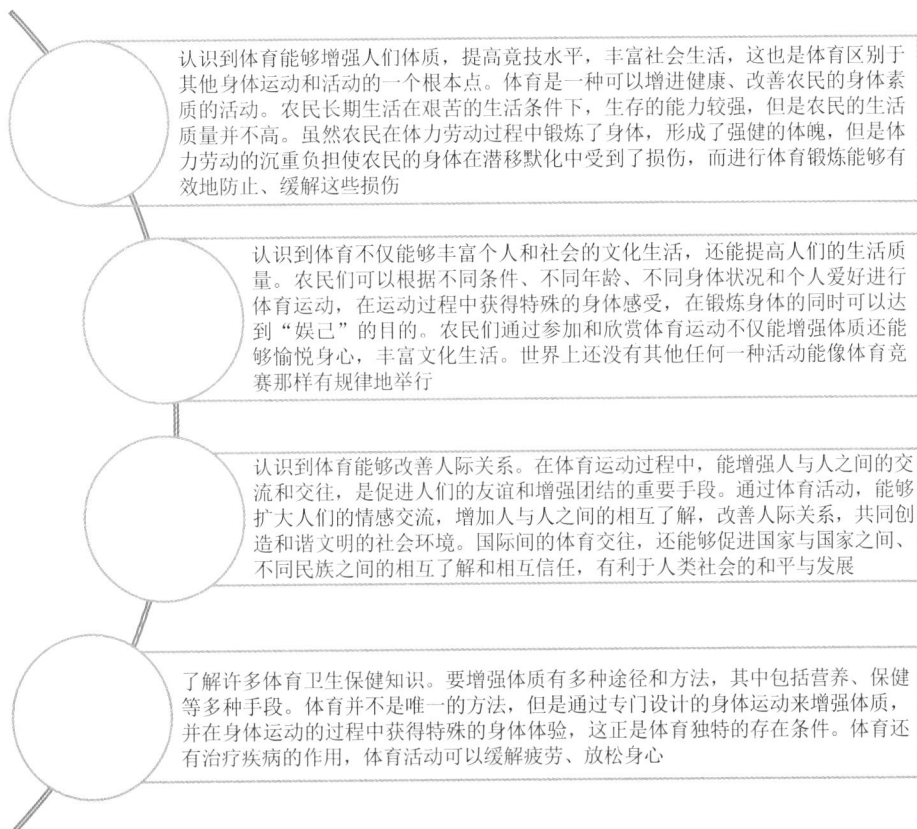

图 4-20　农民的体育认知行为表现

（三）农民体育行为的实现

1. 强化农民体育价值观念

价值观念对于个体的行为具有重要的指导作用，农民的价值观会制约和支配其行为动机。强化农民的体育价值观念是促进其形成体育健身行为的前提，因此要从农民的角度出发，采取针对性措施强化其体育价值观念，引导将其转化为体育健身行为。

2. 营造良好社会体育氛围

良好的环境和氛围是事物实现转变的必要条件，农民体育健身态度的转变也需要一定的社会体育氛围。农民体育态度由同化阶段向内化阶段转变是一个复杂的过程，中间面临的困难有很多，只依靠农民自身的主动性是难以实现的，这时

就必须发挥外部环境的促进作用。然而现实情况令人担忧，农民体育健身态度转变没有完善的环境支持，因此要加快转变，必须采取相应的措施，营造良好的社会体育氛围。[①]

城市与农村之间存在着人力资源的严重不均衡，与城市相比，农村的高水平教练、师资或者是社会体育指导员都远远不足，这也就导致生活在农村的农民的体育意识显然要比城市居民的要弱。

农民自身达到体育意识会影响其体育认知行为，而在良好的体育氛围影响下，农民的体育意识也会得到提高。因此，农民要产生体育健身行为，离不开周围力量的带动和自身意识的觉醒。

农村良好体育氛围的形成，应着力于以下几方面建设，如图4-21所示。

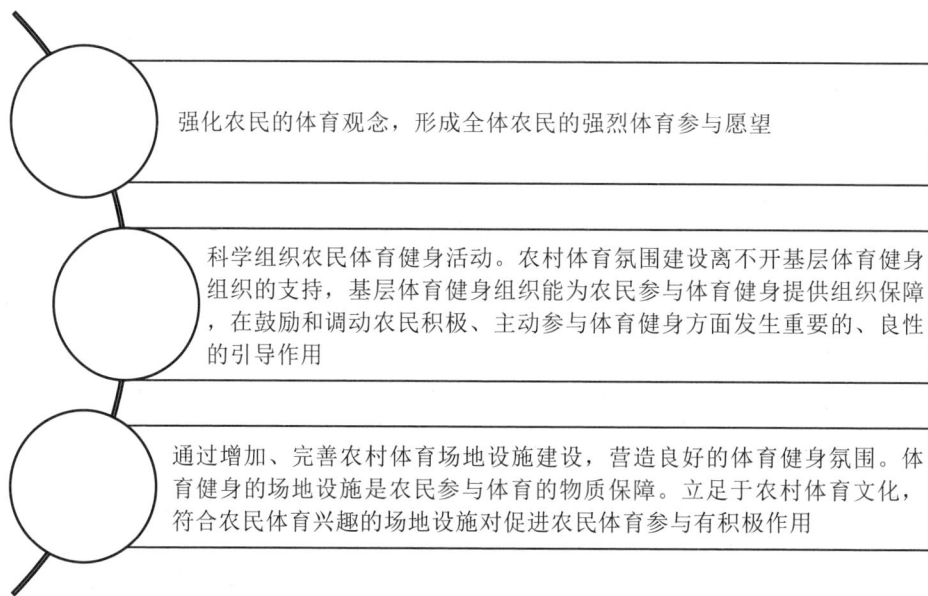

强化农民的体育观念，形成全体农民的强烈体育参与愿望

科学组织农民体育健身活动。农村体育氛围建设离不开基层体育健身组织的支持，基层体育健身组织能为农民参与体育健身提供组织保障，在鼓励和调动农民积极、主动参与体育健身方面发生重要的、良性的引导作用

通过增加、完善农村体育场地设施建设，营造良好的体育健身氛围。体育健身的场地设施是农民参与体育的物质保障。立足于农村体育文化，符合农民体育兴趣的场地设施对促进农民体育参与有积极作用

图 4-21 农村良好体育氛围的营造

3. 发挥榜样的带动作用

（1）充分发挥农村体育骨干的作用

农村体育要想得到整体发展，仅仅依靠单一的体育人力资源投入是远远不够

[①] 张文静，田雨普. 农民体育参与的行为学分析 [J]. 武汉体育学院学报，2009，（1）：20-23.

的，因此还需要壮大力量。在农村体育的发展中，农村体育骨干是可以利用的力量，他们能够起到模范带头作用。根据农民体育发展的特点以及农民自身的现状，发挥体育骨干的作用就显得很有必要。体育骨干对当地的情况了如指掌，在发动农民参加体育运动，促进农村体育发展中具有得天独厚的优势。主要体现在两方面，如图 4-22 所示。

图 4-22 农村体育骨干的优势

农村体育骨干在带动农民参与体育活动方面具有诸多的优势，应该从农民的实际出发，切实发挥体育骨干的作用，促进农村体育的发展。

（2）充分发挥农村体育指导员的作用

农村体育的发展需要数量充足、水平较高的体育指导员，他们对农村体育发展的作用是不言而喻的。

然而，现实情况是较为残酷的，也是令人无奈的，在我国大部分农村地区，很难见到体育指导员的身影，农民参与体育健身，面临着无人指导的境地，自然效果不好，甚至会出现安全事故，对自身造成伤害，这也在一定程度上会挫败农民参与体育运动的积极性，因此，建设农村社会体育指导员队伍是十分必要的，将在提高农民体育参与积极性方面发展巨大的作用。

（3）充分发挥新生代农民工的作用

前面已经提到，新生代农民工与普通农民及老一代农民工相比，有着不同的特点，其观念更加现代，对生活的追求也更为注重。[①]

相比其他人，新生代农民工与农村的联系更为紧密，发挥他们的作用，引领农民参与体育活动，更容易收到理想的效果。

---

① 杨树虹. 新生代农民工民生诉求与继续教育对接思考 [J]. 继续教育研究，2011，（11）：23-24.

（4）鼓励大学生下乡参与农村建设

随着社会的进步，高等教育获得了突飞猛进的发展，大学生的数量与日俱增。当今大学生面临着严峻的就业压力，可以采取措施鼓励大学生下乡参与农村建设，这样，不仅可以缓解社会就业压力，还能发挥大学生的聪明才智，促进农村建设的发展。大学生普遍素质较高，在体育方面也接受了一定的教育，大学生进入农村，自然会将先进的体育思想和科学的体育锻炼技能带进农村，促进农村体育活动的开展，调动农民参与体育活动的积极性和主动性，促进农村体育的大发展。

大学生进入农村，参与农村建设，将在很大程度上完善体育基础组织。可以说，大学生下乡无论对大学生自己还是对农村发展来说都有百利而无一害，是一件双赢的事情。

4. 加强媒体对农村体育的宣传

促进农民体育健身态度内化，宣传是一种重要且有效的方式。而在诸多的宣传方式中，媒体宣传因其集权威、信誉和受众范围极广于一体而效果最佳。由此可见，要想实现农民体育健身态度的内化，加强媒体的宣传是非常重要的举措。[①] 当前，大众传媒主要有图 4-23 所示的两类。

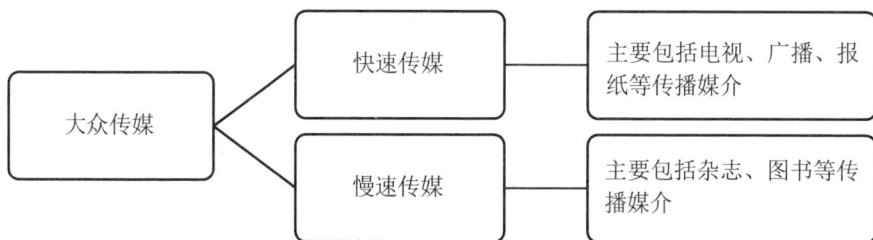

图 4-23　大众传媒的分类

不管是哪种传媒，都是重要的宣传手段，相比而言，对于农民体育健身态度内化来说，快速传媒的影响更加直接与深刻。因此，要更为注重对快速传媒的利用。

（1）电视媒介

电视传媒是非常常见的传媒形式，与传统媒介相比，具有真实有效生动的特点，农民了解各种时事主要通过电视传媒途径，其间也会发生思想的转变。通过电视传媒这种大众娱乐方式和宣传说教方式，农民可以加深对体育健身价值的认

---

① 田雨普、王欢. 文化当先的农民体育发展观 [J]. 北京体育大学学报，2009，（4）：1-3.

识，从而形成积极的体育健身态度。公益性广告是电视传媒的重要内容，通过播放具有正能量的公益广告，可以引起农民的共鸣。也采用新闻或专栏的方式播放各种体育素材，激发农民参与体育的欲望，调动其参与体育健身的积极性。

（2）通过报纸杂志进行宣传

报纸杂志是一种传统的说教引导方式，具有通俗易懂的特点，而且它能够相互传读、随时阅读、回头再读。在宣传体育健身知识方面，报纸杂志更为直接有效，因此对农民树立正确、积极的体育健身价值观念非常有利。目前，我国农村地区普遍建有文化站，其主要职责就是向广大农民进行宣传教育，研究创新当地传统文化，管理组织农民开展文体活动，开展图书阅览，普及科学文化知识，并提供活动场所传播与管理公益性文化。利用文化站的各项设施条件，为农民提供书籍阅读的机会，发挥报纸杂志的引导作用，对于促进农民体育健身态度的内化有着积极的意义。

5. 加强农民体育健身组织建设

在农村体育发展的过程中，基层体育组织的作用不容忽视。完善的基层体育组织有助于各项政策文件的传达和落实，有助于农村体育工作的顺利开展。通过基层体育组织作用的发挥，能够帮助农民实现体育意识向体育行为的转变，也能激发农民参与体育运动的动力。从这一层面上看，加强农村基层体育组织建设，完善体育基层组织，是农村体育发展的有效途径，也是必由之路。

加强农村基层体育组织建设，要从农村实际情况出发，由点及线，由线及面，最终实现点线面全覆盖，同时要保证基层体育组织有明确的任务和职责，能够相互协调配合，充分发挥自身的作用。

在农村体育发展中，体育社团也是重要的力量，它在带动农民体育健身方面的作用举足轻重。但是我国农村体育社团的数量很少，必须加强这方面的建设，真正将农民组织起来，为农村体育的发展奠定基础。

6. 推动农民体育健身设施建设

农民实施体育健身行为，也就是参与体育健身运动，离不开一定的体育场地和设施，只有有这些体育场地设施做保障，才能让农民体育健身行为成为现实。

受制于长期以来经济发展水平较低的影响，我国农村体育发展面临着体育场地设施匮乏和场地设施条件陈旧的问题，即便有些地区体育场地和设施较为完备，但存在着利用率不高，甚至闲置的现象。农村体育场地设施的现实情况，成为农民参与体育健身的一大限制因素，体育场地设施状况的不良，导致农民参与体育健身的积极性和主动性不足，热情也不高。

我国已经意识到农村体育发展面临着体育场地设施匮乏的问题，在近些年来也出台了一系列的措施，加大对体育场地设施的资金投入和建设力度。一大批体育场地设施得以建立，大大改善了农村体育场地设施条件，为农民参与体育健身提供了良好的物质条件和优良环境。

但是，农村体育场地设施的建设并非简单的事情，其中涉及诸多的因素，需要注意很多方面的问题，主要包括两个方面，如图4-24所示。

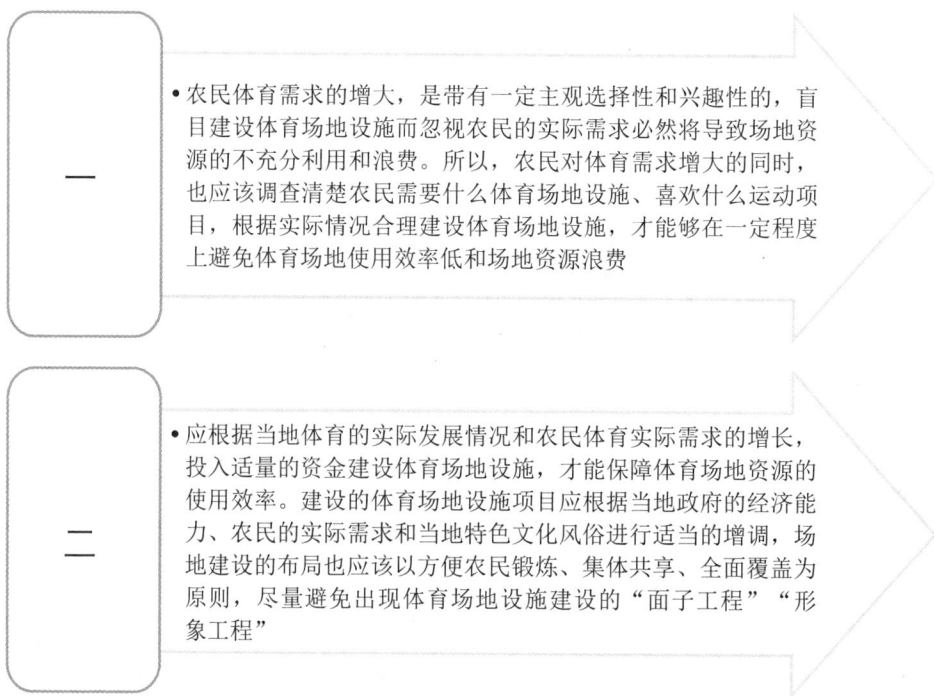

图4-24　农村体育场地设施建设需注意的问题

7. 发展农村经济为体育发展提供支持

农村体育的发展需要经济发展的支撑。前面已经提到，农村经济的发展，提高了农民的生活水平，促使农民产生了体育健身这种高层次的需求，有利于提高农民参与体育健身的意识，也将促进农民体育健身行为的实现。

目前我国农村体育发展面临不少的问题，其中大多数问题都可以从根本上归结为经济发展问题，无论是体育场地建设还是体育人才引进，或者是体育活动组织，都需要大量的经费投入。如果农村经济发展水平低，必然没有充足的资金用于农村体育发展，因此必须大力发展农村经济，增加农村体育发展的经费投入，改善农村体育场地设施条件，建设农村体育人才队伍，为农村体育的发展奠定基础，提供条件。

8. 政府要加大对农民体育健身保障力度

农村体育的发展离不开政府的支持。政府将农村体育发展列为工作要求，必然会促进社会各界对农村体育的关注，政府对体育相关知识的宣传，必然在农村中形成良好的体育氛围，带动农民主动参与体育运动，政府加大对农村体育的资金投入，必将不断改善农村体育场地设施条件，为农村体育活动的开展奠定物质基础。因此，必须重视政府在发展农村体育方面的作用，加大保障力度。

第五章 中国农村体育文化贫困的客观成因

中国农村体育文化贫困有着一定的客观成因，农民经济条件与收入水平、农村体育场地设施的供需情况、农村体育组织与专业指导、农村体育教育发展情况都是影响中国农村体育文化的客观因素。本章通过对这几个方面的研究分析中国农村体育文化贫困的客观成因。

第一节 农民经济条件与收入水平分析

农村经济水平落后成了我国农村体育发展缓慢、农村体育工作乏善可陈的借口和推脱。不可否认，农村经济发展是农村体育发展的物质基础和物质保障，是影响农村体育发展的重要因素。

一、农村经济发展现状

我国领导人历来非常重视农村经济发展，尤其是近些年来，受益于这种重视，农村经济的发展突飞猛进。与过去相比，农民的收入稳步提升，农村建设也呈现出新的面貌。但与此同时，也出现了一些影响我国农村经济发展的因素，需要引起注意，积极应对。

（一）农村基础设施建设不完善

农村基础设施建设不完善主要体现在两个方面，分别为水、电、网络不完善和道路交通管理不健全。具体如图 5-1 所示。

> 农村水、电、网络不完善
>
> - 就当前阶段，许多农村地区电力较低，自来水系统不够完善，生活用水难以保证质量，网络配套设施不完善，网络覆盖率较低，农民获取外部信息渠道单一

> 农村道路交通管理不健全
>
> - 虽然多数农村地区已修建公路，但交通防护设施不完善，道路承载能力差，宽度不够，交通网络落后，且道路点多面广，交警部门警力有限，为农村道路交通管理带来较大困难

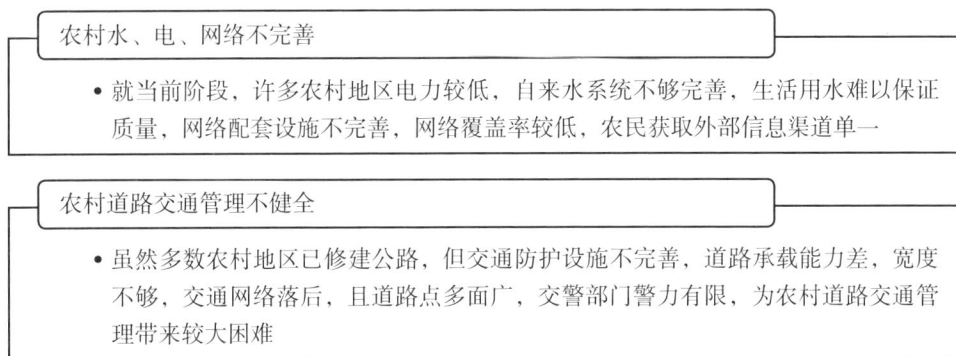

图 5-1　农村基础设施建设不完善

（二）农业生产结构单一，市场不完善

对于农民来说，土地是最重要的生产资料，可以说是他们的命根子，农民主要的收入来源就是土地。但在我国，农业生产结构单一，种植业是主要的生产方式，因为没有形成产业化，所以导致发展水平低下。另外，在农村地区缺乏健全完善的市场管理体系，农产品交易量小，农村市场发展速度慢。

（三）资源利用率较低

在我国乡村中存在着大量的资源，但是开发利用的程度和力度都很小，资源利用率低是常态，因此出现了农村资源闲置浪费的现象，乡村的资源优势未能得到应有的发挥，也就没能兑现资源的价值。另外，我国农村中的企业数量少，经营和管理模式单一落后，缺乏科技创新和人才支持，这些导致乡镇企业发展缓慢，难以带动农村市场进一步发展。

二、农民收入水平现状与提高方法

（一）农民收入水平的现状

1. 农民收入来源多元化

传统农业主要以种植业为主，是农民收入的主要来源。改革开放后，农民收入构成开始逐渐转向多元化发展，农、林、牧、渔以及非农产业收入也成为农民收入来源的一部分。我国作为一个农业大国，农业发展是重中之重。随着改革的不断推进以及国家相关政策文件的颁布落实，农民收入开始逐渐呈现多元化趋势。种植业仍是农民的主要收入来源，但其占农民收入比例逐年下降，与之上升的是

林业、畜牧业、水产业以及副业所占比例开始增大。农民开始充分利用闲暇时间进行小规模的畜牧业、水产业养殖，利用农闲时间参加乡镇企业工作获得工资性收入，农民收入来源的多渠道在很大程度上提高了农民的经济收入，推动了传统农业产业结构的优化。

现阶段，我国农民收入主要由四部分组成，如图 5-2 所示。

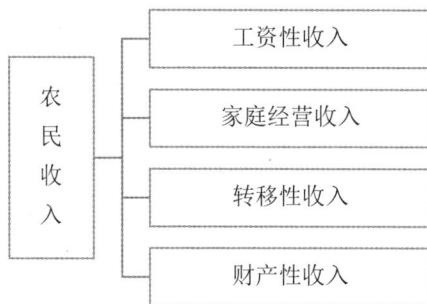

图 5-2　农民收入的构成

在农民的收入构成中，四大因素的比例不同，对农民收入的影响也不一。随着社会的发展，工资性收入越来越成为影响农民收入的主要因素。但是从农民的生产生活特点来看，家庭经营收入仍然是核心收入来源，而转移性收入和财产性收入因为占比小，则只是农民收入的一种补充。①

2. 农民收入增长幅度趋小

当前，我国农业基本上实现了低水平的机械化，只有少数地区仍然依靠人力、畜力进行农业耕作。在新一轮的农业工业化、现代化背景下，农民必将实现农作物产量、生产效率的再次提高，农民将在更少的时间产出更多的农作物，将利用更多的农闲时间获得更多的工资性收入。农业工业化、现代化是渐续地、缓慢地，其会持续地推动农民收入增加，但增长幅度不大。经济新常态下，农民收入仍旧持续上涨，增长速度平稳，但增长幅度趋小。经济新常态下，影响的不仅是服务业和工业，农业也会在经济新常态的大趋势下发生一定的变化。农民收入增长困难是目前提高我国农民收入水平的第一大难题，是极具现实意义的课题。

---

① 程名望等. 农户收入水平、结构及其影响因素——基于全国农村固定观察点微观数据的实证分析 [J]. 数量经济技术经济研究，2014，（5）：3–19.

3. 农民消费结构不合理

农民的消费支出受多方面的影响，但总的来说，其个人的总收入决定了农民当年的各项消费支出所占比重。一般来说，农民的消费支出主要由食品消费、服装衣着消费、住房建设消费、医疗保健消费、家庭设备用品及服务消费、交通通讯消费、教育文化娱乐服务消费七大部分组成。随着社会经济的快速发展，农民收入和支出也发生了一些变化，表现为：子女的教育费用仍是农民沉重的经济负担；改善住房环境，受传统思想观念影响，农民始终将住房放在重要位置，许多农民累积大半辈子的财产就是用于住房的建设和装修。因此，农民的收入与支出现状仍需改善。一方面，要建立农民收入增长的长效机制，以促进农村消费需求的增长；另一方面，要提高农村社会保障水平，为扩大农村居民消费需求创造稳定的预期环境。

（二）提高农民收入水平的办法

1. 多渠道促进增收，建立增收长效机制

（1）推进农业机械化、现代化进程，提升农民生产效率，提高农民家庭经营收入。根据市场需要、资源优势，优化农业生产布局，重点发展特色农产业和优势农产业。推进农业产业化经营，采用循环经济理论延长农产业链条，大力发展农产品加工业和农民专业合作经济组织，提升农产品额外价值。

（2）鼓励引导农村青壮劳动力向乡镇企业转移，提高农村居民工资性收入。要实现农民收入的增加，就必须提高工资性收入在农民收入中所占比重，如图5-3所示。

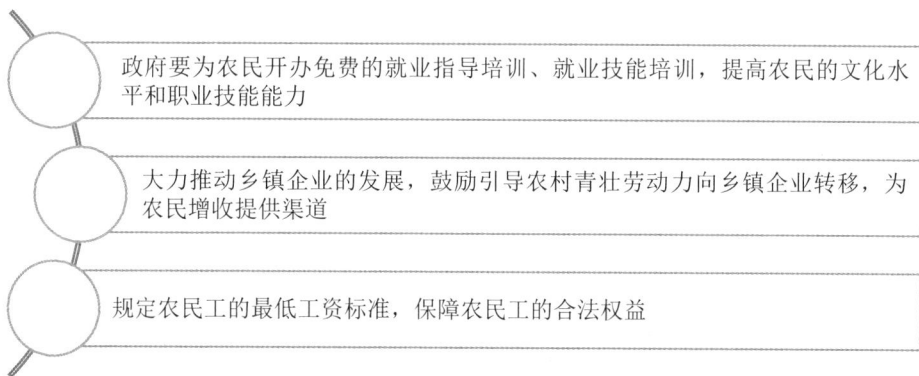

政府要为农民开办免费的就业指导培训、就业技能培训，提高农民的文化水平和职业技能能力

大力推动乡镇企业的发展，鼓励引导农村青壮劳动力向乡镇企业转移，为农民增收提供渠道

规定农民工的最低工资标准，保障农民工的合法权益

图5-3　增加农民工资性收入的方法

（3）加大对农村居民直接财政补贴，推进农村产权制度改革，提高农村居民的财产性收入以及转移性收入。增加农民财产性收入和转移性收入比重是缩小城乡差距的重要措施。因此，可以用好增加农民财产性收入和转移性收入这一方法解决城乡收入差距。[①]

2. 加快新农村建设，健全社会保障机制

加速推进城乡一体化进程，加快新农村建设进程。城市化水平的提高对农村居民消费需求在不同时期有着不同影响，前期城市化水平对农村居民消费需求增长表现出负向效应，不利于扩大农村消费需求的增长；但从中后期来看，城市化水平对于提升农村居民消费需求的增长具有长期性、稳定性等特点，表现出正向效应。新农村建设离不开经济建设，只有大力发展县镇经济，缩短城乡收入差距，逐步转变城乡二元经济结构，才能加速推进城乡一体化进程。这就要求一方面鼓励乡镇企业向园区集中，优化资源配置、降低企业生产成本，实现乡镇企业行业集中、产业集群；另一方面，鼓励有条件的农民转变为城市居民，进一步推动人口向城镇集中、居住向社区集中。

农村社会保障体系作为中国社会保障体系的重要组成部分，健全完善农村社会保障机制，既是扩大农村居民的消费需求的重要举措，又是扩大农村内需的有效制度保障。完善农村社会保障机制，一方面，是为了提升农民即期消费能力，解决农民消费的后顾之忧；另一方面，也是促进农村经济发展、推行新农村建设的客观要求。农村社会保障主要是以农村养老保障、农村医疗保障、农村社会救助以及失地农民的社会保障构成。

做好农村社会保障工程，要做到以下三点。首先，应建立稳定的农村社会保障资金来源，为农村社会保障奠定物质基础。其次，发挥政府主导作用，加强宏观调控。扩大在农村社会保障方面的财政支出，以确保资金的落实到位和有效运转。最后，完善农村救助制度，健全农村社会保障法律体系。以推进农村最低生活保障制度建设为突破口，建立规范和有效的农村生活救助制度，以保障农民的基本生存权利。

3. 加大金融支持力度，刺激农民消费需求

加大农村金融支持力度，重视农村金融市场建设，大力发展农村消费信贷，

---

① 肖立. 我国农村居民消费结构与收入关系研究 [J]. 农业技术经济，2011，（12）：91-99.

扩大农民内需。根据农民农业生产、生活消费以及教育消费，推出相对应的农机信贷、住房信贷、教育信贷等多种消费信贷品种。并加快发展村镇银行，规范农村小额贷款公司。鼓励农户积极参与金融交易，以增加财产性收入在农民收入结构中所占比重，实现农民的再次增收。在完善由政府扶持的多元化、多层次的农户信贷担保体系的基础上，创新农户信贷模式，建立安全可靠的农户信贷模式。同时，地方政府要加强对农民消费习惯和心理的引导，转变农民传统消费观念，养成科学而正确的消费习惯，积极参与农村消费信贷，提高家庭消费能力和消费水平。

优化农村居民消费环境，刺激农民消费需求的增长。大力发展新型流通方式，形成农村消费零售网络，降低运输成本，培育和完善农村消费市场。同时，加强农村地区基础设施建设，既方便农村居民的生活，为农村经济发展创设一个良好的环境；又可以拉动交通通信等发展型、享受性消费需求的增长，加速农民消费结构的转变。

三、农村经济发展与农村体育事业

（一）体育事业发展的经济基础

农村体育的发展受到整个社会发展的制约，最明显的体现就是受经济发展的制约。长期以来，我国实行的是计划经济，改革开放以来，我国向市场经济转轨，在此过程中，我国农村体育有了新的发展机遇。

1. 以农村经济为依托的体育特征

农村体育的发展，对建立农村体育实体提出了需求，而这一切都离不开对农村经济的依赖。建立农村体育实体，必须遵循市场规律，而且要与我国农村发展的实际相符合，体现中国特色。

以农村经济为依托的农村体育的特征具体表现如下：

（1）投资渠道的特征

农村体育的投资渠道有着自己的特征，这直接受我国市场经济体制发展的影响。在计划经济时代，农村体育发展的资金来源主要是政府拨款或者企业支援，并没有一定的依据。在这种资金来源情况下，因为是短期行为，不具有持续性，因此没能建立起真正的农村体育实体。而在市场经济体制下，对农村体育进行资金投入也要考虑收益，而农村体育实体则是实现收益的前提和基础。

农村体育实体具体有两大类，如图5-4所示。

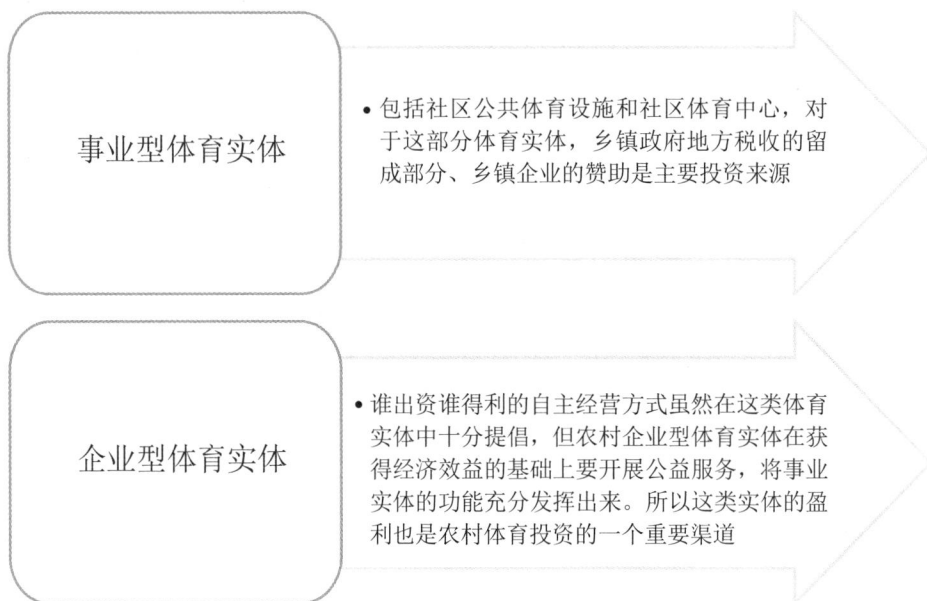

事业型体育实体	• 包括社区公共体育设施和社区体育中心，对于这部分体育实体，乡镇政府地方税收的留成部分、乡镇企业的赞助是主要投资来源
企业型体育实体	• 谁出资谁得利的自主经营方式虽然在这类体育实体中十分提倡，但农村企业型体育实体在获得经济效益的基础上要开展公益服务，将事业实体的功能充分发挥出来。所以这类实体的盈利也是农村体育投资的一个重要渠道

图5-4　农业体育实体的分类

综上，农村体育投资主要有三条渠道，如图5-5所示。

农村体育投资渠道	地方税收的部分资金用作体育投资
	乡镇企业对体育事业的赞助
	企业型体育实体赢利的部分资金

图5-5　农村体育投资渠道

（2）体育效益的特征

无论是营利性体育实体、公益性体育实体，还是综合性体育实体，它们都有一个共同点，就是都讲究和追求效益。根据经济核算，可以将农村体育的效益分为两种类型，分别是推算效益和决算效益，如图5-6所示。

推算效益

- 推算效益不通过货币流通，但货币是主要的估算单位，以货币或其他指标对经济效益进行估算。虽然不通过货币流通，但如果不妥善管理，要补偿的话同样需要用到货币

决算效益

- 通过货币流通并以货币为核算单位的效益计算方式就是决算效益。农村体育企业型实体只有采取这种核算方式，才能对赢利情况有所了解

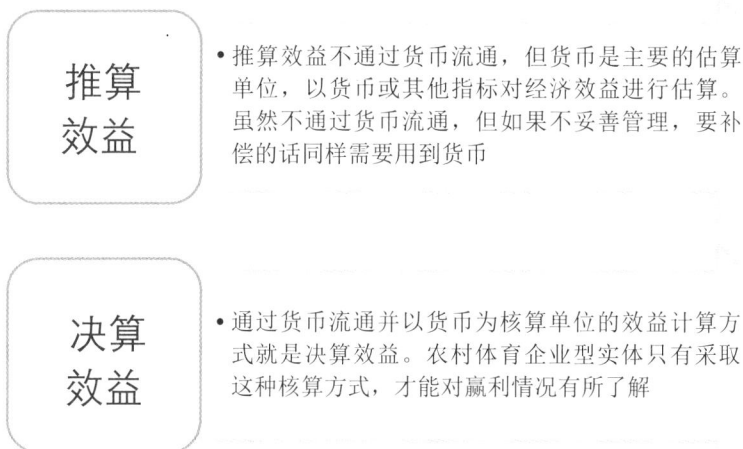

图 5-6　农村体育效益

2. 农村经济发展为农村体育找到了载体

改革开放的实行，逐渐改变了我国农村封闭的小农经济状态，现代化气息已在农村各个角落随处可见，农村经济获得了快速的发展。农村经济的发展，为体育的发展奠定了物质基础。我国现代化变迁与发展，以及农村社会结构的变化，为农村体育的发展提供了载体。

农村体育发展面临着经费、人才和设施等问题，农村经济的发展为解决这些问题提供了可能。农村社会结构的变化，有利于人才的汇集、资金的流入以及农村实体的建立。之前由于小农经济影响而规模受到限制的农村体育，乘着改革开放的春风，发展规模将进一步扩大，前景也更加光明。

3. 经济转轨为农村体育开辟了道路

我国于 20 世纪七十年代实行了改革开放，随之发生变化的是我国的经济体制，市场经济逐渐代替计划经济，相应地，我国的经济发展模式也发生了转变，由集约型逐渐代替粗放型。这种经济转轨对农村体育事业的发展是重大利好，在此背景下，农村体育管理体制和运行机制也发生了变革，对农村体育的发展起到推动作用。

对于农村体育发展来说，产业化是重要方向，也是必由之路。随着市场经济的建立，三大产业的比重将会得到改变：第一、二产业规模缩小，而第三产业规模扩大。作为第三产业重要组成部分的体育产业，自然面临着发展的巨大机遇。与城市体育相比，农村体育有着得天独厚的优势，如在生态环境、自然风光、人

文景观和传统文化方面，农村体育有着自己的特色，而且与高质量发展的要求相契合，农村体育产业的发展由此也具备了便利的条件和良好基础。

农村体育包括营利性和公益性的服务，农村体育常见的投资方式有政府拨款、企业赞助及体育实体赢利等，农村体育实体的性质有事业型和企业型两大类型。但实际情况是，二者混合的类型占比较多。农村体育的产业化发展为农村体育事业的发展提供了广阔的空间。

（二）农村体育事业发展与农村经济的相互关系

农村体育是一项农村社会事业，是农村实力和农民素质的象征，受到了群众的广泛喜爱，因而发展迅速。时代和社会的进步，带来了经济的飞速发展，这一定程度上提高了农民的生活水平，也相应地使农民产生了体育健身的需求，而且这种需求越来越多样，也越来越高涨。农村体育事业发展与农村经济的关系主要体现在以下方面。

1. 农村体育事业发展是促进农村经济发展的重要推动力

经过不断的发展，我国的医疗保障制度得以建立，并且不断完善，但是由于各种因素的限制，尤其是受人口众多的影响，还需要进一步发展。随着科学技术的发展，医疗水平越来越高，伴随而来的也有医疗费用的增加，对于长期生活在农村的农民来说，其生活水平虽然有所提升，但是面对巨额的医疗费用支出，仍然无能为力，因此因病致贫返贫的现象经常发生，这也会对农村经济的发展造成一定的影响。发展农村体育事业，有着很高的效益，但这种效应的取得并不明显，而且需要一定的时间。可以说，其效益具有隐性特征，需要在一定时间之后才能显现，有一个长期而缓慢持久的过程。但对于促进农村经济发展来说，农村体育的作用是不可否认的，主要体现在四个方面，如（图5-7）所示。

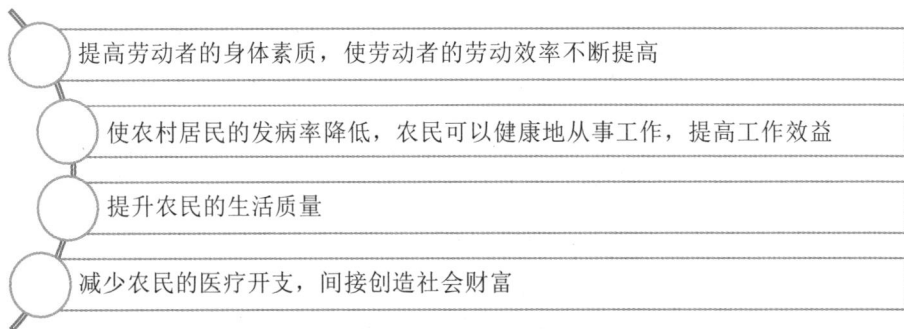

提高劳动者的身体素质，使劳动者的劳动效率不断提高

使农村居民的发病率降低，农民可以健康地从事工作，提高工作效益

提升农民的生活质量

减少农民的医疗开支，间接创造社会财富

图5-7　农村体育对农村经济发展的作用

综上，农村体育事业的发展与农村经济的发展是相互契合的，也是相互促进的。

2. 农村体育事业拉动农村体育消费，促进农村产业发展

对于我国农村体育来说，发展刚刚起步，农村体育市场同样刚刚建立起来，受农村环境、传统文化和经济发展水平的影响，农民的体育健身意识还十分薄弱。理论上说，消费人口规模决定着体育市场的规模，我国农村人口众多，为大量消费群体的形成提供了条件，因此农村体育市场发展潜力大。同时，随着农村体育事业的发展，农村体育举办得如火如荼，各种各样的体育项目在农村都能够见到，农民的体育健身意识也不断增强，随着农民生活水平的提升以及体育观念的转变，农村的消费市场将会不断发展壮大起来。伴随着农村体育消费市场的发展壮大，体育消费的发展将会越来越好，这也将带动农村体育产业的大跨步发展。

3. 农民低收入水平对农村体育的发展造成了严重的制约

对于我国来说，体育事业的价值无比巨大，主要体现在促进人们健康、增强凝聚力和优化国家形象方面。随着我国经济水平的不断提升，国家对体育事业的资金投入不断增加，城市体育事业在诸多有利条件下，得到迅速发展。与之相比，我国农村体育事业的发展则遭到一定的轻视，虽然农村经济同样得到了发展，但还面临不少问题，如结构不合理、发展不平衡等。随着中国加入世界贸易组织，农产品价格不断下降，而且面临着国外农产品的竞争压力，农民从种植业中获得收入越来越难，导致农村贫困问题出现。

从整体上看，我国农村人口多，农村平均经济水平低。我国农民收入不高，但面临的经济压力不小，而且还没有完善的社会保障体系，这对我国农村体育的发展是一种严重制约。社会经济的发展是体育发展的根本动力，而我国农村体育发展水平低正是农村经济落后的必然结果。随着城镇化的推进，城市发展的速度加快，城乡之间的差距将会不断拉大，而农民的收入则难以得到提升，甚至有些农民工还面临工资拖欠问题，让连基本的生存问题都没有解决的农民，参加体育活动是没有可能的。

为了改变农民的生活状况，我国在不断进行体质改革，但是收效甚微，农民的生活状况还不够理想。这就导致农民在消费方面，主要是基本的衣食住行等生活方面的开销，在体育方面等娱乐休闲方面的花费很少。虽然说，经济能力不是限制农民参与体育健身的决定性因素，但农民确实存在着不愿花费金钱从事农村

体育活动的观念，这凸显出我国农村体育发展状况不容乐观的一面。

农民收入水平是影响农民体育消费的重要原因之一。我国是一个地区经济发展不平衡的国家，即东南沿海地区农村居民的收入水平明显高于中西部地区。就农民实际经济收入而言，东南沿海地区农村居民的收入水平完全能支撑体育消费，为其参与体育消费提供良好的物质基础；中部地区农民收入水平也基本上能支撑体育消费，但农民收入水平仍有待提高；而西部地区是我国现阶段重点开发区域，农民收入水平总体偏低，农民经济收入主要是用于改善生活环境、提高生活质量。

农民的经济收入在满足生存需要后，更多的是用来改善物质生活、更新生产资料，追求更好的生活环境。加之农民自身经济消费能力有限，在预算日常生活消费和子女教育的基础上，满足改善生活环境以及更新生产资料的需求后，往往没有过多的剩余经济能力去支撑体育消费。农民经济收入的上涨，并不意味着农民就一定会参加体育健身、产生体育消费。想要农民参与到体育健身中去，农民的经济收入就必须根据社会消费水平达到一定的标准，即农民在满足生活环境、生产资料需求后，仍有一定剩余经济能力为参与体育健身提供物质基础。体育作为一种娱乐、休闲的方式，也作为一种保持健康的方式，能改变农民的生活方式、提高农民生活质量、丰富农民业余生活。而农民当前的收入水平难以实现体育消费是造成农民微观消费动力不足的重要原因之一。

我国农村中小学体育发展也相对滞后，主要体现就是体育场地设施较为匮乏。经济发展水平低，很难抽出资金用于学校体育场地设施建设，导致体育场地设施数量少，条件差，严重影响了农村学校体育教学的开展，也满足不了学生的多元化体育需求。

对于农民来说，增加经济收入是其主要想法，因此很少能有空闲时间进行休闲娱乐。为了增加收入，改善家庭生活条件，农民们大都起早贪黑、争分夺秒，为了生计奔波忙碌，由于缺乏完善的保障政策，农民只有靠长时间劳动获得收入。体育锻炼对他们来说，是一种奢侈。

不平衡是我国经济发展的一大特征，这种不平衡既包括城市之间的不平衡，也包括农村之间的不平衡。由于我国东部和南部地区的经济发展水平较高，当地的农民也就具有较多的闲暇时间，可以用来参与体育锻炼，进行娱乐休闲，同时还有时间从事相关活动来提高收入。与之相比，中西部地区的农村，在经济发展水平方面处于落后的状况，许多农民为了生计奔波，根本无心无力进行体育锻炼和体育消费。

农村体育的发展受制于农村经济的发展和居民的收入状况。对于农村体育公共事业来说，政府的财政支持以及自身的体育资源是重要的发展支撑。而在一些经济欠发达地区，无论是政府财政，还是农村自身资源，都存在不足，这就导致无法给予农村体育发展有力的支持。此时，城市化发展的大力推进导致了对农村发展的忽视，使农村面临着缺少资源和支持的境地，因此导致了城乡发展的不平衡，直接制约着农村体育的发展。

近几年来农村经济的持续发展，党的十九大提出的乡村振兴战略，使农村的居民收入跟城市居民的可支配收入之间的差距逐渐缩小。但城镇居民收入仍然为农村居民收入的几倍。而农村体育的发展和城市相比也有较大差距，不管是从场地设施等硬件设施还是体育活动参与人数都有明显差距。从一定程度上来说，城乡经济发展及城乡居民收入的差异决定了城乡体育发展的差异。农村体育受经济条件的制约，正规体育场所较少，且农村居民收入过低等制约着他们去正规场所参加锻炼；很大一部分选择在场院和路边进行体育健身。另一方面，农村经济发展的滞后也制约着农村居民参与体育的动机和意愿。城镇居民无论是参加过体育活动的比例还是经常参与体育活动的比例都远远高于乡村居民，这和农村经济发展滞后有很大关系。农村经济在国家政策的带动下，虽和城镇还有差距，但农村居民收入也在逐年增长，农村的建设更是推动农村经济的快速发展，要抓住当前这一形势，积极发展农村体育事业，为巩固和推进农村建设奠定基础。

四、农村经济条件改善后农村体育事业的发展

农村经济获得发展后，水平会越来越高，这将有利于农村体育的硬件设施的建设，也将促进农民体育价值观念向多元化趋势发展，农村体育事业的发展迎来了美好的明天（图5-8）。

农村体育的硬件设施得到改善

• 很长一段时间以来，由于我国农村居民的体育意识不强，领导的重视力度不够，导致我国农村体育基础设施比较短缺，这是一个普遍存在的现象。我国农村人口多，仅有一小部分的体育场（馆）建在农村，而且场地不标准、不规范，高低不平，坑坑洼洼，篮球架大部分残缺不全，其他场地就更不用说了。随着近年来我国新农村的建设与发展，国家加大了对农村体育基础设施的投入力度，在这一政策的指引下，各地区都在努力建设体育基础设施。发展至今，我国很多的农村体育场地、器材等设施都已得到了极大程度的改善，农民参加体育运动健身也有了良好的场所，这为我国农村体育事业的发展奠定了良好的基础。

农民体育价值观念多元化发展

• 随着我国社会生产力的不断发展，农村体育也迎来了良好的契机。在这样的背景下，农民的体育价值观念也发生了一定的改变，逐渐呈现出多元化的趋势，他们对在农村所开展的体育文化活动颇感兴趣并且还积极地参与其中。这充分说明当代农民的体育价值观念与社会的发展要求是一致的。在农民体育价值观念得到改观的条件下，农民参加体育运动锻炼的欲望越来越强烈，而逐步改善的体育设施又为他们体育健身提供了良好的保障，我国农村体育事业的发展也迎来了一个美好的明天。

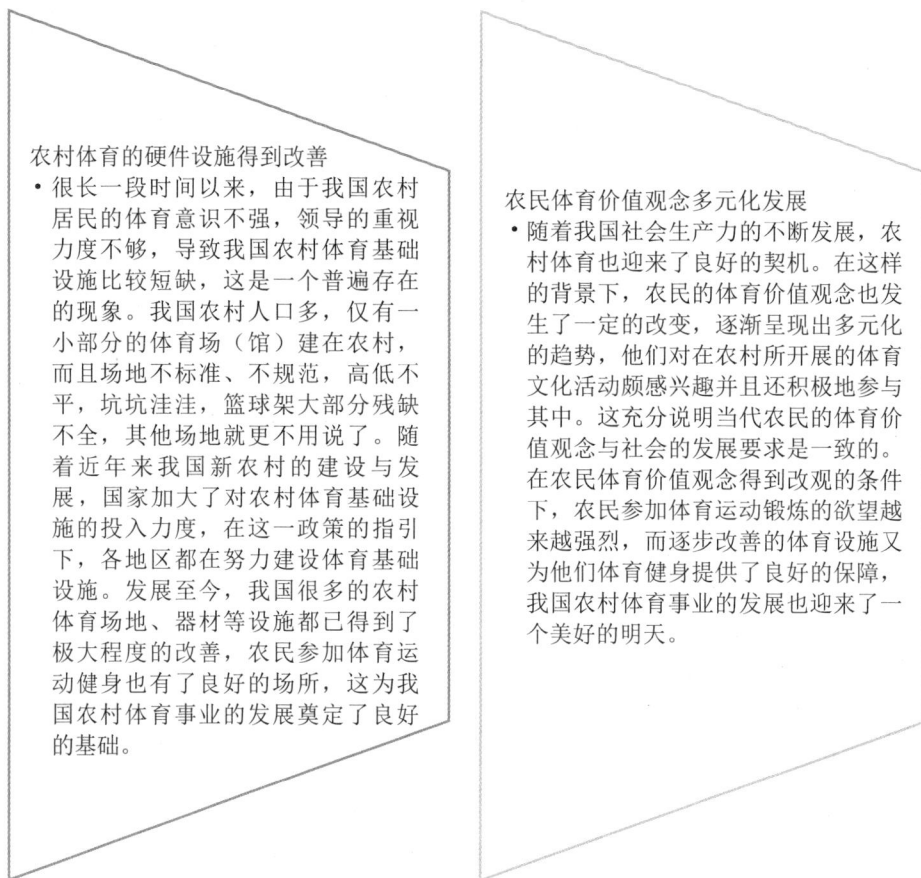

图 5-8　农村经济条件改善后农村体育事业的发展

第二节　农村体育场地设施供需情况

一、农民对体育场地的需求特征

（一）滞后性

农民对体育场地的需求的滞后性导致了农民对体育场地设施需求的滞后。

1. 农民体育需求的滞后性

农民体育需求的滞后性主要体现在四个方面，具体如图 5-9 所示。

农民体育需求的滞后性

- 农民体育意识具有滞后性
- 农民体育场地、设施、器材需要具有滞后性
- 农民体育消费水平具有滞后性
- 农民体育活动内容和技巧具有滞后性

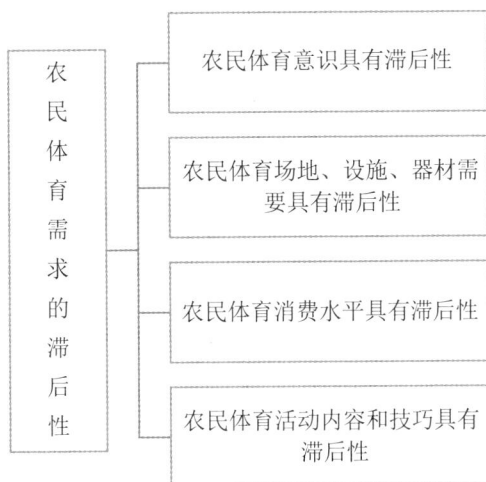

图 5-9　农民体育需求的滞后性

2. 农民体育场地需要的滞后性

在农民体育需求之中，农民对体育场地的需求是非常重要的内容，由上述可知，它也是农民体育需求滞后性的主要表现之一。具体来说，多种因素综合影响造成了农民体育场地需求的滞后性，其主要体现在三个方面，如图 5-10 所示。

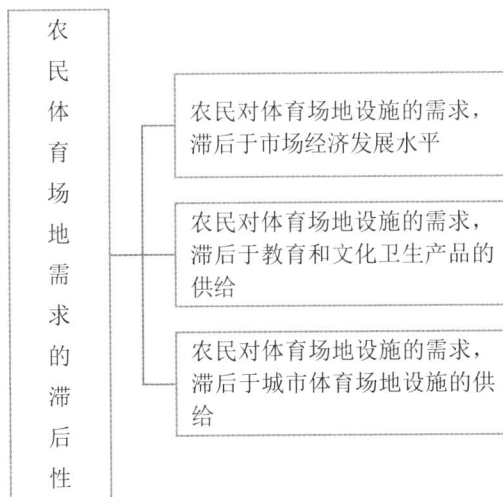

农民体育场地需求的滞后性

- 农民对体育场地设施的需求，滞后于市场经济发展水平
- 农民对体育场地设施的需求，滞后于教育和文化卫生产品的供给
- 农民对体育场地设施的需求，滞后于城市体育场地设施的供给

图 5-10　农民体育场地需求的滞后性

（二）地域性

我国的一大地理特点就是地域具有广阔性，不同的地域之间在各个方面都存在着不同，这也导致不同地区流行的体育项目和形成的体育文化不同。

农民长期生活在农村中，生活活动的地域具有相对封闭性和稳定性，他们参与的体育运动也多是当地农村中比较流行或者随着时间传承下来的，对于不同的农村来说，这种体育运动的项目和内容是不同的，因此在体育场地设施方面也就有了不同的需求。

一般来说，农村农民广泛参与的体育运动往往是民间民俗体育运动，这也构成了农村体育发展的重要内容。这些民族传统体育运动既需要一些实物，也需要一些非实物。

农村的地域性特征，导致农村体育具有地域性差异，各地开展的体育运动不同，所需要的硬件设施也不同，也就导致农民体育场地需求存在着差异性，体现出了地域性特征。

要发展农村体育，必须重视农村体育发展的地域性差异，满足各地农民开展特殊体育活动的体育场地和器材需求。这就需要政府加大对农村体育实际的调查了解，加强专业人才的培养，利用各地的资源优势，发展特殊体育运动，促进我国农村体育的蓬勃发展。

（三）传承性

对于农村体育来说，广泛开展的体育运动多是民间民俗体育运动。虽然同属于民族传统体育，但是却异彩纷呈，各有不同。这是因为各地的传统文化、自然环境存在不同，导致各自在长期的发展中形成了固有的传统和习惯，也就形成了不同的民族体育项目和民间体育文化。

我国各个农村的民族民间体育运动有着各自的特色，体现了各自的文化特点，呈现出传承性的特点。

对于我国农村来说，多种因素影响着民俗、民族体育活动的内容与场地器材等物质形式的文化传承性特征。具体如图5-11所示。

随着社会的发展，文化传承性的特点有所弱化，这主要是因为，受人口流动的影响，许多村镇的青年人到城市学习、工作和生活，逐渐接受了其他地区文化的影响，原有的农村的民族民间体育运动出现后继无人的情况，其体育文化也面临着淡化的威胁。[①]

| 自然地理环境是我国民族民间体育文化形成的重要生存环境基础 |

● 不同的地域的人的地理环境不同，生产、生活、民俗等也不同，因此，依托于各种生产生活基础上的民俗民族体育形式和所用场地器材也不同，地理环境不会改变，文化、场地的内涵和使用也会世代保持一致性

| 从民俗民族体育的产生和发展来看，创造主体即各族人民的生产方式在体育运动的形成中发挥着十分重要的作用 |

● 创造主体体育活动内容地域性特征有重要的决定因素。如蒙古族的赛马、射箭，汉族的舞狮、踏青、赛龙舟等，表现出明显的地域性生产生活特色，这些体育活动所需要的体育场地也是不同的。对于地域个体或群体而言，其生产生活方式是具有传承性的，因此，由生产方式所决定的体育内容形式也具有继承、传承性

| 体育活动内容具有显著的文化传承性特征 |

● 从文化角度来讲，农村文化具有流动性弱的特征，其传承仅限于家族家庭或熟人介绍，同时在向下一代的技能传授中，有着严格的家庭观念、收徒标准

图 5-11　文化传承性的影响因素

（四）高层次性

相比于农民对生存生活的需要，农民对体育场地的需求是一种高级的需求，体现出高层次性。

心理学家马斯洛有着著名的心理需求层次理论，他把人类的需求分为五个层次，由低到高分别为生理需求、安全需求、感情需求、尊重需求和自我实现的需求，如图 5-12 所示。人类最基本的需求就是生理需求，这是最低层次的需求，只有在最低层次需求得到满足的前提下，人们才会产生更高层次的需求，也只有人们解决了生存生活的基本问题，满足了基本的物质需要，才会有能力、有精力考虑精神方面的需求，而体育健身需求就是一种发展性的需求，是农民的一种高层次需求。

[①]　张玲燕.农村体育场地供需矛盾与有效供给研究 [M].北京：北京体育大学出版社，2016.

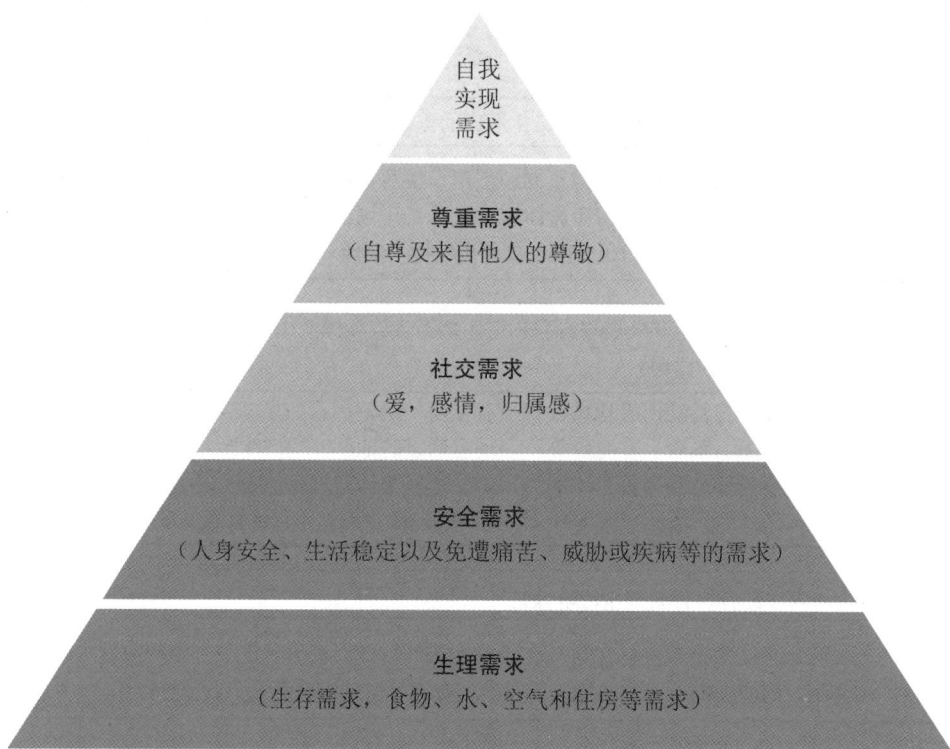

图 5-12　马斯洛的心理需求层次理论

　　经济是一切发展的前提和基础。我国农村在很长一段时间里，经济发展水平都比较低下，农民的生活水平较低，也就导致在体育基础设施建设方面没有足够的资金投入，在这种情况下，农民首先需要考虑的是如何提高自己的收入水平，改善自己的生活条件，因此农民把大部分时间都用在了生产劳作方面，以此获得收入。只有农民的生存生活不存在问题之后，农民才有精力，也才有财力考虑更高级的需求，也才有了体育健身的需求和欲望，从而对农村体育场地设施产生了需求。

　　龙新民通过研究农民对农村公共产品的需求，将其分为生存满足型和发展满足型两种。[①] 两种农村公共产品的具体内容不同，如图 5-13 所示。

---

　　① 龙新民. 中国农村公共产品供给失衡研究 [D]. 厦门大学，2007.

```
┌─────────────────────────────────────────────────────────┐
│  生产满足性公共产品                                          │
│                                                           │
│    • 水利设施、道路、最低生活保障、医疗保险等                   │
└─────────────────────────────────────────────────────────┘

┌─────────────────────────────────────────────────────────┐
│  发展性需求的公共产品                                        │
│                                                           │
│    • 政治参与、义务教育、公共文化设施等                        │
└─────────────────────────────────────────────────────────┘
```

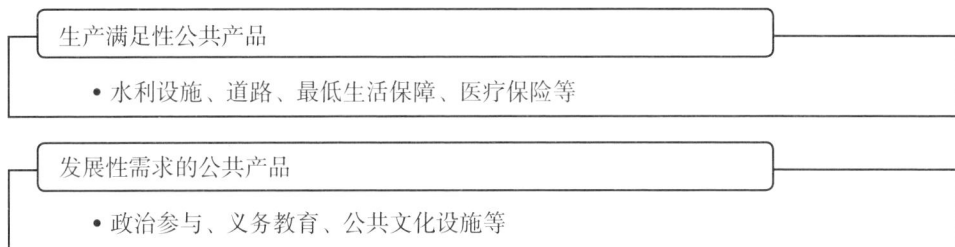

图 5-13　农村公共产品需求的分类

对于农民来说，相比其生存、生活等基本生理需求来说，其对体育产品的需求属于较高层次的需求，就是在公共文化产品中，体育参与场地需求也属于较高层次的需求。李文龙对公共文化服务的需求进行了分类，在初级文化需求、中级文化需求、高级文化需求这三种分类中，农村公共体育产品属于高级文化需求这一类。[①] 由此可见，对于农民的需求来说，农村体育场地需求是一种高层次的需求。

综上分析，农村体育是农民在满足了基本的生理需要之后才会产生的发展性需求，是一种高层次的需求，而不是生产生活中的第一需要。

二、农村体育场地使用现状

（一）农村体育场地布局不合理

我国体育发展面临着诸多的制约因素，其中之一就是体育资源的短缺。对于我国农村体育发展来说，同样如此，由于资源的缺乏，农村体育场地呈现匮乏的情况，这是长期制约我国农村体育发展的一大因素。

我国农村体育发展面临着体育场地资源匮乏的现状，这种匮乏不仅体现在数量的有限方面，还体现在布局的不合理上。在农村体育场地设施建设中，缺乏对农村体育发展实际的考虑，因此场地布局不合理的情况普遍存在，这也就导致体育场地出现利用率低和资源浪费的状况，难以为农村体育的开展提供良好的物质条件。

张玲燕对我国重庆、甘肃、宁夏、青海、陕西、四川、山东、安徽 7 个省、自治区和 1 个直辖市共计 110 个行政村（社区）的农村体育场地相关问题进行过

---

① 李文龙.甘肃农村公共文化服务事业发展研究 [D].兰州大学，2007.

调查，发现农村体育场地布局不合理是一种普遍存在的情况。在现有的体育场地中，大部分由于布局不合理，出现了闲置、废弃等情况，场地使用率低下的问题非常严重。

对于我国农村来说，大部分体育场地是建设在行政单位区域内的，这种场地建设布局容易导致两大问题，如图5-14所示。

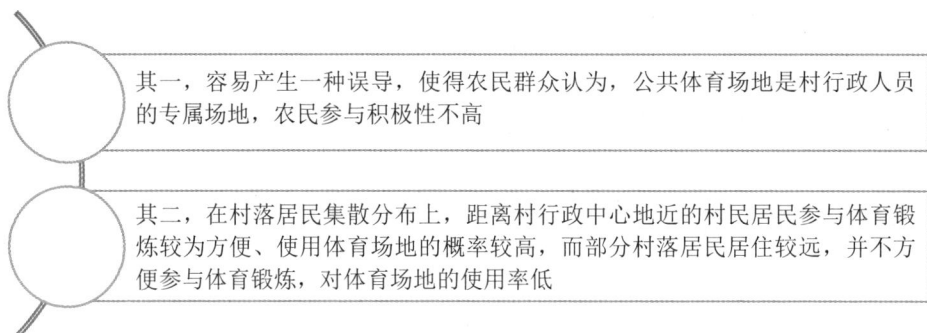

其一，容易产生一种误导，使得农民群众认为，公共体育场地是村行政人员的专属场地，农民参与积极性不高

其二，在村落居民集散分布上，距离村行政中心地近的村民居民参与体育锻炼较为方便、使用体育场地的概率较高，而部分村落居民居住较远，并不方便参与体育锻炼，对体育场地的使用率低

图5-14 农村体育场地布局不合理的影响

（二）农民对体育场地消费不足

从生产—消费的角度来看，农村公共体育场地具有的基本特征如图5-15所示。

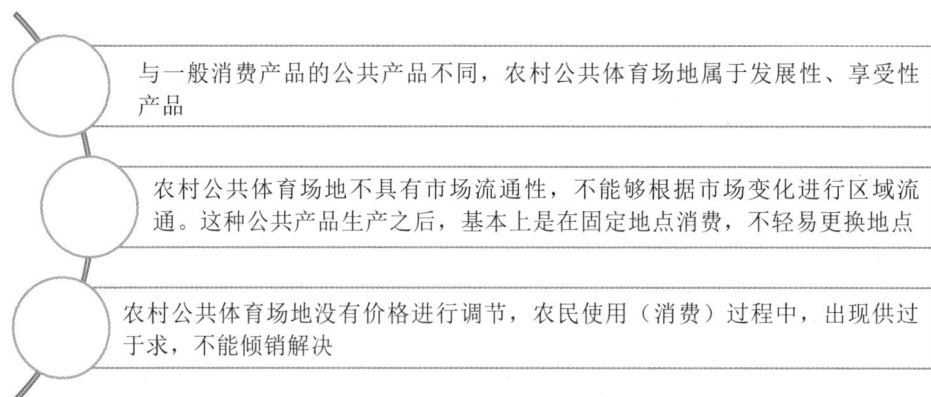

与一般消费产品的公共产品不同，农村公共体育场地属于发展性、享受性产品

农村公共体育场地不具有市场流通性，不能够根据市场变化进行区域流通。这种公共产品生产之后，基本上是在固定地点消费，不轻易更换地点

农村公共体育场地没有价格进行调节，农民使用（消费）过程中，出现供过于求，不能倾销解决

图5-15 农村公共体育场地的基本特征

目前，我国农民的消费动力不足，缺乏体育健身的实际行动，这是造成农村体育场地利用率不高、资源浪费的重要原因，虽然这种消费有些无须付出金钱，

但是对于农民来说，没有将健身动机转为健身行为的动力。

对于我国农村的农民来说，随着教育的日益普及，他们对于体育运动的认识不断加深，也形成了正确的体育价值观念，对健康的重要性也有清醒的认识，但是行动起来却存在一定的困难，由于知性矛盾的存在，农民参与体育锻炼的主动性普遍缺乏，难以通过实际的体育健身行为促进自我健康发展。

对于我国农民来说，在体育认知内化方面存在不足，因此无法实现体育知行。农民对于体育的认识还相对浮在表面，仅停留在体育意识方面，真正采取实际行动，主动参与体育锻炼的人相对较少。

我国农村体育发展本来就面临着体育场地资源匮乏的问题，而现有的体育场地又出现了利用率不高、资源浪费的现象，这就使农村体育场地供求矛盾更加突显，农村体育场地建设在农村体育发展中的作用难以得到有效的发挥。

（三）农村体育文化氛围不浓厚

文化是体育事业发展的重要支撑，只有以体育文化发展为前提，体育消费和体育需求才会发展和提高，体育事业也才能蓬勃发展。

前面说到，我国农村体育场地设施存在着利用率不高、资源浪费的情况，农民参与体育锻炼的主动性和积极性不足，没有体育健身锻炼的实际行为，其中一个重要的原因就是农村体育文化氛围不浓厚。

目前，在我国农村体育发展中，广为宣传的体育项目主要是篮球、乒乓器等，这些项目带有着浓厚的城市气息，对于长期生活在农村的农民来说，在情感或者传统方面存在着融入的障碍。农民在农村生存，处于一个相对封闭的环境，有着自己的健身习惯，这些与城市是迥然不同的，因此，喜欢的体育项目、对体育场地设施的需求也不同。因此，照搬城市体育文化发展模式，以此发展农村体育文化，存在着不合理之处，因此，一定要从农村体育文化的实际出发，从农村农民的实际体育需求出发，才能促进农村体育的发展，实现城市体育与农村体育的协同发展。

（四）农村体育场地存在安全隐患

农民参与体育锻炼的一个重要目的就是促进身体的健康，如果在体育锻炼的过程中出现安全问题，这就与农民参与体育锻炼的初衷相违背，将严重挫败农民参与体育锻炼的积极性。因此，在农村体育发展过程中，尤其要重视安全问题。

然而，从当前农村体育发展的实际来看，由于体育场地设施建设不到位，体育场地设施条件落后，也缺乏专业的体育人才的指导，有些场地设施缺乏及时有效的维修，在农村体育活动开展过程中，体育场地设施出现故障的可能性非常大，农民在健身过程中面临着巨大的安全风险，因此会有着很大的顾虑，这会对农村体育活动的开展造成严重的阻碍。

三、农村体育场地供需矛盾

（一）城市与农村体育场地的整体供需不平衡

长期以来，我国高度重视城市的发展，积极推进城市化建设，在一定程度上导致了对农村发展的忽视，这就导致城乡发展出现了分化，城乡之间在社会、经济、文化等各个方面的发展都存在严重的不平衡。

相对于城市人口数量来说，我国农村人口数量占据压倒性的优势，但就体育资源来说，城乡之间却存在着严重的不均，主要体现在资金投入、设施建设、人才培养等方面。从体育场地方面来看，我国农村的体育场地设施严重不足，而且质量与城市相比也存在着较大的差距。与城市中高档的体育场馆相比，农村的体育场地设施呈现明显落后的状况。

（二）不同地域间农村体育场地供需不平衡

由于我国地域辽阔，各地区之间存在巨大的差异，这种差异体现在多个方面，体育资源的不合理配置是其中的重要内容。对于我国农村地区来说，不同地域的农村在体育资源配置方面存在着较大的差距。[①]

不同区域的经济发展水平不一，用于体育发展的经费也就不同，这种资金投入的不平衡也就决定了不同地区体育场地情况的不平衡，经济发展水平高的地域，体育场地设施数量多，质量高，而经济发展水平低的地域，由于经费有限，体育场地设施的建设也就不完善，不仅呈现出数量上的差距，也呈现出质量方面的巨大不同。

（三）农村体育场地总量不能满足农民健身需求

我国农村人口众多，占据全国人口的大多数，因此有着巨大的体育场地数量需求，但是从农村体育场地设施的现实情况来看，农村体育场地设施总量不足，质量不高，难以与广大农村人口的体育需求相符合，呈现着巨大的供需矛盾。

---

① 徐永刚.中国竞技体育制度创新中政府与垄断问题研究[D].苏州大学，2004.

近几年，国家出台一系列发展体育事业的政策，大力推进农村基础设施建设，我国农村体育场地设施的数量和质量都有大幅度的提升，但是与庞大的人口总量相比，体育场地设施的建设还稍显不足，人均体育场地面积远远落后于发达国家，也难以满足广大农民的体育健身需求。

体育场地设施的建设需要充足的经费支持，由此看来，经费问题仍然是制约体育场地设施建设、阻碍农村体育发展的重要问题。

（四）农村体育场地与农民体育项目参与不对应

我国农村体育场地供需矛盾的另一个体现就是农村体育场地与农民体育项目参与不对应。

我国农村体育发展本来就面临着农村体育场地设施匮乏的情况，这从数据中就能得到体现，有调查数据显示，我国农村体育场地的人均绝对面积为 0.74 平方米。[1] 体育场地设施的缺乏，确实是阻碍农村体育发展的一个关键因素。

近些年来，我国对体育事业的重视程度越来越高，不仅出台相关的支持政策，还加大了对体育事业的资金投入，各地也严格按照"健康中国"建设要求，加大对农村体育场地设施的建设力度，我国体育场地设施条件得到了一定的改善，但是效果却不是很理想。

从农村体育发展的实际情况来看，农村体育场地设施虽然在不断完善，但却出现了体育场地设施利用率不高、资源浪费的情况。通过研究得知，在体育场地设施建设过程中，存在着盲目性，有的照搬照抄城市体育设施建设的模式和经验，没有与农村体育发展需求的实际相结合，也没有考虑农民参与体育运动的实际需要，这就导致，虽然建设了不少体育场地和设施，但却与农民参与的体育运动不相适合，与农民参与体育运动的需求不符合，这就造成农民无法使用现有的体育场地设施的情况，出现了利用率不高和资源浪费的情况。[2]

（三）农村体育场地供需矛盾的原因

鉴于农村体育对全民健身事业的重要性，必须抓住农村体育事业发展过程中的主要矛盾。如今我国农村体育场地出现的低效使用问题，是有其深刻的原因的。只有把握了矛盾的原因，才能从根本上解决矛盾。

---

① 孔庆波，崔瑞华.农村体育场地的供需认知与矛盾剖析 [J].成都体育学院学报，2014（2）.
② 张玲燕，朱良洪，马春银，陆梓嘉.农村公共体育场地供需矛盾与究因分析 [J].体育科技，2017（1）.

1. 宏观层面

（1）农村体育场地的公共产品属性

农村体育场地属于公共产品，这一属性导致农村体育场地的建设进入了误区。在建设农村体育场地之前，首先需要进行调查，搞清楚农民群众的体育场地需求状况。但是农村体育场地公共产品的属性，对调查结果的有效性产生了影响。由于属于公共产品，体育场地缺乏价格约束，主要由国家出资建设，对于不用负担财力和物力的农民群众来说，即便其是非必需品，也可能成为必需品，进而成为虚假性质的必需品。由于得出的调查数据是虚假的，因而据此建设的体育场地也就不是科学合理的，这就容易导致体育场地出现闲置的情况，成为一种摆设。因此，不能将农村体育场地完全视为纯公共产品而论，而需要采取一系列措施，力求获取真实的数据，以便了解农民对体育场地的客观需求。可以在调查农民体育场地需求信息时，加入价格因素的调控作用，避免农民大众"免费的即是需要的"的需求思想对调查真实性的影响。

（2）国家调控误区

新中国成立以来，我国一直在探索适合我国发展的体制模式，并进行了不断地实践，先后走上了"计划经济模式""中国特色社会主义模式"。虽然现阶段我国实行的是"中国特色社会主义模式"，但是对我国发展做出贡献的"计划经济模式"仍然影响着我国一些重要事业的发展，甚至对其发展形成阻碍。这一模式在中国农村体育事业发展中的影响尤为明显。高度集中的体育管理分配制度、盲目的"一刀切"供给方式以及忽略城市文化与农村文化特性等问题严重影响了农村公共体育场地的有效供给。

首先，计划管理体制下农民的实际需求不能够得到满足，在计划管理体制下，国家（政府）成为农村公共体育场地供给的主导者，在全国上下不分经济发展水平、不分地域特色、不分文化特点，采用的都是同类的供给与分配模式，扶持建设同种现代体育项目。对农村体育场地建设进行扶持这个初衷是非常好的，但是千篇一律的扶持就忽略了农村体育发展的客观规律性，会导致建设失去实际意义。农村体育工程师"政府业绩"的形象，刚好与农村体育事业管理体制中浓厚的计划管理色彩相对应，即政府想建造何种场地就建造何种场地，农民就使用何种场地，其实际需求根本不会被考虑。我国是一个幅员辽阔、地形复杂的国家，各个区域的体育发展或多或少都存在差异，尤其是农村地区，这些差异会更加明显。

体育计划管理体制下，体育场地的供给就像强行将光鲜亮丽的外套穿在正在劳作的农民身上，不但不能够保暖，还会影响劳动效率。在课题组调查访问中发现，村民们对于为何建造体育场地并不知情，多为上级政府部门直接分派到农村而进行建设。

其次，"一刀切"的供给方式下农民多样化需求被忽视。从目前我国农村公共体育场地的供给方式来看，多为"一刀切"的模式。"一刀切"的发展模式是指在没有考虑实际条件的情况下对不同区域盲目地采取同种措施来发展的方法。"一刀切"的体育场地供给方式能够在短时间内改变我国农村公共体育场地供不应求的现状，但是不能真正解决农村体育发展落后的问题，并且会因为其方式的计划性和盲目性使得农村体育场地的供给变得供过于求，却又不能够满足广大农村居民多样化的体育兴趣需求，最终致使农村公共体育场地低效使用甚至闲置。

最后，农村的传统体育文化缺失。城市文化因为主题文化而精彩，那么对于农村文化的发展也应当遵循同样的道理。体育文化作为农村文化的重要组成部分，是农村地域特色和精神面貌的活力展现。但是目前，对于农村体育的发展，人们忽略了农村体育文化对农民需求的重要性。国家政府只是在不断地供给农村公共体育场地，却从没有考虑到供给的"面包"会不会引起"水土不服"，将城市现代体育项目盲目地投入到农村会使农村公共体育场地建设背离农民的实际需求。

2. 中观层面

农村的基层管理机构是农村日常各种事物的组织者和领导者，对于农村的政治、经济、文化、体育等各个项目的发展都承担着非常重要的责任。除此之外，农村的管理与服务机构还是中央和地方政府政策和信息的重要传导者，是国家与农民联系的重要纽带。但是现阶段农村基层管理与服务机构职责的缺失导致了农村公共体育场地布局不合理的现状，不利于体育场地的有效使用。

（1）农村公共体育场地布局不合理

通过中国知网上的相关文献资料研究发现，近年来，农村的经济发展水平得到迅速提升，其体育事业也有了一定的发展，但是这并不代表农村体育事业发展有了长足的进步，反而反映出农村公共体育场地供给和使用效率低下等种种问题。而追求问题的相关原因，发现在其布局模式上有很大问题。农村公共体育场地供给采取的都是统一集中式布局，这种布局方式是将农村现有的体育场地集中建设在同一地点，一般是当地的村委会、村文化服务站等能够集中大量人群的地方。集中式布局模式会使农村公共体育场地出现各方面的高度集中和统一，不利于农村居民使用。我国地势、地形复杂，尤其是在农村地区，有许多山区，村民聚居点较为分散。加之我国部分农村地区交通不便，一般只有在特殊时期才会到村委会、村服务中心、社区服务站等公共区域，所以在这些区域农村的体育场地使用效率很低。

（2）农民使用体育场地具有时间的限制

农村是以自给自足的自然经济为主，在其生产过程中需要花费较长的时间投入，甚至是起早贪黑，其闲暇时间具有不确定性，这个不确定性主要表现在农忙和农闲的时间和不同农户的闲暇时间不同两个方面。而且，由于农村公共体育场地具有相对集中的性质，一般在村委会和服务站的管理中会和农民的使用时间形成冲突。即在基层管理与决策机构能够开放体育场地时，农民因为时间冲突无法使用体育场地，而当民众能够有时间进行体育锻炼时，其场地又停止对外开放。所以，这严重影响了农村公共体育场地的使用效率和体育锻炼的积极性。

（3）基层管理与服务机构没有形成正确的体育发展观念

农村各个管理与服务部门的领导是其各项事业发展的领导人，也是基本事物的决策人，会对农村居民对于体育的认知和看法产生重要的影响。所以，政府机关领导人的体育认知程度十分重要。但是目前各个农村地区的村领导人普遍出现"体育观念淡薄""忽视体育发展""误读农村体育事业服务性质本质"的情况。必然会导致各个领域在有关体育场地的发展、体育文化的宣传等事情上重视不够，大大影响农村体育发展的效率，进而影响农村居民使用体育场地的效率。

3. 微观层面

（1）农村体育文化

文化有着自身的特点，对人类历史发展、社会整体进步以及文明建设的提升有着重要意义。在很大程度上，文化决定了事物的发展方向，进而通过对人们某种行为的影响和规范对他们的价值观念产生影响。文化是与政治、经济相辅相成的，但其先于实践。[①] 对于农村体育来说，也要发挥农村体育文化的先导作用。只有立于农村文化的深厚土壤，农村体育才能被普遍接受并蓬勃发展。因此，在

---

① 胡培兆. 有效供给论［M］. 北京：经济科学出版社，2004：415.

发展农村体育时，要把握方向、掌握主动权，必须了解所需的体育文化。在我国的农村体育发展中，存在着过分注重城市文化导向作用的情况。城市化的体育制度和管理方式与农村乡土气息的风俗行为习惯格格不入。用发展城市体育的方式发展农村体育，忽视农村文化的作用，农民难以实现体育健身态度的内化，参与体育活动的积极性也就难以调动起来，最终致使大量闲置浪费农村体育场地资源的情况出现。

（2）农民的收入水平偏低

在我国农村公共产品的供给过程中，存在着过剩现象，这是不可避免的。[①]供给过剩有绝对供给过剩和相对供给过剩两种可能，如图 5-16 所示。

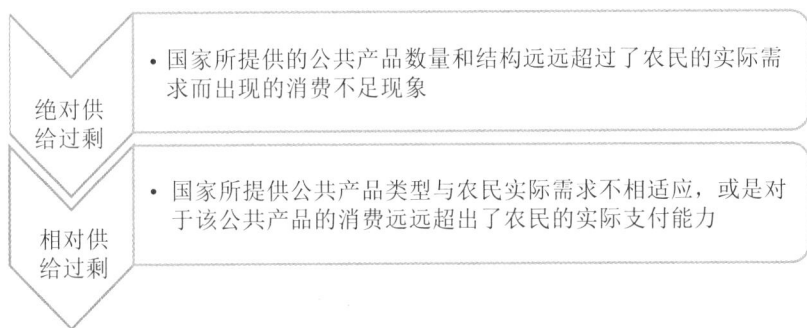

| 绝对供给过剩 | • 国家所提供的公共产品数量和结构远远超过了农民的实际需求而出现的消费不足现象 |
| 相对供给过剩 | • 国家所提供公共产品类型与农民实际需求不相适应，或是对于该公共产品的消费远远超出了农民的实际支付能力 |

图 5-16　绝对供给过剩与相对供给过剩

经济发展水平与公共需求存在着一定的相关性。[②]当前农村体育场地使用过剩的现状，就与经济发展水平密切相关。农民的收入水平体现了农村经济发展水平，直接影响着农民对公共产品的需求数量和结构，从本质上看，就是农民的支付能力和支付意愿决定了其对公共产品的需求。[③]如果农民的收入不足以承担参与体育运动的支付时，便会出现场地闲置现象。

（3）农民的体育运动观念薄弱

体育观念认知对于农村居民发生体育行为有着极为重要的影响。然而，农村地区由于各个方面发展薄弱，进而导致其对体育场地锻炼的认知薄弱，尤其是在对现代体育的认知上。虽然农村居民的思想在社会不断的变化发展中有了一定的

---

①　华桂宏. 有效供给与经济发展 [M]. 南京：南京师范大学出版社，2000：76-82.

②　张玲燕. 农村体育场地供需矛盾与有效供给研究 [M]. 北京：北京体育大学出版社，2016.

③　李文龙. 甘肃农村公共文化服务事业发展研究 [D]. 兰州大学，2007.

进步，但是在现代体育项目的认知上，绝对是不充足的。在广大的农村地区，能够了解足球、篮球、乒乓球的农村居民可能有一些，但是能够真正进行篮球运动锻炼、乒乓球运动健身等的居民却少之又少。农村居民对体育的认知是十分不足的，而且由于大多数农村的体育场地供给多为现代体育项目的场地器材，所以难以激发农村居民的使用兴趣。

（4）农民的爱好

农村居民的兴趣爱好得不到发展。广大农村体育发展成果的取得是与农村传统体育项目挂钩的。在现代体育项目和传统体育项目上，农村居民对待传统体育项目的兴趣更为浓厚。因为传统体育项目多为农村居民所熟知，具有一定的传统寓意，能够表现出农村居民的情感寄托与精神归宿，并且代表该区域的民族特色，所以更容易激起大多数农村居民的参与热情。但是，目前在农村公共体育场地的供给中，建设的多为现代体育场地，不能够激起农村居民的使用兴趣，不利于农村体育事业的发展。

第三节　农村体育组织与专业指导研究

一、农村体育活动的含义与工作环节

（一）农村体育活动的含义

广大农民为了追求健身娱乐而参加的各种体育运动就是农村体育活动。农村体育活动的分类有很多，最常见的是分为大型、中型、小型农村体育活动。

下面主要对大中型农村体育活动进行分析，一般情况下，它主要是指具有全局性意义，人数和项目多，内容丰富，牵扯面广的体育活动。全国性的农民运动会、民族运动会等都属于这一范畴。

对于大中型体育活动来说，有四个方面的特征，如图5-17所示。

（二）农村体育活动的工作环节

大中型农村体育活动由于涉及面广，其工作环节的作用尤为重要。因此，明确与做好各环节工作则显得十分重要。

在规模上，人数多，涉及范围广。表现在一次体育竞赛活动上，设项多，参赛单位多

在地域上，是涉及全局性的活动，如国家的，或一个省（区、市）、一个地区、一个县、一个乡镇、一个社区的活动

在规格上，一般是等级、层次、规格较高的农村体育活动

在内容上，全面而丰富。除群体活动或比赛本身的组织工作外，往往还有宣传工作、表彰先进与经验交流活动以及经贸洽谈活动、来宾观摩活动等

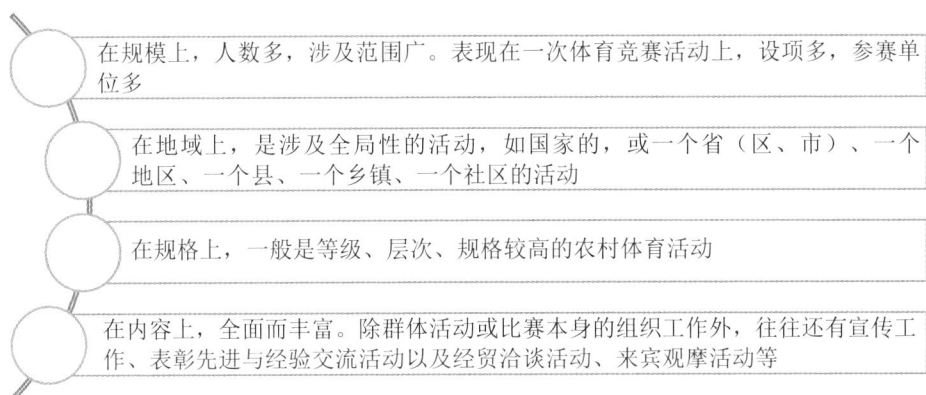

图 5-17　大中型体育活动的基本特征

1. 组织工作的主要环节

根据组织工作的特点，可以将组织工作的环节分为局部性工作环节和全局性工作环节。一般来说，全局性工作环节是事关全局性的、比较大的工作环节，主要包括组织领导、办事机构、宣传舆论、安全防范、后勤保障、表彰奖励等。局部性的工作环节则包含在这些大环节中。无论是全局性工作环节，还是局部性工作环节，都是重要的组成部分，要想实现任务的顺利完成，各个环节都要正常运转。

2. 活动内容的主要环节

大中型农村体育活动活动内容的主要环节包括确定活动项目和活动形式，如图 5-18 所示。

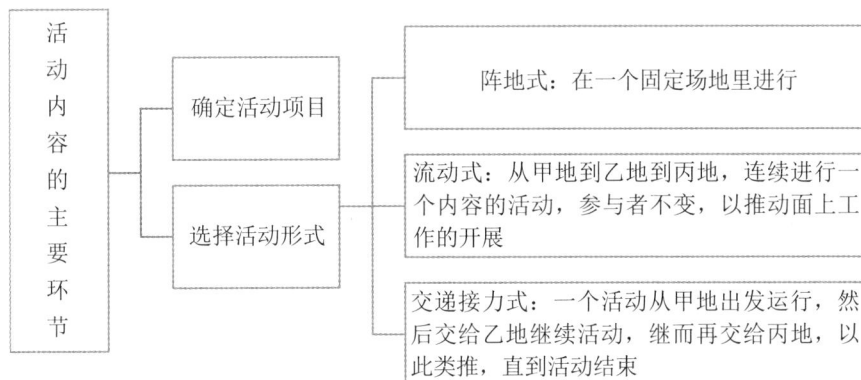

活动内容的主要环节

确定活动项目 —— 阵地式：在一个固定场地里进行

选择活动形式 —— 流动式：从甲地到乙地到丙地，连续进行一个内容的活动，参与者不变，以推动面上工作的开展

交递接力式：一个活动从甲地出发运行，然后交给乙地继续活动，继而再交给丙地，以此类推，直到活动结束

图 5-18　活动内容的主要环节

二、农村体育活动的发动、组织与实施

搞好农村体育活动，有几个环节是必须要做好的，包括方案的制订、思想的发动和组织的实施等。

（一）制订方案

根据活动的工作环节、内容和具体要求，先由领导层议论的一个基本框架，然后由承办部门拟定实施方案。实施方案分三个层次。

1. 总的实施方案

根据活动的性质和涉及的主体，确定实施方案。在制订实施方案时，一定要根据实际，做到简要明确而且面面俱到，为各项工作具体方案的制订提供依据。具体来说，实施方案包含五大方面的内容，如图5-19所示。

图 5-19　实施方案的内容

2. 各办事机构的工作方案

有了总的实施方案，各办事机构的工作方案也就有了依据，具体来说，各办事机构的工作方案主要包括的内容有四个方面，如图5-20所示。

3. 各地、市的实施方案

以总的实施方案和各办事机构的实施方案为依据，结合各地市的实际情况，制订当地的活动的具体安排和工作落实计划。具体内容见图5-21。

落实组织，确定具体负责人及办事人员

制订工作日程，做出各项工作从准备到实施的进度和日程安排

提出要求，明确分工和职责，完成标准和达到的效果，以及各办事机构对各基层的各项工作的具体要求

做好各办事机构之间协调配合及具体活动组织安排

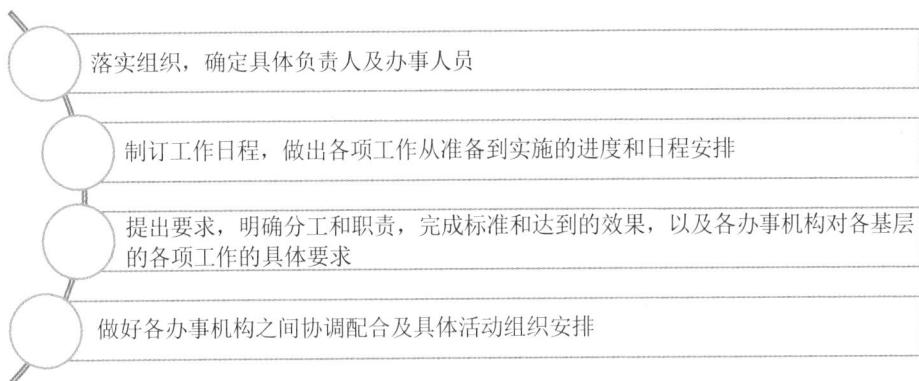

图 5-20　各办事机构的工作方案

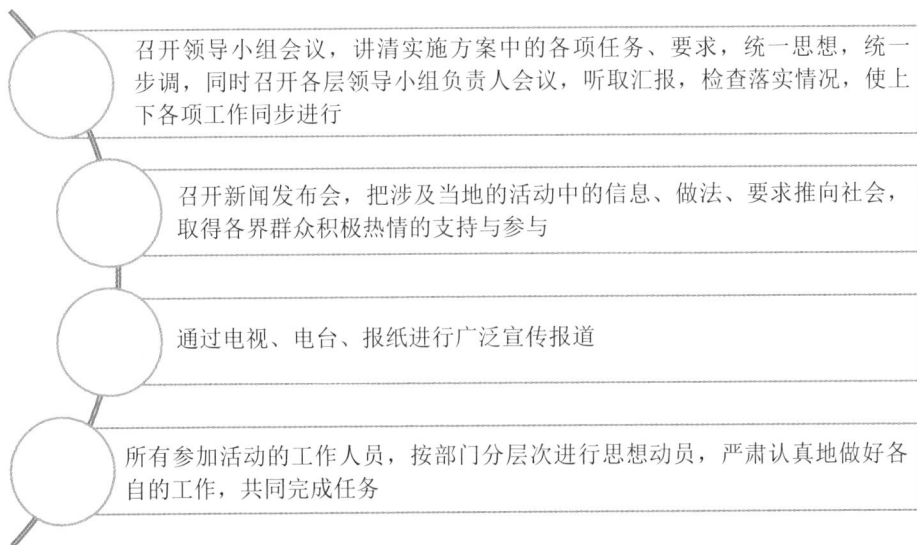

召开领导小组会议，讲清实施方案中的各项任务、要求，统一思想，统一步调，同时召开各层领导小组负责人会议，听取汇报，检查落实情况，使上下各项工作同步进行

召开新闻发布会，把涉及当地的活动中的信息、做法、要求推向社会，取得各界群众积极热情的支持与参与

通过电视、电台、报纸进行广泛宣传报道

所有参加活动的工作人员，按部门分层次进行思想动员，严肃认真地做好各自的工作，共同完成任务

图 5-21　各地、市的实施方案内容

（二）组织实施

严密的组织实施关系到方案的落实和理想效果的取得。具体而言，组织的实施包含以下几项内容。

（1）按照实施方案中确定的内容，使领导小组和各办事机构了解，以便相互配合，防止疏漏和出现不应发生的问题。

（2）根据示意图，详细且较准确地安排活动流程，具体到某年某月几点几

分等。时间越准确，整体效果越好。

（3）各地市，一切按当地事先制订的实施方案，提前到位，有秩序地进行。

三、农村体育指导员情况研究

在我国，有相应的关于体育指导员的法规和制度。相关的法规制度主要有两个，分别为《社会体育指导员技术等级制度》和《社会体育指导员国家职业标准》。具体内容见图 5-22。

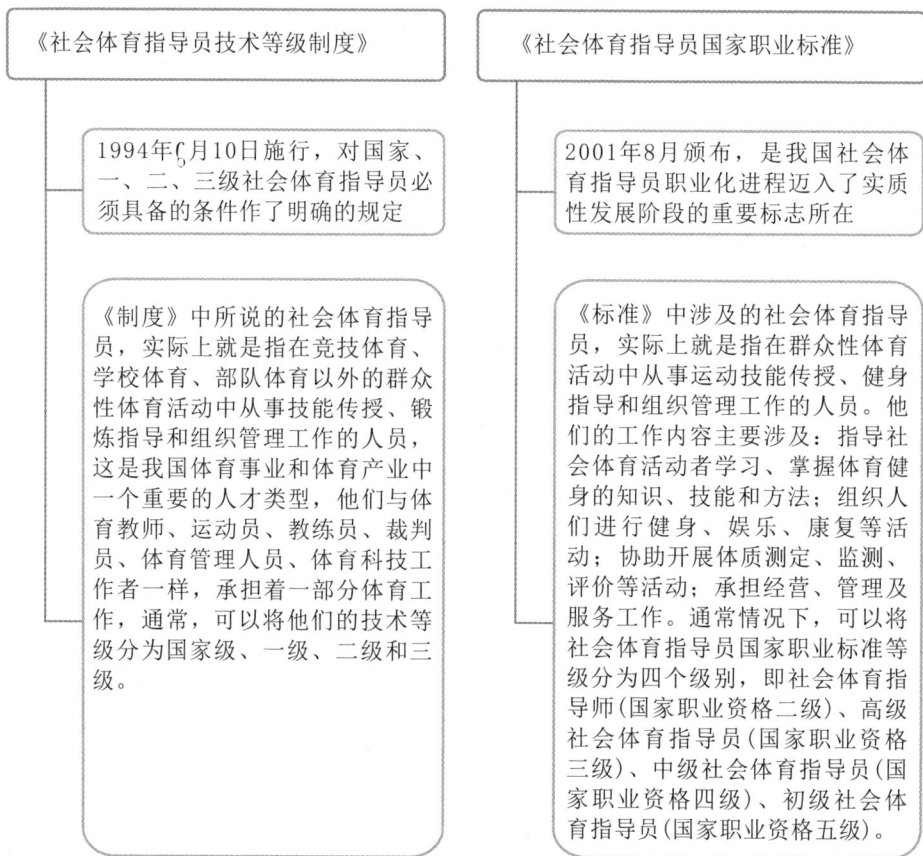

《社会体育指导员技术等级制度》	《社会体育指导员国家职业标准》
1994年6月10日施行，对国家、一、二、三级社会体育指导员必须具备的条件作了明确的规定	2001年8月颁布，是我国社会体育指导员职业化进程迈入了实质性发展阶段的重要标志所在
《制度》中所说的社会体育指导员，实际上就是指在竞技体育、学校体育、部队体育以外的群众性体育活动中从事技能传授、锻炼指导和组织管理工作的人员，这是我国体育事业和体育产业中一个重要的人才类型，他们与体育教师、运动员、教练员、裁判员、体育管理人员、体育科技工作者一样，承担着一部分体育工作，通常，可以将他们的技术等级分为国家级、一级、二级和三级。	《标准》中涉及的社会体育指导员，实际上就是指在群众性体育活动中从事运动技能传授、健身指导和组织管理工作的人员。他们的工作内容主要涉及：指导社会体育活动者学习、掌握体育健身的知识、技能和方法；组织人们进行健身、娱乐、康复等活动；协助开展体质测定、监测、评价等活动；承担经营、管理及服务工作。通常情况下，可以将社会体育指导员国家职业标准等级分为四个级别，即社会体育指导师(国家职业资格二级)、高级社会体育指导员(国家职业资格三级)、中级社会体育指导员(国家职业资格四级)、初级社会体育指导员(国家职业资格五级)。

图 5-22　《社会体育指导员技术等级制度》和《社会体育指导员国家职业标准》

《社会体育指导员技术等级制度》和《社会体育指导员国家职业标准》中规定的社会体育指导员在性质上是存在差别的。具体如图 5-23 所示。

《制度》中的社会体育指导员所从事的主要是社会体育活动的公益事业，其性质在于义务从事社会体育的指导工作，不进入国家系列的劳动管理体系，《制度》在《中华人民共和国体育法》中得以确认，属于国家认定的体育部门法规。《制度》主要在体育事业的全面发展、增进公民身心健康、提高民众生活质量、促进社会主义精神文明建设等方面得到体现

《标准》中的社会体育指导员所从事的主要是社会体育的有偿指导工作，其性质是纳入国家劳动服务管理体系，进入社会体育产业市场，主要从事社会体育和全民健身的经营和指导服务，《标准》是由国家体育总局依据《中华人民共和国劳动法》进行研制，由国家劳动和社会保障部颁布，属于国家劳动法规。《标准》对《制度》内容进行了一定的补充与完善，其主要作用和意义主要在制定社会体育指导员职业鉴定、衡量社会体育指导员职业能力、确定社会体育指导员劳动报酬水平、进行社会体育指导员职业教育培训以及合理利用社会体育指导员劳动资源等方面得到体现

图 5-23　两种社会体育指导员的差别

由于我国社会体育指导员体制建立不久，发展较晚，存在着一些不足之处。较为常见的有四个方面，如图 5-24 所示。

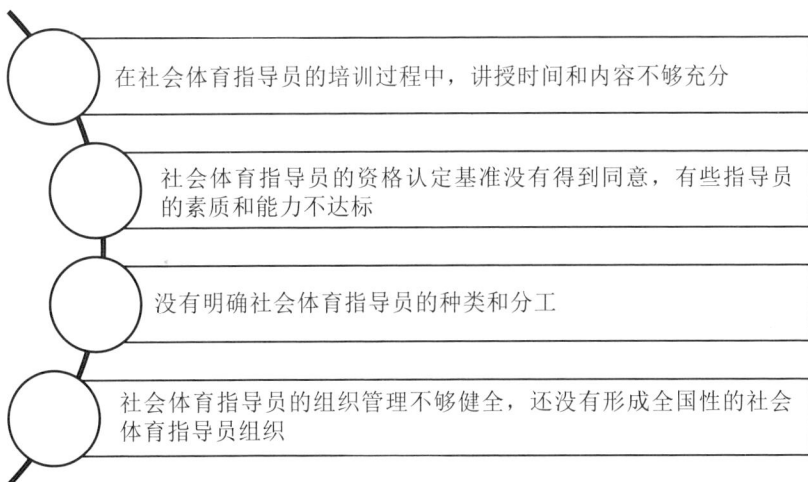

在社会体育指导员的培训过程中，讲授时间和内容不够充分

社会体育指导员的资格认定基准没有得到同意，有些指导员的素质和能力不达标

没有明确社会体育指导员的种类和分工

社会体育指导员的组织管理不够健全，还没有形成全国性的社会体育指导员组织

图 5-24　我国社会体育指导员存在的不足

我国社会体育指导员要发展，必须找出不足和短板，进行针对性的补强，通过相关机制体制的完善和管理网络的建立，发挥最大优势，将我国有限的社会体育指导员资源得到充分利用。另外，成立社会体育指导员组织系统也是很有必要的，这样才能保证系统的稳定有序运行。

第四节　农村体育教育发展情况研究

一、我国农村体育教育的现状

（一）忽视学校体育的功能

绝大多数农村家长都抱有"望子成龙"的心态，希望自己的子女能够通过接受教育走出农村，获得更好的发展。在这一观念影响下，农村家长往往将体育视为影响子女学业的活动，因此不会重视体育活动，也不会支持子女花费时间参与体育活动。这种思想观念对学校体育教学的改革也是一种影响，制约着农村体育教育的发展。

（二）学校体育观念落后

德育、智育、美育是学校教育所有学科都具有的功能，而体育除了具备这三个功能外，还具备身体锻炼与增强体质的教育功能，这是对体育社会价值的重要体现。然而，不少人，甚至是学校领导，对体育的认识不够深入，将体育与蹦跳玩乐画等号，没有看到体育在提高全民族素质方面的重要作用，这种落后的观念，对农村学校体育的发展是一大阻碍。

（三）把体育教学与竞技体育混为一谈

在日常，人们往往将在比赛中取得好成绩作为衡量体育教学的标准，这其中存在着某种误解，是把体育教学结合竞技体育混为一谈。不可否认，体育教学与竞技体育存在着密切的联系，但是两者之间也有着很大的不同。体育教学与竞技体育的同与不同如图 5-25 所示。

相同点	不同点
• 都是增强人的体质，促进人的全面发展，丰富社会文化生活和促进精神文明和物质文明建设的一种有目的、有意识、有组织的社会活动	• 体育教学主要是传授锻炼身体的知识、技能、技术，培养道德和意志品质的教育过程 • 竞技运动主要是通过训练和比赛，提高运动成绩

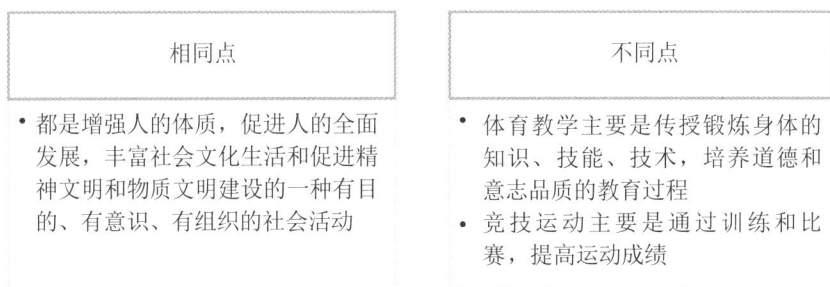

图 5-25　体育教学与竞技体育的同与不同

体育教学和竞技比赛的概念、目的和任务都存在不同，两者并不完全是一回事，因此不能混为一谈，否则会产生功利主义的片面认识，造成对体育教学的忽视。

（四）农村学校体育工作没有形成管理体系

在整个教育工作规划中，体育工作没有得到充分的体现。组织机构存在形式主义问题，对于体育工作各方面的管理没有明确的目标，管理方式随意。体育教师、课外体育活动、场地器材建设、体育教学等都是体育工作的重要内容，但是没有宏观的目标要求和微观的管理措施，农村学校体育工作管理体系缺乏，存在许多问题。

（五）领导重视程度不够

领导重视程度不够是我国农村体育教育发展滞后的重要原因之一。主要表现在对发展体育教育的意愿不高、不重视学校体育场地设施的建设，没有专门的科学的体育教育计划等。但就学校体育场地设施建设来说，《学校体育工作条例》中有明文规定，要求学校体育经费应该占政府经费投入的1%，但实际情况却难以达标。体育场地设施建设需要占用大量的土地，而地方政府为了商业利益考虑，往往倾向于土地的商业开发，以获得财政收入，这样体育场地设施的建设就面临着无地可用的尴尬境地。

（六）体育教育经费紧缺

经费是体育教育发展难以避开的话题。无论是开展体育教学还是组织体育活动，都需要一定的经费作保障。但是对于农村地区来说，经济发展水平本来就不高，维持正常的学校教学还要花费较多的资金，这样留给发展体育教育的资金就杯水车薪了。农村体育教育面临着经费紧缺的问题，这也就导致体育场地设施的建设存在困难，体育场地设施维修更新不及时，不仅难以满足正常需要，还容易导致伤害事件的发生。

二、农村体育教育落后的原因

（一）体育课程教学要素的落后

农村体育教育落后的一大原因就是体育课程教学要素的落后，主要体现在体育教学内容、体育教学方法和手段方面，如图 5-26 所示。

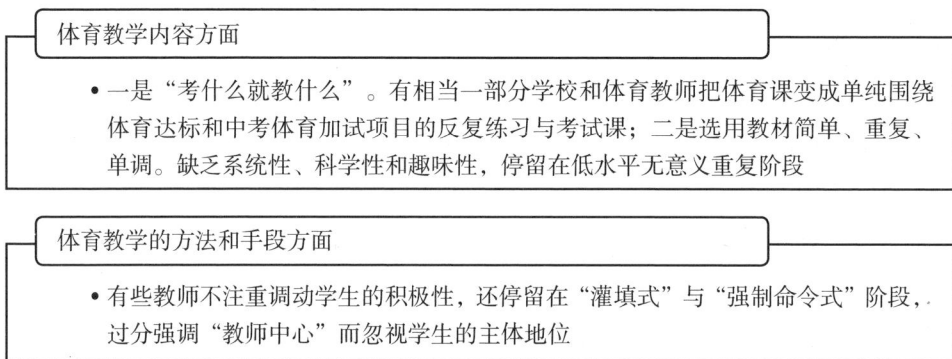

> **体育教学内容方面**
>
> - 一是"考什么就教什么"。有相当一部分学校和体育教师把体育课变成单纯围绕体育达标和中考体育加试项目的反复练习与考试课；二是选用教材简单、重复、单调。缺乏系统性、科学性和趣味性，停留在低水平无意义重复阶段

> **体育教学的方法和手段方面**
>
> - 有些教师不注重调动学生的积极性，还停留在"灌填式"与"强制命令式"阶段，过分强调"教师中心"而忽视学生的主体地位

图 5-26　体育课程教学要素的落后

（二）体育教师方面的原因

教师是教育的关键，体育师资队伍是学校体育文化的传播者，还是学校体育工作的组织者和直接参与者，他们是学校体育的关键。然而，我国当前农村体育教育的师资状况并不是非常乐观，具体体现在图 5-27 所示的几大方面。

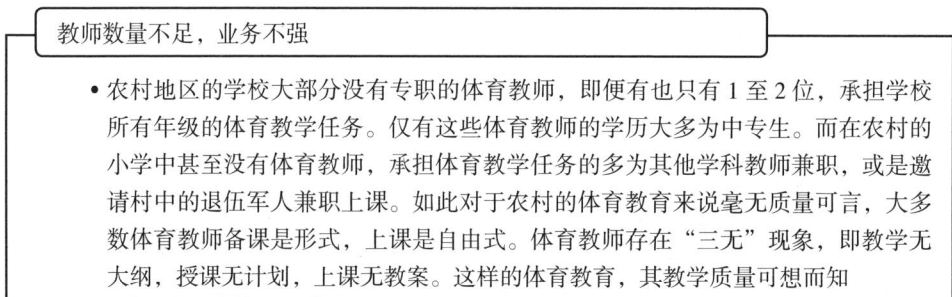

> **教师数量不足，业务不强**
>
> - 农村地区的学校大部分没有专职的体育教师，即便有也只有 1 至 2 位，承担学校所有年级的体育教学任务。仅有这些体育教师的学历大多为中专生。而在农村的小学中甚至没有体育教师，承担体育教学任务的多为其他学科教师兼职，或是邀请村中的退伍军人兼职上课。如此对于农村的体育教育来说毫无质量可言，大多数体育教师备课是形式，上课是自由式。体育教师存在"三无"现象，即教学无大纲，授课无计划，上课无教案。这样的体育教育，其教学质量可想而知

农村体育教师年龄、教龄不合理

- 年龄不仅是一个人生理机能的标志，同时也是师资结构的一个重要组成部分。农村中小学体育教师队伍年龄结构存在着不协调的现象，一线教师中青年教师占有较高比例；教龄结构也不是非常理想，农村小学 5 年以下教龄教师所占比例过高，农村中学教师教龄结构相对要优于农村小学。因而应结合年轻教师具有接受知识快、可塑性强等特点，尽快提高农村中小学青年体育教师的业务能力和道德品质，使他们能够尽快担负起农村中小学学校体育工作的重任

农村体育教师的知识结构需优化

- 学历是对教师知识水平、综合素质进行衡量的一项非常重要的标准。根据《教师法》上的相关规定，合格学历是对教师上岗从教的最基本的要求。就当前教师队伍的学历和知识结构来看，农村中小学体育教师队伍学历已基本满足需求，但需注意新课标适应能力的培训

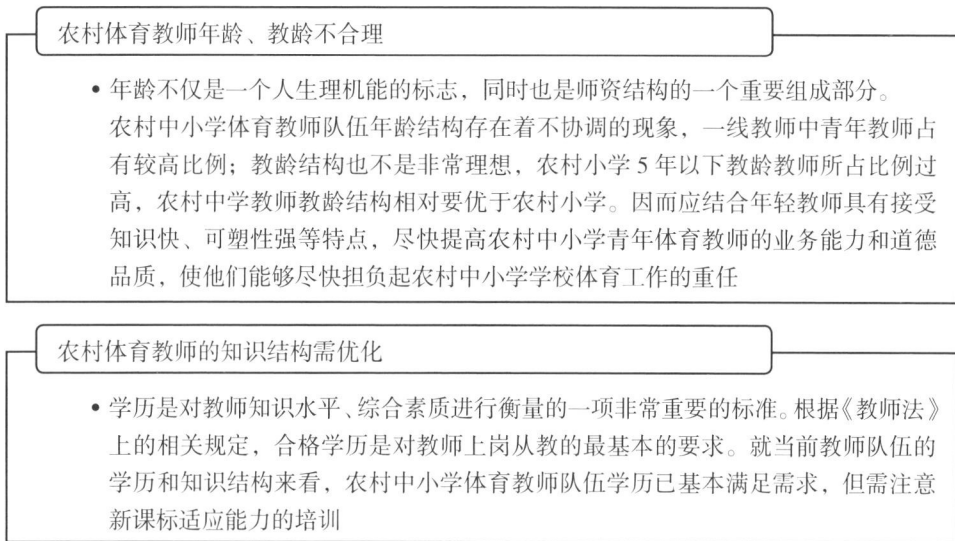

图 5-27　农村体育教育的师资状况

（三）学生上课热情不够

学生有着很强的好奇心，尤其是对于农村孩子来说，有着广泛涉猎知识的渴望，因此他们的积极性很容易被激发出来。但是受制于多种因素，农村学生并没有形成浓厚的体育兴趣，上体育课的热情也不高。具体来说，这与体育教师和体育教学内容有很大关系，体育教师上课没有激情，教学内容枯燥乏味，导致学生难以接受正确观念的灌输，加上得不到科学的鼓励和指导，渐渐丧失了对体育的兴趣。

（四）体育场地方面的原因

对于我国农村来说，体育场地设施缺乏是非常常见和普遍的情况。这与城市形成了鲜明的对比，也是现阶段制约我国农村体育发展的最大困难。体育场地和设施缺乏，即便农民有参与体育运动的意愿和需求，但没有地方、没有设备的支持，农民也只能将需求埋在心底，农村体育发展缓慢或停滞不前也就成为一种理所当然的事情了。

三、发展农村体育教育的依托

（一）依托学校体育场地设施

改革开放以来，我国经济得到了飞速发展，农村地区的经济状况也得到了很

大的改善，这为农村体育的发展提供了有利条件。农村学校有了足够的经费，保障了农村学校体育场地设施的资金投入，农村体育场地设施不断完善，条件也得到改善，不仅满足了正常的体育教学需要，而且开始向大众开放，为全民健身服务。随着国家对农村学校体育教育的重视，一系列发展农村学校的有利政策不断出台，为农村体育教学发展注入了强大的动力。农村体育教学的发展将在农村体育的发展中发挥越来越大的作用，农村学校体育场地设施的完善及条件的改善也将成为农村体育发展的重要依托。

（二）依托农村学校体育教师

在学校体育教学中，体育教师的地位非常重要，他们是体育教学的主体，也是农村学校体育活动开展的重要资源。尤其是对于农村来说，学校的环境和条件有限，体育教师的重要性就更加突出了。因此发展农村体育，离不开有经验的体育教师的参与。当前我国农村体育的发展，一大制约因素就是社会体育指导员的缺乏，导致农村农民参与体育没有得到科学正确的指导，因此参与体育活动的积极性不高。在这种情况下，更应该依托学校体育教师，让其适时担任农村体育指导员，发挥学校体育教师的作用，为农村体育的发展做贡献。

（三）依托农村学生

农村体育的发展要依托农村学校的学生。学生是农村学校的主体，他们在学校中接受了一定的体育教育，具备了一定的体育素养，掌握了一定的体育锻炼技能。他们是未来农村体育发展的骨干。受多种因素的影响，农村学校的学生有些会进入城市务工，但大多数都会留在当地生活。这些学生成为农村体育发展的骨干，可以利用他们在农村学校获得的体育知识和技能，发挥农村体育骨干的作用。这个群体增多了，农村体育骨干的力量就增大了，在农村体育发展中发挥的作用也就更大，也就能促进农村体育更加健康、快速的发展。

（四）依托体育健身知识与技能

相比于城市，我国农村在各个方面的发展都处于滞后的状态，经济发展水平低，导致没有雄厚的经济条件保障体育场地设施的修建，也没有高的收入吸引高素质体育人才的涌入，此外还存在一些管理制度方面的不完善，这导致了农村农民受教育程度普遍较低，也就没有条件接受较多的体育知识传授了。由于缺乏相应的知识，他们对于体育活动的认识不够准确全面，有的甚至将劳动与体育等同起来，这种错误的观念自然难以使他们对体育运动给予高度的重视。因此，要发展农村体育，首先要转变农民的传统观念，尤其是体育观念。利用一切机会为农民接受体育相关知识的教育提供条件，转变他们的观念，进而改变其体育行为。

国家体育总局曾对我国农村中小学体育现状进行过调查，结果显示，目前我国农村学生对于体育理论方面知识的了解甚少，根本不能达到预期标准。具体来说，农村学生对常见的球类运动的项目知识有基本的认识，但也仅仅停留在表面，对于其他一些体育项目则是了解甚少，对基本的规则都不清楚。同时，存在的另一问题是学生的体质水平呈连年下降的趋势。这些情况不能不引起我们的重视。尤其是对于占我国人口大多数的农村来说，要发展农村体育，必须针对性地解决问题，促进农村体育教育的发展，使农村学生掌握丰富的体育相关知识，在推进农村体育教育改革的基础上，推动农村体育的发展。

第六章　中国农村体育文化贫困的制度成因

中国农村体育文化贫困有着一定的制度成因，农村基础体育管理体制、共存公共体育服务供给、农村体育制度建设情况等都是制度成因的重要内容。本章通过对这三个方面的研究分析中国农村体育文化贫困的制度成因。

第一节　农村基层体育管理体制研究

一、二元社会结构下的农村体育

（一）二元社会结构

1. 二元社会结构的概念

二元社会结构是新中国成立后我国形成的城乡隔离的社会结构，这种结构是人为构建的，通过农业和非农业户口的划分，使城乡分割开来，农民和市民的社会地位出现了差异。[①]

2. 二元社会结构的弊端

我国二元社会结构存在以下几个方面的弊端。

（1）限制了农民的基本权利

在二元社会结构中，农民与市民的地位是不一样的，与市民不同，对农民来说，其丧失了一定的基本权利，这也就从根本上导致农民问题的出现。正是由于权利的丧失，农民的地位日益弱化，从而导致城乡差距不断扩大。

---

① 刘巍. 新农村体育事业发展问题研究 [M]. 北京：中国物资出版社，2009.

（2）剥夺了农民创造的财富

世界各国对农业的发展是极为重视的，为了促进农业这一弱质产业的发展，往往都会给予一定的优惠和支持政策。但我国在刚刚成立后，由于特殊时期发展需要，制定了工业优先发展的战略，为此农村做出了巨大的牺牲，农民创造的财富被吸收为筹备资金用于支持工业发展。同时，国家又通过农业税收和其他税费来吸取农民的资金，这严重超过了农民的承受能力，使本来就过着艰苦生活的农民陷入了更残酷的窘境。

新中国成立初期我国超额剥夺农民财富，同时农民承受着沉重的税费负担，因而造成了全国大饥荒，同时引发了严重的三农问题。

（3）控制了农村人口自由流动

对于一个国家和地区来说，要想实现经济发展和社会繁荣，人口的自由流动是一个基本条件。当今时代，人口的自由流动得到了世界各国的支持和鼓励。但在中华人民共和国刚刚成立时，受制于当时思想观念和社会环境的制约，农村人口在城乡间的流动并不自由，出现了城乡隔离的情况，使城市和农村这两个体系各自封闭循环。

改革开放以来，农民虽然可以进城务工，但其市民身份和工人地位得不到肯定，所以一直被称为"农民工"，甚至现在社会上还大量存在歧视农民工的现象。

（4）遏制了城市化进程

城市化应该与工业化发展同步进行。20世纪中期以来，城市化进程不断加快是发达国家和发展中国家的普遍现象，但此时，我国农村人口的自由流动受到限制，从而影响了我国城市化发展水平的提高。我国城市化水平和工业化水平的落后，正是二元社会结构导致的结果。

（二）二元社会结构对农村体育发展的影响

1. 地方政府部门的治理方式不尽合理

城乡二元结构下，政府的治理方式是影响农村体育发展的又一最重要因素；现阶段，我国的工业化和城市化逐步推进，"工业反哺农业，城市带动农村"逐渐成为一种现实。工业化逐渐推进的过程中，工业走进农业，现代化技术手段在农业中的广泛应用使农村居民逐渐从繁重的体力劳动中解放出来，体力消耗逐渐减少而闲暇时间日益增多；农村居民在满足自身的生理需求以外，开始追求更多的娱乐休闲需求，农村居民参与体育锻炼成为一种可能。而网络媒体广泛宣传的因势利导，使农村居民为促进其体质健康而产生了多元化的体育需求。这就需要更多的、多元化的农村体育公共产品和服务资源，而农村社会目前还处于初步发展阶段，经济和社会发展相对城市较为缓慢。现阶段，大多数农村地区还没有能力通过自筹来满足自我体育健身所需求的各种基础条件，还需要政府部门和体育行政部门给予大力的支持和补助，以促使农村体育健康、持续、稳健发展，及时解决当前日益增长的农村居民体育健身需求和社会体育资源严重不足之间的矛盾。但审视当前农村体育发展中存在的各种问题，政府部门不尽合理的治理方式严重制约着农村体育的发展，主要表现在以下几方面。

（1）政府在提供农村体育公共产品时出现"缺位"现象

政府对社会的发展非常重要，它是公共管理的主体，能为社会的正常运行提供各方面的保障，也是公共产品和服务的提供者。与其他组织相比，政府具有很大的优势，主要体现在强制性和权威性上。农村体育的发展是一种公共事务，属于政府的职责范围之内，农村体育的发展依赖于政府作用的发挥。农村体育事业的发展需要各种各样的资源作支撑，而政府就是这些资源供给的保障，这些资源涉及的内容众多，既有人财物等资源，也包括信息等资源，还涉及政策制度的资源以及各种服务和支持。在长期的二元社会结构下，资源向城市倾斜，农村获得资源的途径有限，数量不多，可见政府在农村体育发展中存在"缺位"现象，导致农村体育发展所需的公共产品得不到满足。政府的"缺位"主要体现在三个方面，如图 6-1 所示。

> **提供的公共产品数量有限，服务不到位**
>
> • 发展农村体育仅靠提供单一种类的器材设施以及一些无定期偶尔举行的体育赛事活动。针对当前农村居民参与体育意识淡薄的情况，需要政府出面组织各种社会力量来办体育，并通过地方电视台、电台、报刊和地方官网、乡村文化站等提供各种体育健身信息，同时传授体育健身知识和技能。

> **落实政策时，"赶进度、轻使用"，甚至敷衍了事**
>
> • 上级政府部门推行下来的场地器材设施，因还需乡镇政府出配套资金和安装费等，致使一些资金短缺的乡镇无力或不愿执行，而使这些体育器材设施被搁置。

缺少对农民体育的指导

- 缺少社会体育指导员及其对农民体育健身进行相应的体育技能技术指导，且政府对农村社会体育指导员没有相应的经费支持，致使其投身农村全民健身事业的积极性减退。

图 6-1 农村体育发展中政府的"缺位"

（2）农村基层体育组织管理体系不健全

农村基层体育组织包括政府体育组织和非政府体育组织。政府体育组织主要是政府的体育管理机构或体育行政部门，包括县级和乡镇体育管理机构行政部门以及作为政府延伸的村民自治组织的村委会；非政府体育组织主要是指农村的各种体育社会团体，比如老年人体育协会、农民体育协会及各种单项运动协会等，还包括一些在农村基层形成的"草根"体育组织，即那种扎根于农村基层社区，由民间人士自发组织起来开展各种体育活动、组织体育赛事的"自下而上"的民间组织。

首先，政府体育组织即体育管理机构不健全，导致农村体育政策措施落实不到位。现阶段，我国体育事业发展仍然以政府为主导，这主要是由我国所处的历史发展时期所决定的。政府设有专门的体育行政机构，对全国体育实施全面的监控和高度集中管理。政府主导在体育事业中发挥作用的大小是由不同国家的不同历史时期的不同情况决定的；我国是个发展中国家，经济发展相对滞后，现行的市场经济是以社会主义公有制为主的，这一实际国情决定了我国的体育事业还是要以政府为主导的。农村体育作为我国体育事业的重要组成部分，在其发展过程中必须以基层政府部门的体育管理机构为主导。农村经济发展相对滞后，农村建设还处于初级发展阶段，发展体育的自身"造血功能"不畅，需要基层政府和体育行政管理机构进行宏观的调控（如制订农村体育工作计划、编制农村体育的发展规划等）以及直接相关体育管理机构的具体实施操作（比如组织开展各种农民体育活动等）。政府组织机构进行了精简和调整，使县乡政府体育管理部门直接受到很大冲击，大部分县乡的体育管理机构都和其他部门，比如教育、文化、卫生等部门进行了组合，还有一些地方撤销了体育管理部门。这种机构的精简和合并，极大限度地削弱了县乡一级体育主管部门的权限，农村体育发展受限。

其次，非政府体育组织基础薄弱，不利于农村体育活动的开展。《2001—2011年体育改革与发展纲要》指出，农村体育要"以乡镇为龙头，以村委会为基础，以农民体协为纽带"，进而形成有辐射力的农村体育组织网络，乡镇应把体育事业纳入社会发展规划。但当前乡镇政府所处的状况，很多乡镇处于财政赤字状态，需要上级政府救助，更何况一些经济相对比较落后的乡镇政府。农村非政府组织的体育社团组织如农民体育协会，缺少乡镇财政的直接经费支持，自身的机制又不健全，平时参与各种体育活动的业务指导较少，基础比较薄弱，只是发挥了"上传下达"的作用或偶尔组织开展一些乡镇或村体育活动。而基层的"草根"体育组织，因组织者及参加者的爱好而开展体育活动，但缺少相对的运动技术指导及健身知识的传授，在农村地区这种组织还是很少，大部分农村居民的体育活动还处于自发、无组织的状态，制约着农村体育的发展。

2. 城乡体育投入差距大

在我国的城市中，政府对体育的重视程度非常高，不仅加大投入用于建设体育场地设施，还注重各种体育活动的开展，以发展城市体育，满足居民需求。而在农村，由于政府将主要精力放在发展经济方面，因此，主要的财政资金也用在环境建设和经济领域，以求通过投入获取直观的经济效益。

在这种情况下，体育在面对政府资源分配时是处于弱势，地位低，政府进行资源调配主要考虑的是经济方面的发展，同时由于主管体育的领导的话语权有限，很难为体育发展争取足够的经费保障和支持。更有甚者，在其他领取资金缺乏的情况下，还会将用于体育的资金挪作他用，因此在农村体育发展中，经费问题成为制约其发展的关键问题，在体育方面没有经费投入，也就难以进行体育场地设施的建设和维护，也难以配备专业的体育指导人才，也无力组织大型的体育活动。随着时间的推移，国家对农村和农村体育的重视程度提高，也开始投入大量资源，但是相对来说，这种资源还是十分有限的，农村体育的发展困难重重。

3. 城乡居民体育态度差异明显

我国二元社会结构的形成及长期存在，造成了农村和城市中人们对体育的不同认识，呈现出明显的差异性。对于城市人来说，他们对于体育活动有着积极的态度，能够认识到体育锻炼的重要性，并能够主动参与进去。而生活在农村的农民，则认为体育运动是不务正业，对体育锻炼的重要意义认识不清，他们普遍存在的观念是"劳动即锻炼""无病即健康"，因此也不会主动参与体育锻炼，在农闲时主要靠睡觉、看电视节目打发时间。劳动对于身体健康是十分有益的，这是不容否认的，但劳动绝对不能等同于体育锻炼，相对于体育锻炼的全面性，劳动仅对人体部分器官有利。城乡之间还存在舆论环境的差异，在城市，参与体育锻炼是普遍现象，而在农村，参加体育运动没有良好的环境，甚至会遭受讥讽。

4. 城乡体育人口失衡

我国大力推进全民健身，所谓的全民是包含城市居民和生活在农村的农民在内的全体人民，少任何一个都不能称为全民。与发达国家相比，我国体育人口情况不容乐观，其占总人口的比例远远落后。而对于城市体育人口和农村体育人口来说，城市体育人口所占的比例远远大于农村体育人口，这明显体现了城乡体育人口的失衡。虽然在经济发展的带动下，体育人口增长速度加快，农村体育人口也不断增多，但城乡体育人口失衡的问题仍然存在并且十分严重。究其原因，主要有以下几个方面，如图 6-2 所示。

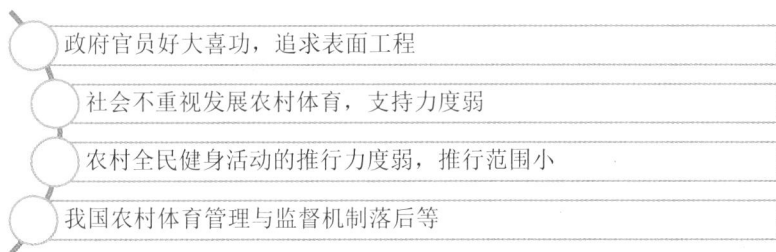

政府官员好大喜功，追求表面工程

社会不重视发展农村体育，支持力度弱

农村全民健身活动的推行力度弱，推行范围小

我国农村体育管理与监督机制落后等

图 6-2 城乡体育人口失衡的原因

5. 农村体育场馆资源严重缺乏

城乡二元社会结构下，导致城乡发展出现分化，城乡体育发展存在严重的不均衡现象。在城市，居民有大量的娱乐休闲场所，可以大大满足自身的休闲娱乐需要，而在农村，休闲娱乐场所的供给是十分有限的，这体现出我国体育资源分配的城乡差异。究其原因，经费的安排不当是直接原因，而很显然，这一切都要归咎于城乡二元结构。

二、当前农村基层体育管理系统（图 6-3）

我国农村体育管理系统可以分为两大部分，分别为政府管理系统和社会管理系统，在农村体育管理中，农村政府体育管理机构是主要的组织机构，它又可分为专门体育管理系统和非专门体育管理系统两个方面。对于我国农村体育基础管理组织来说，又可以分为县、乡镇、村三个级别，每个级别的体育管理组织有着各自的职能。农村基层体育管理系统见图6-3所示。

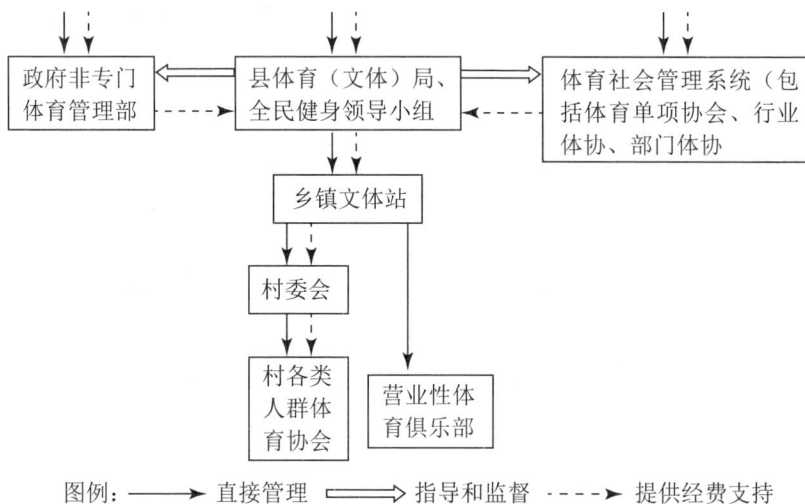

图例：——→ 直接管理　══⇒ 指导和监督　----→ 提供经费支持

图6-3　农村基层体育管理系统

（一）农村政府体育管理系统

1. 农村基层政府体育管理机构

我国的政府体育机构众多，级别不一，但是没有专门管理农村体育的机构，农村体育一般由各级体育局兼管。由此可以看出，农村体育的核心部门是县体育局。目前，我国各级政府体育机构中都没设负责农村体育的专门管理机构，如国家体育总局的群体司，各省（区、市）县体育局（文体局或教体局）中的群体处、群体科等，农村体育主要由各级体育局负责兼管。县、乡镇、村三级农村体育基层政府管理机构具体情况见图6-4。

2. 农村基层体育行政管理存在的问题

从我国农村基层政府体育管理机构情况来看，乡镇和村级基层体育管理组织缺乏，这也是导致农村体育难以开展的关键所在。由于没有专门的管理机构，农村体育的发展无人关注、无人管理。根据管理学的一般理论，人是最活跃的也是最重要的因素，高素质的管理人员的缺乏，导致农村体育发展面临较大困境，加上农村基层环境差、待遇不高，致使数量不多的体育专业人才工作的积极性受挫，受制于此，即便是存在一些基层管理机构，没有人的主观能动性的发挥，这些机构的作用也得不到发挥。

县体育局是当地县政府直属的政府机构，在业务上受市体育局的领导，同时又在人事、财务等方面受县人民政府的行政领导，它的主要职能是领导、协调、监督包括农村体育在内的全县体育工作。

乡镇体育管理机构一般和文化部门合并，称"文体站"。乡镇文体站的主要职能是具体组织、实施农村群众文化、体育工作。文体站的工作以开展农村群众文化活动为主，体育活动开展得相对较少，体育组织建设比较薄弱，会致使农村体育在很多地区存在"盲点"。

村级体育管理是农村体育的直接执行者，村级没有设立相应的专门体育管理机构，一般是由村委会领导直接联系广大农民，组织开展农民的体育活动，是沟通各级农村体育领导机构和村级之间的单一纽带，担负着农村体育发展的主要使命。

图6-4　县、乡镇、村三级农村体育基层政府管理机构具体情况

对于农村来说，一大特点就是农民居住比较分散，离开了专门人员的组织，农民自发性地举办体育活动或比赛的可能性极低。从根本上来说，还是对农村体育的发展不够重视，管理机构领导、协调和监督农村体育发展的职能没有发挥出来，导致农村体育工作的开展不力，农民对体育管理工作的满意度不高。因此，要大力发展农村体育，加强基层体育管理组织的建设至关重要，非常紧迫。

（二）农村基层体育社会管理系统

对于农村基层体育社会管理系统来说，其管理机构也主要包括三种类型，如图6-5所示。

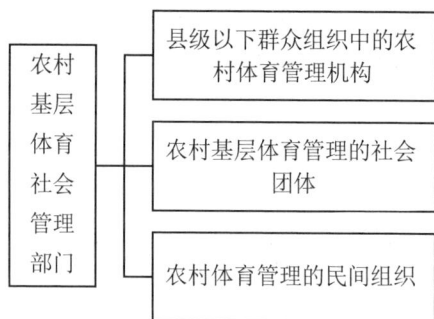

图 6-5 农村基层体育社会管理部门

其中，中国农民体育协会和基层群众体育协会（体育社团）是具有代表性的两种机构。

1. 中国农民体育协会

目前中国农民体育协会是我国农村体育主要的社会管理部门，它成立于1986 年，是中华全国体育总会的团体会员，由农业农村部管辖，受农业部、国家体育总局的领导和指导，其主要作用是组织和指导全国的农民体育运动。其宗旨是贯彻执行国家体育法律、法规，宣传党和政府有关体育工作的方针、政策，广泛团结体育积极分子和农村体育工作者，推动农民体育运动的发展，为促进广大农村的社会主义物质文明和精神文明建设服务。目前，我国各地农民体育协会的发展存在一些问题，人少力量弱，专业人才比较匮乏是主要体现。

对于中国农民体育协会来说，其有着自己特定的任务，大致包括七个方面的内容，具体如图 6-6 所示。

2. 基层群众体育协会（体育社团）

在我国的体育管理体制中，基层群众体育协会（体育社团）也是一种重要的社会体育组织，其主要职能是管理与协调，在民间体育组织与政府体育机构之间起到沟通和联络作用。

农村基层体育协会的职能活动主要包括图 6-7 所示的两个方面。

中
国
农
民
体
育
协
会
的
任
务

贯彻和执行上级方针、政策，组织、发动和指导广大农民开展群众性体育活动，增强广大农民群众的体质，为提高全民族的素质服务

组织举办全国性农民体育竞赛，不断提高农民的运动技术水平

组织农民交流体育活动的经验和表彰先进体育活动团体、个人

培养农民体育干部，为国家培养和举荐优秀农民体育人才

动员和依靠社会力量，推进农村体育设施建设，促进农村体育社会化

发掘、整理、研究和逐步推广农村民间传统体育，并就其中可列为全国正式比赛的项目提出建议

组织农民开展体育对外交流活动，举办国际农民体育竞赛

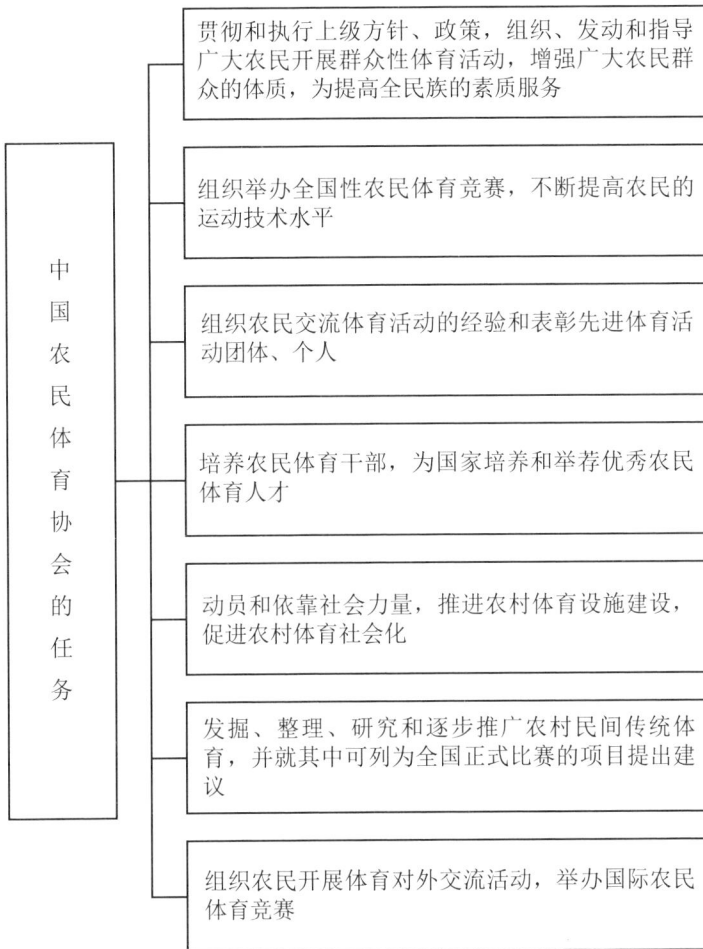

图 6-6 中国农民体育协会的任务

组织各种体育竞赛和组队参加上一级比赛

宣传和推动全民健身计划，对下级农村体育组织进行业务指导和辅导活动

农村基层体育协会的职能活动

图 6-7 农村基层体育协会的职能活动

随着我国农村体育受重视程度的提高以及农村体育的快速发展，我国农村基层体育协会的发展也呈现出快速的趋势。从组建类型来看，其主要有图 6-8 所示的三种。其中以农民自发组织、自我管理为主的民间单项小型化体育俱乐部为最多。

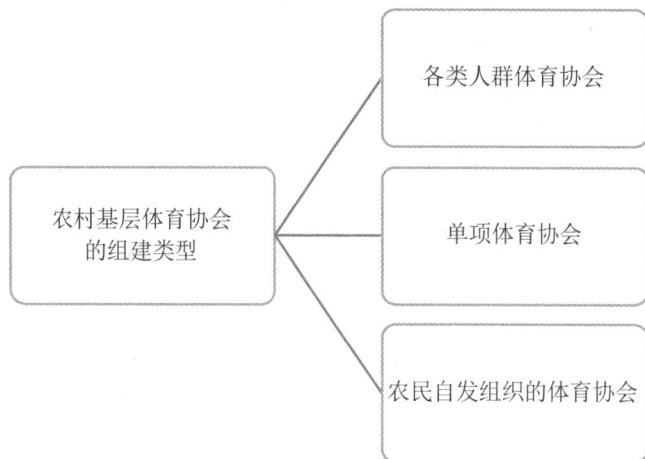

```
                                    ┌─────────────────┐
                                    │  各类人群体育协会  │
                                    └─────────────────┘
┌─────────────────┐                 ┌─────────────────┐
│ 农村基层体育协会  │─────────────────│   单项体育协会    │
│   的组建类型      │                 └─────────────────┘
└─────────────────┘                 ┌─────────────────┐
                                    │ 农民自发组织的体育协会│
                                    └─────────────────┘
```

图 6-8　农村基层体育协会的组建类型

虽然获得了一定的发展，但农村体育社团还存在一些急需解决的问题，制约着农村体育的进一步发展。这些问题主要涉及三个方面，具体如图 6-9 所示。

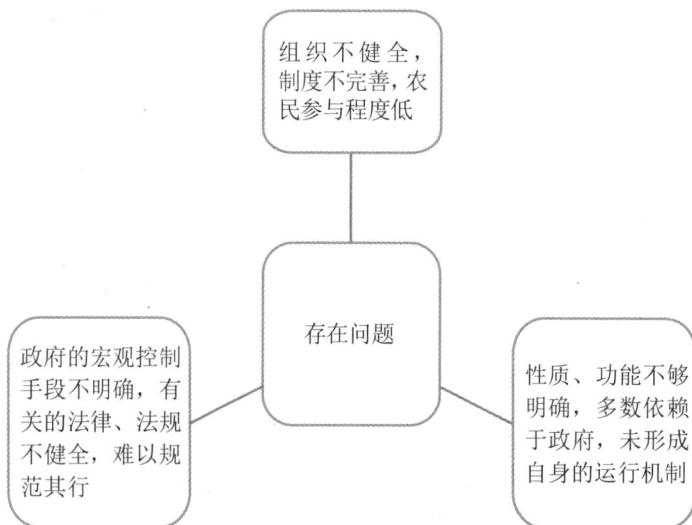

```
                ┌─────────────────┐
                │ 组织不健全,       │
                │ 制度不完善,农     │
                │ 民参与程度低      │
                └─────────────────┘
                         │
                ┌─────────────────┐
                │    存在问题       │
                └─────────────────┘
        ┌──────────────┘      └──────────────┐
┌─────────────────┐              ┌─────────────────┐
│ 政府的宏观控制    │              │ 性质、功能不够     │
│ 手段不明确,有     │              │ 明确,多数依赖      │
│ 关的法律、法规     │              │ 于政府,未形成      │
│ 不健全,难以规     │              │ 自身的运行机制     │
│ 范其行            │              └─────────────────┘
└─────────────────┘
```

图 6-9　农村体育社团发展中存在的问题

三、农村体育场地与经费的管理

对于体育事业的发展来说，体育场地和设施是重要的基础，它是组织和进行体育活动和锻炼的重要前提。但是，从目前来看，我国农村体育场地和设施的状况不容乐观，一是数量比较少，而且质量比较差。在农村虽然有一些条件好的体育场地，但往往不对外开放，仅限学校或者某些机关事业单位内部使用，农民群众能够使用的场地设施少之又少。不仅如此，由于农村体育投入不足，我国农村体育事业发展存在东西部不平衡的情况，而且从体育场地设施资源的分布来看，城乡之间的差别很大。①

导致农村群众体育开展困难、农村体育事业发展不力的一大原因就是经费短缺。经费的作用不言而喻，不论是体育活动的宣传，还是体育活动的筹备、组织、进行，都需要足够的资金支持。没有资金，一切都难以顺利进行。但是，对于农村来说，用于体育发展的经费非常有限，这已成为农村体育发展面临的最大问题，经费的不足已经严重制约了农村体育的进一步发展。

近年来，国家对农村体育的发展越来越关注，对农村体育发展面临的场地设施和经费问题也有一定的认知，因此也加大了对农村体育场地、设施的建设和经费的投入，但是距离满足农村居民体育文化需求还存在较大的不足，而且需要发挥农村基础体育管理机构的作用，为场地、设施经费资源的充分有效利用提供一定的保障。

四、我国农村基层体育组织管理存在的问题与解决对策

（一）我国农村基层体育组织管理存在的问题

对我国农村体育基层体育组织管理进行研究分析，可以看出我国农村基础体育组织管理存在着一定的问题，对农村体育事业的进一步发展产生着重要的影响。这些问题主要体现在三个方面，分别为组织管理层次不尽合理、管理效果和效率差、政府和社会体育组织之间对接困难。

三大问题的具体内容如图 6-10 所示。

---

① 朱家新 . 新时期农村体育发展理论与实证研究 [M]. 合肥：安徽大学出版社，2007.

```
┌─────────────────────────────────────────────────────┐
│  组织管理层次不尽合理                                    │
├─────────────────────────────────────────────────────┤
│  • 我国农村体育管理系统并没有呈现出"金字塔"式的管理结构，  │
│    表现为缺少数量庞大的基层体育组织作为支撑，从而造成农村  │
│    体育工作的开展经常停留在计划层次，而缺乏明确的责任主体  │
│    和执行主体                                          │
└─────────────────────────────────────────────────────┘

┌─────────────────────────────────────────────────────┐
│  管理效果和效率差                                       │
├─────────────────────────────────────────────────────┤
│  • 农村体育工作本质上是一个管理过程，由计划、组织、领导、  │
│    控制四项基本职能按照先后的顺序构成。综观农村体育管理过  │
│    程，很难说农村体育在管理上实现了一个完整的过程。四项职  │
│    能中计划职能执行相对较好，而组织、领导、控制职能基本无  │
│    从谈起。我国农村体育管理工作，在组织阶段的先天不足导致  │
│    了管理的其他职能未能充分发挥，由于农村体育管理工作缺乏  │
│    明确的基层执行主体，农村体育工作要么就表现出较大的随意  │
│    性，要么就名存实亡                                   │
└─────────────────────────────────────────────────────┘

┌─────────────────────────────────────────────────────┐
│  政府和社会体育组织之间对接困难                           │
├─────────────────────────────────────────────────────┤
│  • 长期以来，我国农村体育行政部门与民间社会体育组织之间的  │
│    分工不明确、协作机制缺乏，造成了二者之间的衔接困难      │
└─────────────────────────────────────────────────────┘
```

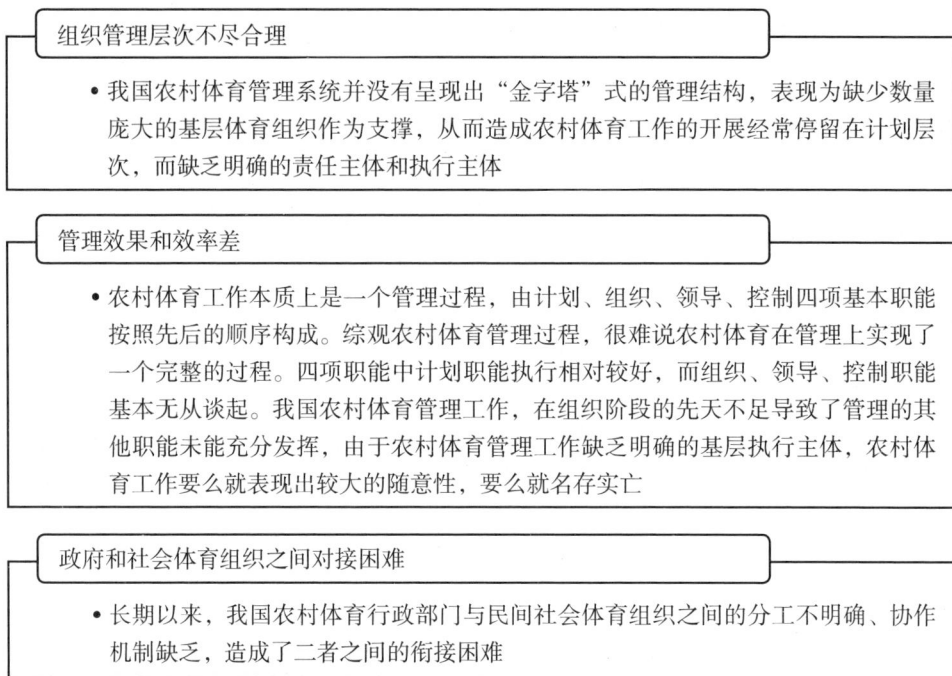

图 6-10　我国农村基层体育组织管理存在的问题

（二）我国农村基层体育组织管理问题的解决对策

1. 加强国家政府体育管理机构建设

农村体育的发展，离不开政府体育管理机构的管理和指导，因此应该不断健全政府体育管理机构，完善相应体制机制，真正发挥基础体育管理机构在农村体育发展中的作用。为基层政府体育管理机构确定清晰的管理体系，制定严格的工作计划和目标任务，并纳入干部政绩考核，让基层体育管理机构将农村体育发展作为工作重点，真正将农村体育事业发展放在心上。

2. 增加体育统计指标数量，完善社会发展统计指标体系

没有调查就没有发言权。各地的体育事业发展情况，可以通过相关数据指标得到真实地体现，因此要增加体育统计指标的数量，借此完善社会发展统计指标体系。依靠数据，得出农村体育事业开展的情况，对其进行评价，从而便于更好地指导各地的农村体育发展。同时，要大力贯彻执行《体育法》和《全民健身计划纲要》，制定实施细则，保证农村体育发展实现依法治理。

3. 加大对农村体育的宣传力度

农村体育要发展，首先要提高农村体育在农村发展中的地位，提高基础管理者对农村体育发展的重视程度。在我国大力推进乡村振兴、大力建设健康中国的时代背景下，要加大对农村体育的宣传，不仅说明在农村开展体育运动的重要意义，更要普及体育运动知识，加强对基层体育管理者的培训和业务指导，为农村体育事业的发展夯实理论基础。

4. 明确农村体育事业发展的领导核心

农村体育事业的发展离不开上级体育管理机构的宏观指导，也离不开具体管理者的直接管理。发展农村的体育事业，需要完善的法律法规做保障，因此要不断建立健全相关法律法规，明确体育组织的权责利，促进各体育组织之间的相互协作。

第二节　农村公共体育服务供给研究

一、我国农村公共体育服务发展演进

我国农村公共体育服务涉及的内容非常广泛，经过了较长时间的发展演变，有着诸多的发展阶段，这不断发展演进的过程体现了一定的进步和变化，这些都可以通过其在不同发展阶段的特征表现出来。下面主要分析在各个发展阶段，我国农村体育服务的特征。

（一）新中国成立至人民公社成立前农村公共体育服务的特点

在中华人民共和国成立的初期，我国农村公共体育服务的唯一主体就是政府，政府在供给农村公共体育服务的过程中发挥着重要的作用，推动了农村公共体育服务的发展。在这一发展阶段，政府供给是农村公共体育服务投资的主要来源，因此体现出了供给主体单一的问题。

这一阶段，我国面临着艰巨的生产发展任务，也有着稳固国家安全的需要。作为占全国人口大多数的农民，在这方面有着举足轻重的作用。发展农村公共体育服务，开展多种形式的体育活动，可以促进农民强身健体，丰富农民的生活，也有利于推动生产的发展。从某种角度来看，这时的农村公共体育服务政策，是带有一定的军事目的和生产目的，并以此为侧重点。这也就导致，此时的农村公共体育服务为充分考虑农民的真实体育需求，而是主要从军事和生产目的考虑的，因此开展的一些体育项目也主要是军事体育项目。这种情况，在《"劳动卫国"体育制度条例和项目标准》发布以后，逐渐发生改变。

这一时期，我国的体育事业刚刚恢复发展，农村公共体育服务的效率不高。农村公共体育服务的发展并未从农民的实际需求出发，而是着眼于政治和军事需要。此时农村公共体育服务的价值本源未受到重视。

此时，我国农村经济正由小农经济向集体经济转变，农村公共体育服务的主要目的是建设农村公共体育组织，举办农村公共体育活动，因此不仅对民风改善有重要作用，还促进了农民身体健康发展。

（二）人民公社时期农村公共体育服务供给特点

在人民公社时期，农村公共体育服务的主要供给主体是人民公社，在当时，人民公社是一个政社合一的机构，因此广义上来讲，政府仍然是农村公共体育服务供给的主体，供给主体单一化的问题仍然存在。但是相对于前一个阶段，还是有所不同的，人民公社还具有社会性质，因此这一阶段的农村公共体育服务供给上还有社会性，即制度外渠道成为农村公共体育产品的重要筹资渠道。在这一阶段，提供农村公共服务指导的主要是外来力量，主要包括在校学生、退伍军人、"上山下乡"学生等。

以建立不同类型生产责任制为中心的农村经济体制改革的有序开展，向广大农村参与各类体育活动提供时间保障和物质保障。20世纪80年代以后，农村体育进入发展的高潮期，公共体育服务中农村和农民出资的现象越来越常见。我国有很多农村基层单位开始主动拓展筹资渠道，大力修建体育运动设施，采取多种措施带动农民成为各类体育活动的参与者。

（三）家庭联产承包到农村税费改革期间农村公共体育服务供给特点

在这一阶段，农村的经济得到了飞速的发展，农民生活水平的提升，以及休闲时间的增多，使农民体育休闲需求高涨，为了满足农民日益增长的体育需求，农村公共体育服务的内容越来越多样，不仅有体育活动组织方面的服务，还有体育指导、体育场地设施以及体质检测方面的内容。

随着农村体育的发展，农村公共体育服务也走向制度化。这主要体现在国家出台的各项政策方面。国家对群众体育事业的重视程度提高，为了促进其发展，先后颁布实施了《全民健身计划纲要》《社会体育指导员等级制度》《国民体质健康监测制度》等制度，尤其是《中华人民共和国体育法》的制定和施行，不仅为农村公共体育服务的发展提供了条件，也使其朝着更好的方向发展。在这一时期，在公共体育服务方面，城乡之间的差距日益突显，也越来越引人关注，成为社会的热点。

（四）农村税费改革后农村公共体育服务供给特点

农村税费之后，农村公共体育服务主要依靠政府投入，政府投入中的体育彩票公益发挥了尤为关键的作用，供给手段越来越丰富。留归各级体育主管部门使用的彩票公益金应当参照我国的相关规定来适度增加对公共体育设施建设的投入力度，这个方面的资金应当投入到建设"全民健身活动中心""农民体育健身工程"和改造户外健身场地三个方面。在体育资源总量持续增加的前提下，尽全力达到体育服务日益便捷、发展失衡问题逐步减少、社会满意度持续提升的发展目标，进一步增加对农村、贫困地区以及社会弱势群体的公共体育资源的倾斜程度，确保公共体育服务的覆盖面积获得大幅度增加。

二、我国农村公共体育服务发展现状分析

（一）农村公共体育服务供给的现状分析

分析农村公共体育服务供给的现状，需要对农村公共体育服务供给的主体进行研究。农村公共体育服务供给的主体主要是政府，按照层次划分，又可分为县级层面、乡镇层面和农村层面。不同层次的供给主体在服务供给方面存在着不同。如图 6-11 所示。

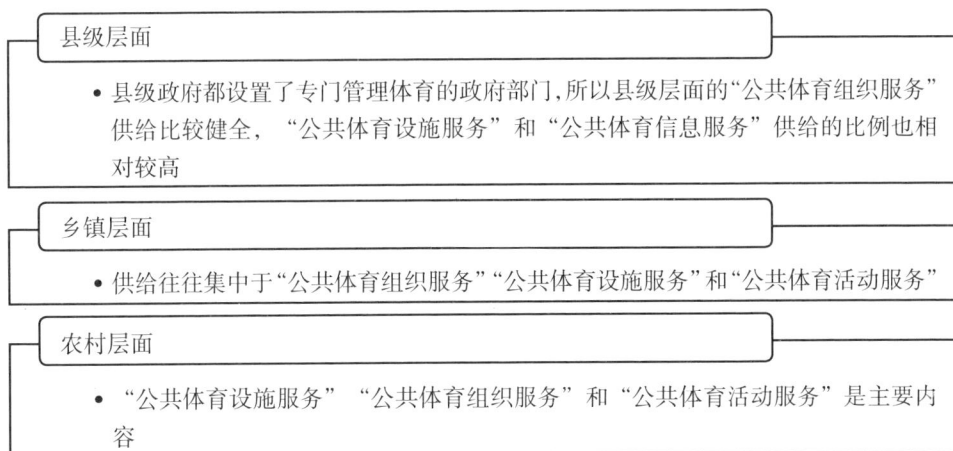

县级层面

- 县级政府都设置了专门管理体育的政府部门，所以县级层面的"公共体育组织服务"供给比较健全，"公共体育设施服务"和"公共体育信息服务"供给的比例也相对较高

乡镇层面

- 供给往往集中于"公共体育组织服务""公共体育设施服务"和"公共体育活动服务"

农村层面

- "公共体育设施服务""公共体育组织服务"和"公共体育活动服务"是主要内容

图 6-11　农村公共体育服务供给现状

从当前的农村公共体育服务的供给现状来看，在"国民体质监测服务"供给方面存在不足。此外，当前大部分体育局已经和教育局或者文化局合并工作，成为教体局或文体局的下设机构，在人员方面捉襟见肘，难以在组织农村体育活动中发挥应有价值，因此造成农村体育公共服务中的体育活动供给十分有限。

（二）农村公共体育服务需求的现状分析

对农村公共体育服务需求进行分析可以发现，在农民体育服务需求方面，需求主要集中在体育场地设施、体质监测和公共体育活动服务方面。随着社会的发展和生活水平的提高，农民的体育健身意识不断增强，有了体育健身的需求，而要进行健身活动，必须有一定的物质条件，这就涉及体育场地设施了。农民要进行体育健身，首先对体育场地设施提出了需求。而农民参与体育健身，其主要目的就是追求身体健康，因此农民在体质监测方面有着很高的需求，只有对自身的身体情况有清楚的了解，农民才能有针对性地进行体育锻炼。要保证体育锻炼的有效性和科学性，农民还需要有专业的指导，这就涉及体育活动服务方面的需求了。现阶段，农民体育活动的项目日益丰富，但也存在着一定的群体差异，从性别来看，相比于女性，男性更热衷于集体项目，而从年龄来看，老年群体更愿意选择静态性体育运动。

三、农村公共体育服务发展模式的构建

（一）社会背景

构建农村公共体育服务发展模式，需要对我国的社会背景进行分析和研究，这是一个必不可少的前提和基础。农村公共体育服务发展模式是否科学合理，需要看在这种模式下，农村公共体育服务能否融入社会发展的进程，能否为国家的发展提供动力。农村公共体育服务的作用是很重要的，不仅能够满足农民的体育健身需求，而且有助于培养劳动力，由此可见，在我国社会发展中，必须要重视农村公共体育服务的发展。而农村公共体育服务要发挥在社会中的价值，必须与社会背景相符合，因此在构建农村公共体育服务模式时，一定要与当前社会表现出来的特征相契合。农村公共体育服务发展模式构建的社会背景如图6-12所示。

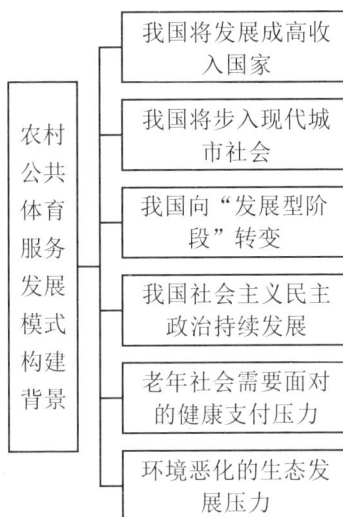

图 6-12　农村公共体育服务发展模式构建的社会背景

我国将发展成高收入国家，这需要通过优化公共服务体系来提高发展速度，为社会发展提供良好环境。我国之前是传统的农耕社会，即将进入现代城市社会，这就意味着城市文明将发挥主导性作用。因此，公共服务也要与社会发展相适应，实现与城乡的一体化发展。随着市场经济体制的不断完善，对公共体育服务的发展也提出了要求。我国目前处于从生存型阶段向发展型阶段转变的时期，必须始终不渝地坚持以人为本的理念，以人民日益增长的体育需求为着眼点，不断发展农村公共体育服务，满足人们的需求，提升人们的满意度。同时，我国社会主义民主政治持续发展，农民享受公共服务的权利是应有之义。当前，人口老龄化成为困扰未来发展的世界性问题，我国同样面临着老年社会带来的压力。此外，我国还面临着严峻的环境压力。这些都是构建农村公共体育服务模式不能忽略的重要内容。

（二）构建原则

1. 公益性原则

构建农村公共体育服务模式，要注意公益性原则。对我国农民来说，农村公共体育服务能够满足农民通过体育运动进行休闲娱乐的需求。但是我国农民的收入水平不高，对体育方面的消费也不多，如果构建农村公共体育服务模式时，忽视公益性，那么会对农民参与体育运动的积极性造成巨大的打击，造成参与体育运动的农民人数减少，这将对我国农村体育的发展产生不利的影响。因此，注意公益性原则是非常重要的。我国政府也注意到了这一点，并出台了一系列的政策措施，保障农村公共体育服务的公益性，如在《全民健身计划纲要》中就提到要将全民健身列入国家发展规划，由财政承担经费，这无疑会使农村公共体育服务的公益性得到保障。

2. 多元化原则

构建农村公共体育服务模式时还需注意多元化原则。对于幅员辽阔的我国来说，农村数量大，所处地域不同，自然条件不同，处于的发展阶段也不同，这些不同必然导致不同地域农民的体育需求不同。如果农村公共体育服务都是标准化统一的，那么肯定会与各地农民的实际需求不相符，也就难以令各地农民满意。因此，为了促进我国农村体育的发展，满足各地农民的实际需求，必须避免一刀切，而应从多元、特色方面下功夫，真正使农村公共体育服务满足农民的需要，为农村体育的发展提供动力。

3. 本土化原则

在我国农村体育发展中，农民参与体育运动面临着选择体育项目的问题，现代体育的影响力巨大，并且逐渐走入农村，但是农民对这些现代体育项目的选择表现出比较冷淡的一面，相反，他们对一些带有传统文化特色的项目比较喜爱和欢迎。从这方面来看，我国农村公共体育服务模式构建也要重视这种本土化特征，助力我国传统体育文化的传承。正如传统武术一样，它是我国民族智慧的结晶，也是传统文化的代表，具有本土特征，它与农民的生产生活有着密切的练习，因此农民对其各方面的价值都比较认可。而且，传统武术对体育场地设施的要求不高，对农民选择其作为体育运动没有限制，而且不需要投入太多成本，因此非常适合在农村开展。在发展农村公共体育服务的过程中，要多从农民喜爱的本土项目出发，用本土化和民族化的项目满足农民的体育需求。即便借鉴城市体育发展的经验，也要尊重农村的实际和传统文化，找到一条适合农村体育发展的道路。

4. 集约化原则

目前，我国处于全面建设社会主义现代化国家的阶段，实施了全民健身、体育强国和乡村振兴等战略，在这些战略的实施过程中，包含着农村体育发展的内容，因此不能仅从自身发展的角度出发，而应从全局的角度出发，将农村体育发展融入国家发展的大战略之中，走集约化道路。要认清农村体育发展在国家整体发展中的价值，也不能过分强调农村体育发展，而应走农村公共体育服务与其他项目集约发展之路。

5. 城乡互动原则

虽然在过去的发展中，城市与农村逐渐分化，并且呈现了严重的不平衡性。城乡之间存在着巨大的发展差距，也就说明城市在体育发展方面处于领先地位，也有着发展体育的成功经验。在农村体育发展过程中，尤其是农村公共体育服务的发展过程中，可以向城市体育发展取经，借鉴城市发展的经验，这样可以使农村体育的发展少走弯路，大大加快农村体育发展的速度。其实，农村体育发展并非是农村自己的事情，在我国早期的发展中，由于政策的倾斜，城市得到了优先发展，这其实是农村做出一定牺牲的结果，在城市发展起来之后，自然就肩负着反哺农村，为农村体育发展助力的重任。因此，在构建农村公共体育服务模式时，城乡互动也是需要遵循的一大原则。

公益性、多元化、本土化、集约化、城乡互动是农村公共体育服务发展需要遵循的五大原则，也是我国农村公共体育服务发展模式转变的基础和前提。

（三）构建目标

目标的重要性不言而喻，任何事物的发展都要以目标为指向，我国农村公共体育服务体育发展模式的目标如下。

1. 准确定位农村公共体育服务的价值群体

发展农村公共体育服务，最终目的就是为了满足生活在农村中的农民的体育健身需求，通过推动农村体育的发展实现整个国家的强大。由此可见，我国农村公共体育服务的价值群体就是农民。享受公共体育服务就是农民的权利。我国对农村等问题非常重视，多次发布一号文件关注相关问题。对"三农"问题的关注就涉及对农民权利的保护。在长期的发展过程中，由于政策向城市倾斜，对农村的发展没有给予足够的重视，农民的权利也没有得到充分保障。随着社会的进步和管理体制的改革，我国对农村的发展日益重视，城市的发展也为农村的发展奠定了基础，因此，在当前发展农村公共体育服务时，尤其要重视农民合法权利的保护，时刻关注农民的体育需求，保证农民的当家作主的地位。

对于农民的权利来说，比较受人关注的是经济权利和文化权利。当今，农民的主体地位得以稳固，必须要明确农民的体育权利，让农民体现出真正的体育需求，为农村公共体育服务的发展定好位，指明方向。明晰农民的体育权利和实际体育需求是农村公共体育服务发展的重要前提和基础。

2. 明确确定农村公共体育服务的发展导向

农村公共体育服务的发展始终要以农民公共体育需求为主要着眼点。随着社会经济的发展，农民的生活条件大大改善，农民对体育的需求也日益多样化，这种需求也不断高涨。在农村公共体育服务发展中，必须始终坚持以满足农民日益增长的体育需求为先。现阶段，农民公共体育需求呈现出一定的特点，主要从两个方面反映出来，如图6-13所示。

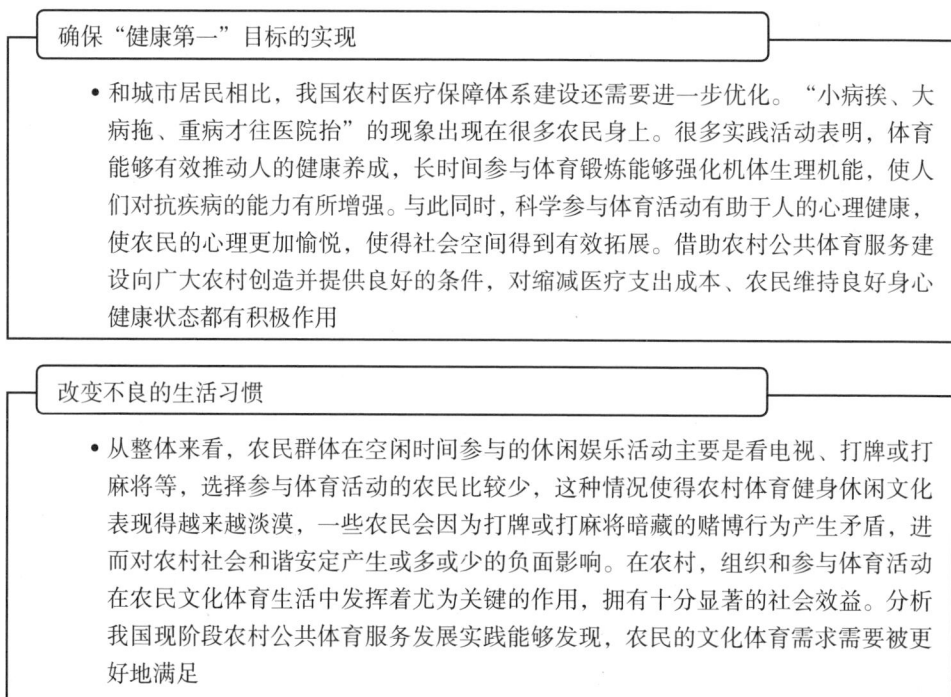

> **确保"健康第一"目标的实现**
>
> • 和城市居民相比，我国农村医疗保障体系建设还需要进一步优化。"小病挨、大病拖、重病才往医院抬"的现象出现在很多农民身上。很多实践活动表明，体育能够有效推动人的健康养成，长时间参与体育锻炼能够强化机体生理机能，使人们对抗疾病的能力有所增强。与此同时，科学参与体育活动有助于人的心理健康，使农民的心理更加愉悦，使得社会空间得到有效拓展。借助农村公共体育服务建设向广大农村创造并提供良好的条件，对缩减医疗支出成本、农民维持良好身心健康状态都有积极作用

> **改变不良的生活习惯**
>
> • 从整体来看，农民群体在空闲时间参与的休闲娱乐活动主要是看电视、打牌或打麻将等，选择参与体育活动的农民比较少，这种情况使得农村体育健身休闲文化表现得越来越淡漠，一些农民会因为打牌或打麻将暗藏的赌博行为产生矛盾，进而对农村社会和谐安定产生或多或少的负面影响。在农村，组织和参与体育活动在农民文化体育生活中发挥着尤为关键的作用，拥有十分显著的社会效益。分析我国现阶段农村公共体育服务发展实践能够发现，农民的文化体育需求需要被更好地满足

图6-13　现阶段农民的公共体育需求

3. 实现国家公共体育服务的战略意图

农村公共体育服务是国家公共服务的重要组成，农村公共体育服务的发展，对于国家公共服务的均等化和总体水平的提升有着重要的意义。目前，我国各个体育事业发展面临着诸多困难，首先就是投入有限，导致服务水平有待提升，各地的公共体育服务存在巨大的地区差异。在公共体育服务的发展方面，我国东中西部地区存在着一定的差异，且这种差异有增大的趋势。农村公共体育服务的发

展，对实现各地区公共服务均等化方面有着极大的推动力。我国公共体育资源存在地区方面的不平衡现象，这是非常正常的现象，是由地区的环境和资源差异导致的。但是农村公共体育服务的发展，可以对其他多类活动产生作用，从而促进不同类型社会事业的发展，促进国家公共服务总体上的均等化。

4. 挖掘并归纳农村公共体育服务发展的实际经验

我国地域辽阔，各地的具体条件不同，也就造成了各地公共体育服务发展的不同。各地根据自身的实际探索发展农村公共体育服务的道路，取得了很多的成果。对这些成果进行分析，可以总结出农村公共体育服务发展的成功经验和一般做法，可以为各地农村公共体育服务的发展提供借鉴和理论指导，可以大大节省各地发展公共体育服务的时间和精力，助力各地公共体育服务的发展。

（四）构建模式

通过分析研究，结合我国农村公共体育服务发展实际，从可操作性出发，对于我国农村公共体育服务模式构建来说，可以有两个选择，分别是节庆、民俗发展模式和全民健身点模式。具体如图 6-14 所示。

节庆民俗发展模式

· 受我国区域特征的影响，各个地区在文化传承与文化变迁过程中形成了很多具备身体锻炼价值和文化传承价值的民俗体育项目，其中我国许多少数民族地区的民俗体育项目发展得尤为繁荣，丰富多彩的民俗体育项目使得当地的旅游内容更加多元化，成功吸引了一大批游客，使得节庆民俗体育在自治州旅游业中发挥越来越重要的作用

· 当前，节庆、民俗体育已经演变成一种特殊的公共体育服务发展模式。因为民俗体育拥有坚实的民众基础和较大的社会影响力，所以节庆、民俗发展模式能够更加有效地产生以政府投入与民间参与的可观收益，对农村公共体育服务的稳步发展有显著的积极作用。与此同时，节庆、民俗体育发展模式更是一种活动引领的公共体育服务发展形式。发展与推动主体均为政府部门，地域节庆、民俗体育发展模式被正式确立之后，地方政府往往会在固定时间组织集纪念价值、文化价值、传播价值、推广价值于一身的集体性活动。在完成类似的集体性活动的准备工作时，不但要建议具备针对性特征的投资建设场地设施，而且要建立达到各项要求的组织机构与经常性训练等，由此就产生了政府针对攻公共体育服务的投资行为

全民健身点模式

- 政府是农村公共体育服务发展的关键主体，为有效加快农村公共体育服务发展速度采取了很多项措施，然而能够扎根于基层、全面掌握基层情况的则是全民健身（苑）点，这是政府以公共体育设施为主的投资形式。为从根本上改变过去投资体育场地设施的政策取向，地区政府先后推动包括公共体育指导服务、公共体育信息服务等软性服务在内的供给
- 政府是投资农村体育健身（苑）点形式的主体。在城市化背景下，当地政府可以利用当地体育行政部分的预算内资金或体育彩票公益金，选择满足相应条件的村落公用地，来建设符合广大农民健身休闲需求的体育设施

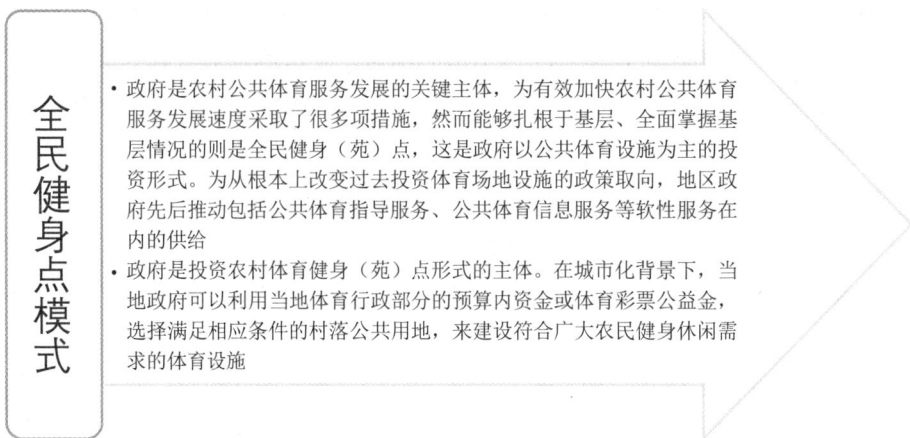

图 6-14　我国农村公共体育服务构建模式选择

　　无论是节庆民俗发展模式，还是全民健身点模式，在我国各个地区它们都是比较常见的。需要注意的是，无论选择何种模式，必须要与当地的实际情况相符合，要融入当地的社会发展过程中，将体育事业发展的价值凸显出来，从而为农民实现自己的体育健身需求提供服务。

第三节　农村体育制度建设情况研究

一、体育制度概念、内涵与功能

（一）体育制度的概念

　　为了实现体育的目的与任务，国家会建立一些负责体育工作的政府机构和社会组织，同时这些机构和组织也会制定和实施各种与体育相关的规章制度和措施，所有这一切的总和就是体育制度。关于"体育制度"一词，《中国大百科全书》中给出了明确的解释：体育制度是指国家体育机构和社会组织，以及由他们制定并实施的各种规章制度、条例、办法的总称。

　　体育制度的产生有着一定的过程，它是社会发展的产物，是在体育成为独立事业的过程中建立起来的。影响体育制度的因素有很多，如社会生产力、科技、

文化等，其中对体育制度起到决定性作用的是社会生产力和生产关系。而且体育制度随社会制度的不同而不同。

体育制度的建立与发展，离不开社会制度的影响，也离不开体育实践打下的基础。对于我国的体育制度来说，其出发点就是发展社会主义体育事业，其形成既有对我国传统体育制度的继承，也有对外国有益经验的借鉴。与以往的体育制度相比，我国现行的体育制度有着本质的区别。其差异性如图6-15所示。

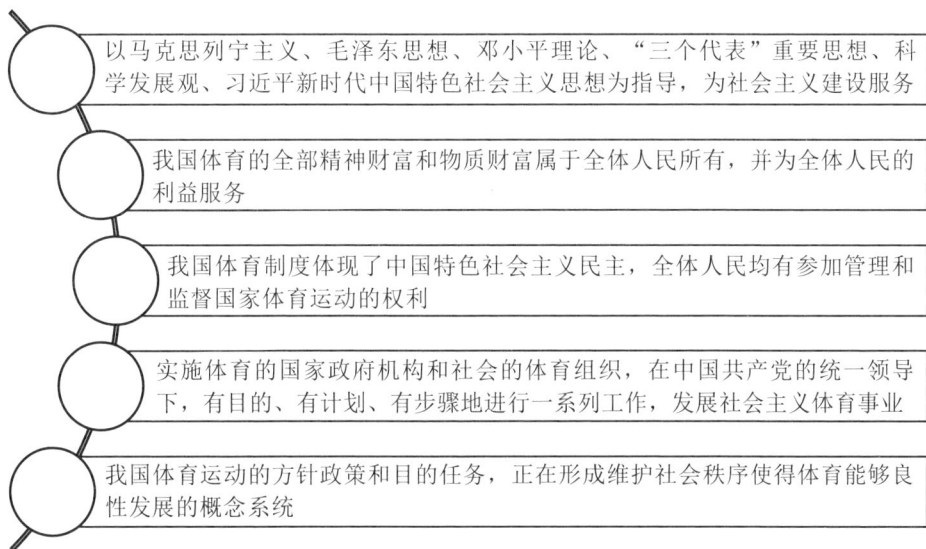

以马克思列宁主义、毛泽东思想、邓小平理论、"三个代表"重要思想、科学发展观、习近平新时代中国特色社会主义思想为指导，为社会主义建设服务

我国体育的全部精神财富和物质财富属于全体人民所有，并为全体人民的利益服务

我国体育制度体现了中国特色社会主义民主，全体人民均有参加管理和监督国家体育运动的权利

实施体育的国家政府机构和社会的体育组织，在中国共产党的统一领导下，有目的、有计划、有步骤地进行一系列工作，发展社会主义体育事业

我国体育运动的方针政策和目的任务，正在形成维护社会秩序使得体育能够良性发展的概念系统

图6-15　我国现行体育制度与旧体育制度的差异体现

我国地域广阔，人口众多，受此影响，我国体育制度的发展存在着地区发展不平衡性的情况，部门地区的文化和经济还比较落后。对于我国社会主义体育制度建设来说，许多工作都是创造性的，没有现成的经验可供参考，因此在完善中还存在着一些问题，尤其是在发挥社会体育组织作用、调动人民群众体育参与的积极性方面还存在不足。发展我国特色的体育制度，任重道远。

（二）体育制度的内涵

体育制度的内涵独特，对于我国体育制度来说，其内涵主要反映在图6-16所示的几个方面。

一	• 是以提高国民身体素质、保障国民身体健康为根本任务的社会体育制度
二	• 是以培养社会主义德、智、体全面发展的综合素质人才为目标的学校体育制度
三	• 是以为国争光并体现和平、友谊、公正为特征的竞赛体育制度
四	• 是以娱乐、消遣、观赏为一定目的，以提高公民的生活质量、促进精神文明建设为目标的体育文化制度

图 6-16　体育制度的内涵

建立体育制度是我国体育事业获得进一步发展的有效途径。体育制度的存在能够让社会成员明确其意义，并对体育制度和各种规范进行依存、监督和改造。通过体育制度的指导，体育运动行为会逐渐变得有目的、有计划、有组织的，体育运动的目标和体育价值观念也能够通过体育制度得以阐明。

（三）体育制度的功能

在体育文化的发展过程中，体育制度体现出了三大供能，分别为导向功能、社会整合功能、文化传递功能，具体如图 6-17 所示。

二、我国农村体育制度概况

面对人民日益增长的体育健身需求，我国大力发展体育事业，不仅颁布了《全民健身计划纲要》，还加大资金投入，加强各类体育场地设施的建设，为群众参与体育运动提供条件，为人民健身提供了方便，为国民体质增强夯实了基础。

（一）我国农村体育制度的基本内容

农村体育制度包括的基本内容有很多，如图 6-18 所示。

行为导向功能

- 表现在体育制度通过规定体育运动中行为的模式，以鼓励或禁止某一体育运动中行为的方式，使社会成员明确在体育活动中应该怎么样做，或不应该怎么做，它是促使个人或群体顺利完成体育规范化的必要条件

社会整合功能

- 表现在体育运动中干预越轨的行为，根据行为的偏离程度，对在体育运动过程中的越轨者给予批评教育、惩罚或制裁，从而起到整合的作用

文化传递功能

- 表现在它把过去人类创造的体育文化保存下来、继承下去，并不断地创造出新的体育文化，以促进体育的发展

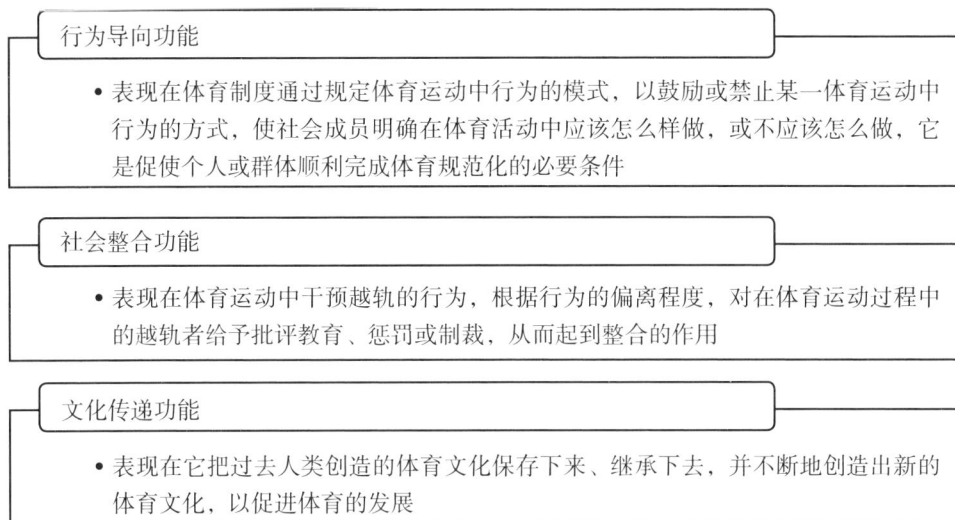

图 6-17　体育制度的功能

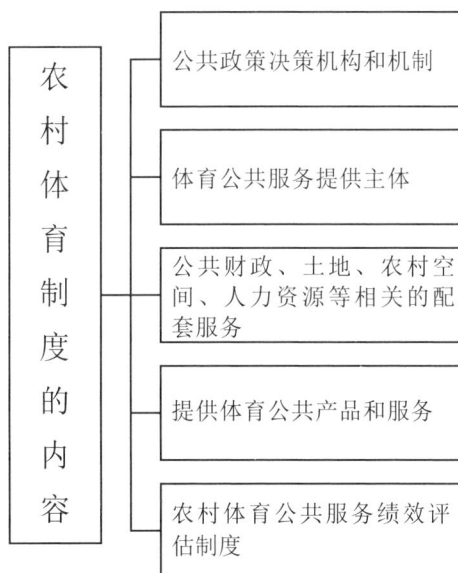

农村体育制度的内容

- 公共政策决策机构和机制
- 体育公共服务提供主体
- 公共财政、土地、农村空间、人力资源等相关的配套服务
- 提供体育公共产品和服务
- 农村体育公共服务绩效评估制度

图 6-18　农村体育制度的内容

从政府施行公共管理的角度来看，体育公共服务一般可以包括六类服务，如图 6-19 所示。

图 6-19　体育公共服务的内容

（二）我国农村体育制度的基本状况

1. 组织机构与管理

我国现行的体育管理体制，建立了比较严密的体育管理组织系统。具体如图 6-20 所示。

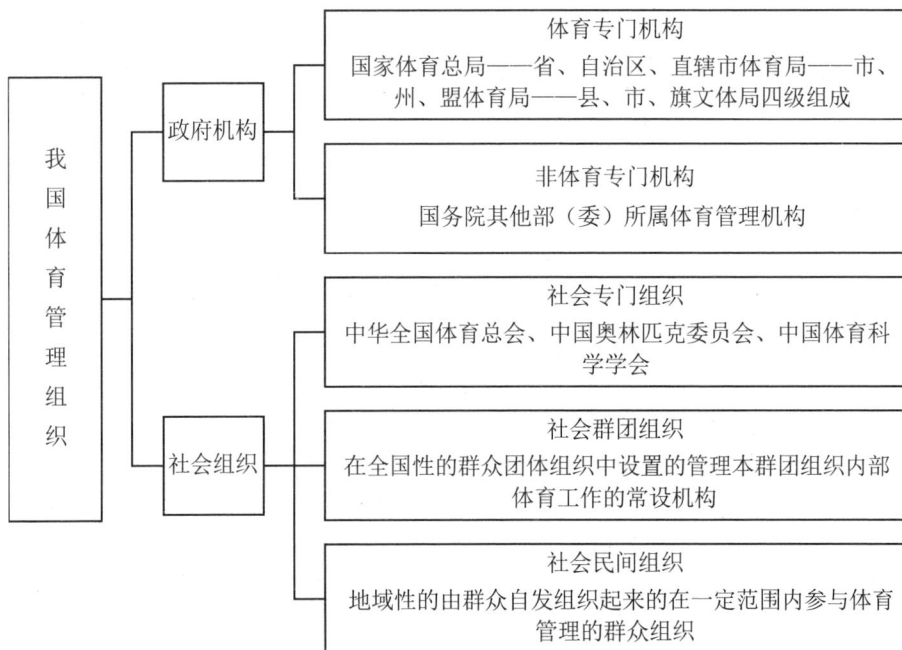

图 6-20　我国体育管理组织

154

2. 制度保障、法规与文件

构建全民健身服务体系是《全民健身计划纲要》中提出的重要工作，这项工作是一项复杂的工作，其中重难点在农村。中共中央、国务院《关于进一步加强和改进新时期体育工作的意见》明确提出，要大力扶持农村体育事业发展，重点做好体育场地设施建设工作，为群众参与体育活动提供方便，这就属于全民健身服务体系构建的重要内容。

近年来，各省、市（直辖市）、自治区以及各地（市）、县（市）都相继出台了有关全民健身工程和农民体育健身活动的文件，从制度上确保国家体育健身工程的有序开展。这些文件对农村农民体育的规范和发展所产生的巨大影响，有许多已初步显现。

3. 经费保障、投入及来源

农村体育来源主要是上级主管部门拨款、政府拨款和政府财政资金补贴三大块。此外，近几年，国家加大了对农村体育基础设施建设的投入。为了促进地方体育事业的健康、较快发展，各地各级政府除从国家财政拿到一定数额的建设资金外，又都从本级财政划拨出专款用于农村基础体育场地的建设。

三、农村体育制度建设

制度建设是一个动态的过程，需要经历制定、执行、检验和完善等环节。通过制度的不断完善，追求更高的效益。关于制度建设，一般包括三方面内容：一是制定公共规则，二是保证规则执行，三是坚持公平原则。

农村体育制度的制定和执行，分两个阶段，首先是制定，而后是执行。也就是说，要科学合理地制定制度，然后按照制度要求狠抓落实与执行，才能收到事半功倍的效果。随着《中共中央、国务院关于进一步加强和改进新时期体育工作的意见》的颁布，各省、市、自治区都相应地制定了符合当地体育事业的发展规划。

群众体育在乡村振兴、和谐社会构建中发挥着不可替代的作用，全面推进乡村振兴，构建社会主义和谐社会，为农村体育的发展提供了广阔的发展空间和发展条件。但要实现较高的、较全面的、较平衡的、惠及十几亿人口的群众体育规模和水平，群众体育事业面临的压力也是空前巨大的，不仅有资源供给压力，还有社会管理与公共服务压力。因此，当前研究和制定具有前瞻意义的农村体育制度，十分必要也十分重要。

第七章　中国农村体育文化贫困治理的路径

　　发展农村体育文化是满足人民日益增长的美好生活需要的要求，是实现乡村振兴战略的重要内容，也是实现中华民族伟大复兴梦的应有之义。发展农村体育文化，必须对存在的农村体育文化贫困进行有效治理。随着我国经济社会的发展，治理农村体育文化贫困，发展农村体育文化事业有着诸多有利条件，在有利条件的基础上，采取科学的治理路径，一定能解决农村体育文化贫困，发展好农村体育文化。

第一节　中国农村体育文化贫困治理的有利条件

一、小康社会建成夯实物质基础

　　对于党和国家来说，2021年是一个具有里程碑意义的一年。这一年是中国共产党成立100周年，在7月1日举行的庆祝大会上，习近平总书记庄严宣布，我国完成了脱贫攻坚，全面建成了小康社会。小康社会的全面建成，标志着我国经济获得了高质量发展，人们的生活水平得到提高，国民素质也得以提升，我们有了更成熟的各方面制度。随着小康社会的建成，农村进入新的发展阶段，农民的物质需要得到满足，并且有了一定的物质基础，从而可以追求更高层次的需求，农村体育的发展有了坚实的物质基础。

二、先进治理思想提供理论遵循

　　社会治理关系社会建设和国家治理，是两者的重要组成。我国要推进国家治理体系和治理能力现代化，其中一项重要工作就是推进社会治理体系和治理能力的现代化。党的十八大以来，习近平总书记在一系列重要讲话中，提出了创新社会治理的新思想新理念。这些新思想和新理念，为我们推进社会治理创新提供了方向和指导，有着巨大的现实价值。习近平总书记的社会治理思想也为我们治理农村体育文化贫困，发展农村体育事业提供了理论遵循。

三、国家文件出台给予政策支持

在我国，无论是三农问题，还是体育事业，都受到了党和国家的极大重视。关于三农问题，国家每年都会出台一号文件专门对农村的发展进行部署安排。党的十八大以来，关于农村发展，又提出了乡村振兴战略，这为乡村发展描绘了蓝图，也为乡村发展给予了支持。关于体育事业的发展，从《全民健身纲要》的推出，到体育强国的建设，再到健康中国的建设，各种文件的出台，体现了国家对体育事业发展的关注和重视。农村体育涉及农村和体育的发展，这些政策的出台，给予了巨大的支持。

四、国外发展经验启示可供借鉴

（一）国外体育事业发展的经验

国外体育事业起步早，发展快速，积累了大量的经验，对我国农村体育事业的发展有着积极的意义。

1. 通过建立机构和制定法律加强对农村体育的管理

许多国家建立组织机构，通过组织机构对体育的开展进行管理。20 世纪 80 年代，美国成立"总统健康和体育委员会"，以促进体育在民众中的开展。各种力量的结合促进了美国社会体育组织的生长，这大大影响了美国体育的发展。体育是促进社会发展的重要因素，美国的联邦政府、州政府和地方政府社区因此对体育高度重视，其休闲和管理部门负责基础体育的发展。联邦政府管理体育主要是采用立法的方式，以此保证公民参加体育的权利，为其提供体育运动开展的设施与场地，为其提供基本的物质支持。一些州则制定各种户外休闲计划并对社区的体育活动开展情况进行监督。对于日本来说，业余体育协会是其全国性的体育组织，日本对全国各种体育活动的管理就是通过业余体育协会以及在都、道、府、县的地方组织实现的。

法律手段也是美国政府管理体育的重要手段。美国为促进体育发展，制定一系列专门性法律。从 19 世纪中期开始，美国就有了立法活动，1886 年加利福尼亚州通过了美国历史上的第一个体育立法。而 1919 年美国国会提出的《体育法案》，则是美国历史上第一个全国性体育立法。除此之外，美国还有《业余体育法》等，通过各种各样的法律，保障公民的基本权利，为公民从事体育运动提供保障，进行依法管理。在体育立法方面，日本处于领先地位，1972 年，日本制定关于以区域和人口的数量为依据配置体育运动设施的规定。后来又出台了《学校体育设施对外开放法令》《城市公园法》《自然公园法》等，为群众的体育锻炼提供了法律保障。

2. 通过宣传扩大体育影响力

体育影响力的扩大离不开媒体的宣传。许多国家为了促进体育发展，利用电视、广播、电影和报刊等媒介进行宣传，传播了体育知识和体育锻炼的重要意义。在美国，每年出版的有关体育运动的图书和杂志有上千种之多，体育节目在各大全国性电视台的播放时长也近 2000 小时。为了扩大体育的影响力，促进体育的广泛开展，许多国家名人都会参与各种体育运动的宣传活动。如美国前总统里根和克里顿都曾亲自参加全国性的体育活动，并借助新闻媒介扩大影响力。

3. 采用多样化的体育锻炼手段和形式

体育运动的种类多种多样，进行体育锻炼也要灵活多变，采取多样化的手段和形式，可以是全面发展的练习、运动竞赛、户外运动，也可以是健美练习、积极休息活动等。图 7-1 所示是一些西方国家的多样化体育锻炼手段和形式。

4. 多方筹措资金，扩建体育设施

体育活动的开展需要一定的场地和设施，体育场地和设施的建设以及体育活动的开展都需要资金支持，为此，要大力发展体育，首先需要解决经费问题。各个国家都从各自国情实际出发制定了相应的筹资办法。美国政府对体育发展高度重视，在体育方面投入大量资金，用于体育运动媒体宣传、图书出版、场馆建设方面。此外，美国体育发展经费的筹集还有俱乐部会费、体育彩票、体育广告、企业赞助、体育基金会等多种渠道。日本对体育运动的重视程度也很高，不仅注重青少年体育锻炼，还鼓励中老年开展体育活动，日本体育发展早，内容和形式丰富多样，体育场馆多，已在世界居于领先地位。日本发展体育事业的资金主要有三大来源，分别为政府拨款、各单项协会上交经费和企业赞助费及会费、门票收入等。对德国而言，其开展体育运动的资金主要靠德国体联的收入，包括俱乐部会费、体育彩票、体育赞助、体育广告收入等。

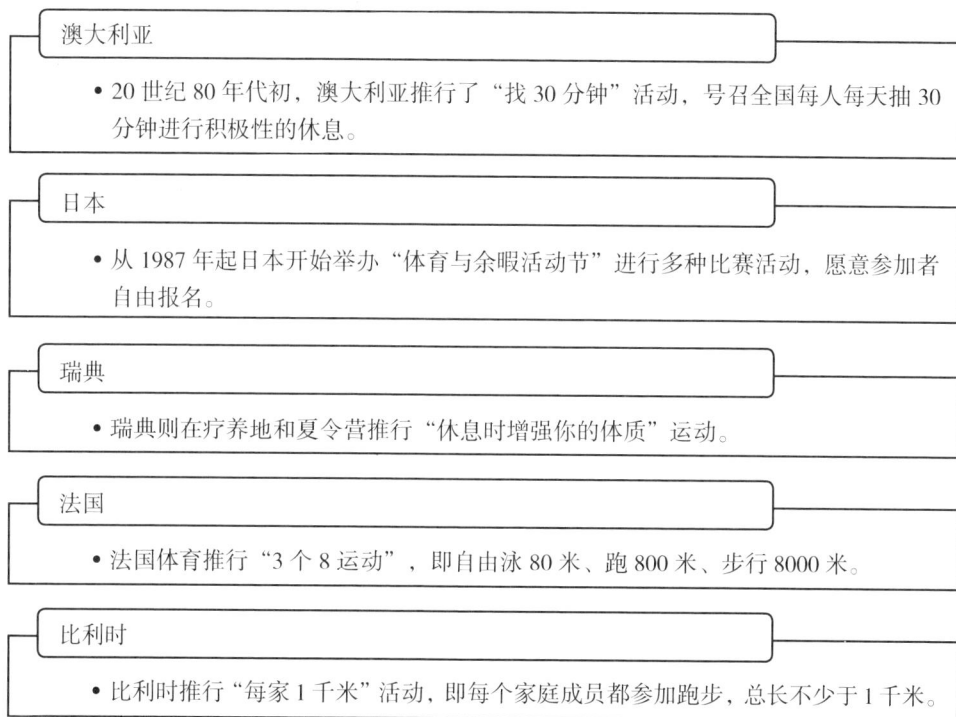

澳大利亚
- 20 世纪 80 年代初，澳大利亚推行了"找 30 分钟"活动，号召全国每人每天抽 30 分钟进行积极性的休息。

日本
- 从 1987 年起日本开始举办"体育与余暇活动节"进行多种比赛活动，愿意参加者自由报名。

瑞典
- 瑞典则在疗养地和夏令营推行"休息时增强你的体质"运动。

法国
- 法国体育推行"3 个 8 运动"，即自由泳 80 米、跑 800 米、步行 8000 米。

比利时
- 比利时推行"每家 1 千米"活动，即每个家庭成员都参加跑步，总长不少于 1 千米。

图 7-1　一些西方国家的多样化体育锻炼手段和形式

5. 发挥基层政府在体育管理中的作用

在体育发展过程中，各个国家都意识到基层政府在其中的重要作用，纷纷进行机构改革，加强基层政府对体育的管理。各个国家加强基层政府对体育管理的手段见图 7-2 所示。

6. 通过社会团体提升管理专业化水平

在体育事业发展中，政府起着主导作用，尤其是在早期，体育管理都是政府行为。在 20 世纪 90 年代以后，各国积极进行改革，调整政府在体育管理中的角色，鼓励各种社会体育团体的发展，并积极发挥社会体育团体的作用，在国家发挥宏观管理职能的基础上，加强社会体育团体对体育的管理，不断提高体育管理的专业化和层次化，促进了体育事业的快速发展。

比利时	• 比利时1980年以来，将全国分为荷兰语、法语、德语地区，各地区分别独立地管理本地区的体育活动。
英国	• 英国1993年通过政策提案把英格兰、苏格兰、威尔士和北爱尔兰的体育理事会确定为体育政策的执行机构，扩大了行政权力。
西班牙	• 西班牙将体育行政权利下放到17个自治州。
日本	• 日本最基层的体育组织是社区组织。它的体育组织机构从性质上可分为政府机构、社会团体、民间组织三类。日本于1995年5月制定了《地方分权推进法》，将政府对体育的行政管理从严格的上下级的行政隶属关系向基层社区自主管理转化，使得社区体育蓬勃发展。

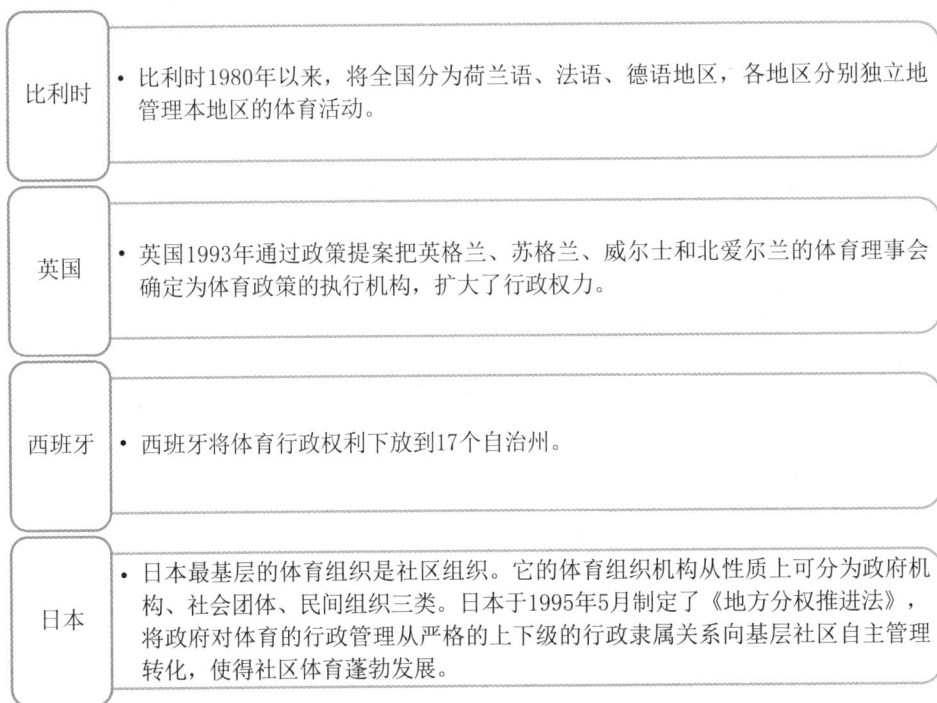

图7-2　各个国家加强基层政府对体育管理的手段

7. 志愿者无私奉献

西方体育的发展，离不开志愿者的无私奉献，可以说志愿者的无私奉献是西方体育蓬勃发展的基石。在美国，参加社区服务活动的志愿者1994年就有3800万人，其中有2000万人参加社区体育志愿服务活动。在德国，志愿者同样发挥了重要作用，通过志愿者的服务，国家每年可以节省40亿马克的支出。在西方，志愿者也是大多数社会体育指导员的担任者。在日本，要成为社会体育指导员，必须花费一定的费用，经过专门的培训才能获得资格。但是，其提供的却是无偿服务。

（二）国外体育事业发展的启示

中国体育起步水平低，发展开始时间晚，经过几十年的发展，尤其是改革开放后，取得了一定的发展成果，但仍存在不少问题和不足。如政府投入资金有限；体育运动场地和设施数量少，供不应求；体育运动参与人口少，城乡不平衡，农村体育发展落后；参与体育锻炼的人群存在较大的年龄差异，年轻人少体质差，中老年人锻炼热情高涨，人数多。对于社会进步来说，体育发展水平是重要衡量指标。我国体育运动发展与国外存在较大差距，无论是在资金投入、场地数量，还是体育参与人口方面都存在短板，因此必须根据实际情况进行发展。发展体育运动，群众的参与是关键，必须大力投入体育经费，既要重视竞技体育的发展，也要重视群众体育的发展，做到两手抓两手都要硬。要顺应市场经济发展潮流，发展体育市场要面向社会，按市场规律办事。发展体育要从转变群众的体育价值观出发，倡导国民树立花钱买健康的观念，在国民中培养正确的体育价值观，增强公民参加体育的意识和生命在于运动的观念、体育是文明健康生活方式组成部分的观念、自我健康投资观念、科学健身观念。要加强体育宣传工作，利用新闻媒介形成正确舆论导向，出版体育运动的相关图书和音像制品，给人们进行体育锻炼给予指导。发展农村体育，需要完善管理机构，通过体育管理网络的建立，发挥群众体育团体和基层体育组织的作用，设立多种项目、多种形式、不同规模的社会体育指导中心、群众体育协会、俱乐部，形成覆盖面广、包容量大、适应性强的新型组织管理体系。建立社会体育指导员队伍，提高其组织能力和技术水平，要面向社会，面向群众，能对全民健身活动进行有效组织和指导。在发展体育事业时要与我国国情相结合，挖掘我国民族传统文化和历史遗产，积极推广。扩展体育发展资金筹资渠道，在政府拨款的基础上，鼓励社会和个人投入，加大资金在体育场地设施建设中的投资力度，提高现有场地设施利用效率。按计划、有步骤地加强体育公园、健身园地的建设，为人民群众参与体育运动提供便利。要注重社会各个群体的体育发展，以青少年儿童为重点，从儿童抓起，进行体育教育，促进全民健身和终身体育的发展。农村体育是体育发展的重点，要重视工农民的体质和健康水平，提高我国国民体质与健康的整体水平。

（三）国外体育事业管理模式的借鉴

1. 宏观管理体制的模式

国家在体育事业发展管理中起着宏观作用，其主要通过财政、法制、经济和社会动员等方法进行管理，其中经济方法是一种切实可行的手段。

在大众体育组织发展中，政府起着四个方面的作用，为组织的发展提供了物质与技术上的支撑，具体作用如图7-3所示。

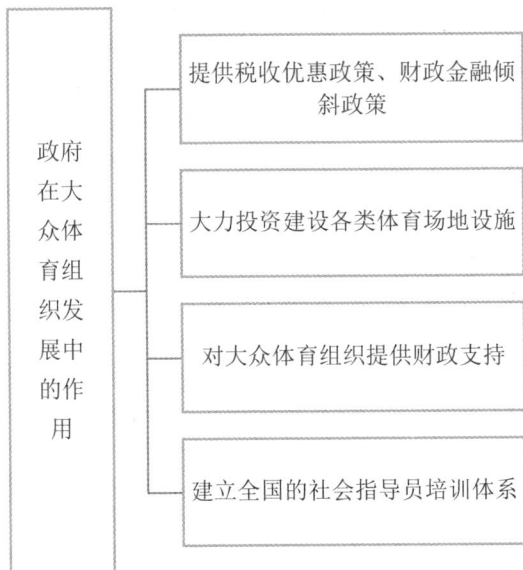

图 7-3 政府在大众体育组织发展中的作用

在推动基层体育组织发展方面，政府也起着很多的作用，具体如图7-4所示。

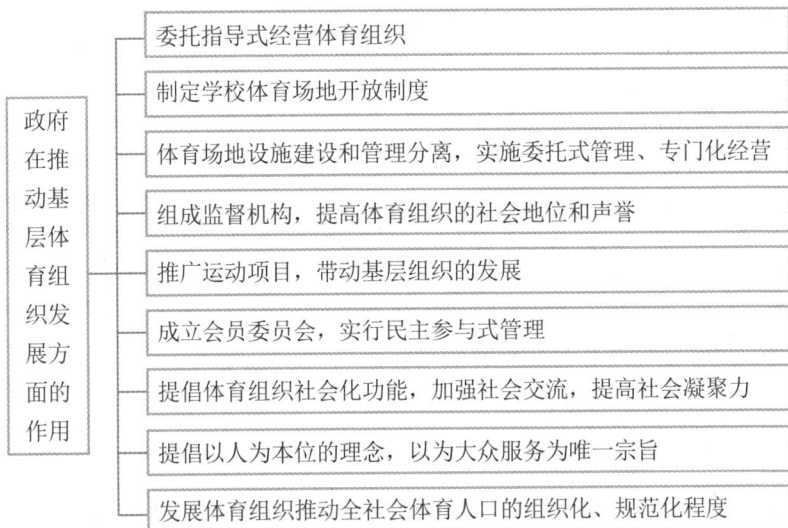

图 7-4 政府在推动基层体育组织发展方面的作用

通过对国外大众体育管理模式的观察和分析，以政府部门与社会组织的关系类型为标准，大致可以将其分为三种管理体制，分别为以日本为代表的垂直控制型管理体制、以德国为代表的社团自治型管理体制以及以美国为代表的沟通协调型管理体制。

三种管理体制有着各自的特点和不同，具体如图 7-5 所示。

> **垂直控制型管理体制——日本**
>
> - 中央政府或国家体育组织统一负责管理大众体育事务，管理组织相对比较集中和单一，由上而下推动体育运动的开展。实行中央级、都道府县级、市区町村级三级模式。最高级别的体育社会团体——日本体育协会直接受文部省领导和监督，并贯彻其政策意图和执行其具体决定。下设都道府县和市区町村教委体育保健科。文部省体育局下设大众体育科、竞技体育科和体育科，其主要负责制定国家支持体育的有关法令、政策，而日本体育事务主要是通过日本体育协会得以贯彻、实施的。

> **社团自治型管理体制——德国**
>
> - 体育组织独立于政府，享有高度自治性。德国政府没有专门管理体育运动和确定体育政策的政府部门，把体育管理的权力交给了社会体育组织。地方一级政府对体育运动的支持主要体现在大众体育和娱乐体育的支持上。在许多情况下，体育俱乐部可以自由地使用公共体育场、体育馆和游泳池。城市和社区体育办公室负责管理、维修和翻新社区体育设施。

> **沟通协调型管理体制——美国**
>
> - 地方政府在发展体育方面具有重要的作用；体育社会化程度比较高，管理机构相对比较广泛，分权化、社会化现象就比较明显；体育俱乐部是推动体育发展的重要组织形式。政府没有专门的体育主管部门，也没有单一、垂直的权威机构来负责全面的体育协调工作。多个专门的社会组织和私人企业在体育运动发展中扮演着主要角色。各级组织之间、政府机构与各级组织之间不是单向的管理与控制的关系，而是双方在法律的基础上，实现相互合作、相互依赖、共同发展。政府机构在各级体育组织之间不履行管理职能，也没有权威，其主要作用表现在信息传播、健康宣传和联系沟通方面。

图 7-5 国外大众体育管理模式的分类及代表

2. 运行机制的模式

国外大众体育管理运行机制，即各级组织上下级之间、横向之间的关系，主要有两种模式。一种为统一化、集中化管理模式，另一种为分散化、多元化管理模式，如图 7-6 所示。日本与美国是两种模式的代表。对于统一化、集中化管理模式来说，具有等级性，通过一个权力重心实现了统一，而分散化、多元化管理模式是自愿形成的，其前提和基础就是信任与合作，这个模式中的个人和群体通过自愿寻找办法，实现与其他个体或组织的结合。

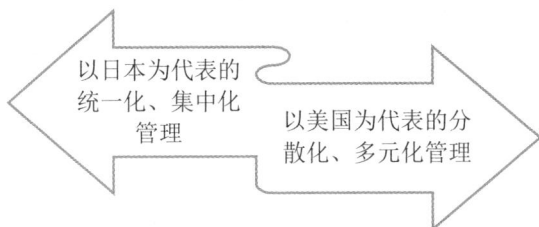

图 7-6　日本与美国的大众体育组织运行机制模式

第二节　科学治理，破解文化困境因素

一、构建小城镇、学区、社区和家庭四位一体的农村体育发展新模式

农村体育发展模式指的是为适应我国社会主义新农村建设的发展要求，以已有的外部发展条件为基础，通过体育事业的内外部结构反映出来的资源利用或发展的途径，它是一种理论概况，主要涉及农村体育发展的指导思想、基本原则、目标、内容等（图 7-7）[①]。我国农村体育事业的基本发展模式如图 7-8 所示。

---

① 刘巍 . 新农村体育事业发展问题研究 [M]. 北京：中国物资出版社，2009.

新农村体育事业发展模式

模式的指导思想　模式的基本原则　模式的目标体系　模式的内容体系

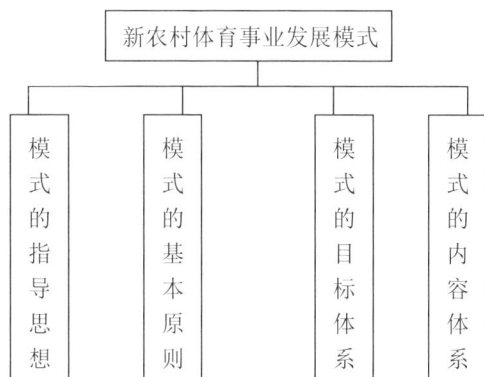

图 7-7[①]　农村体育事业发展模式构成

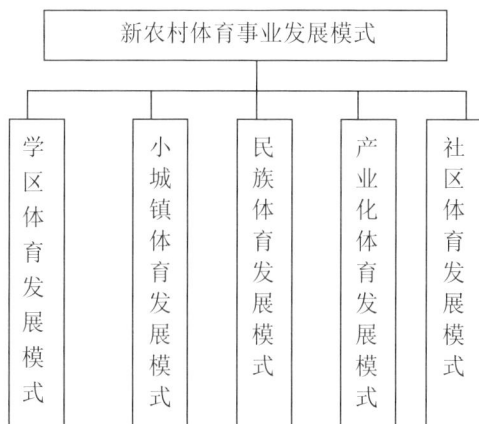

新农村体育事业发展模式

学区体育发展模式　小城镇体育发展模式　民族体育发展模式　产业化体育发展模式　社区体育发展模式

图 7-8　农村体育事业发展基本模式

　　现阶段，我国农村体育事业发展模式存在着诸多的问题，主要表现在资源不统一、全员参与性低、管理僵化等方面。在社会转型的关键时期，在新农村发展目标（全民健身服务目标、个体健康目标，农村和谐发展目标，图 7-9）的指引下，变革传统的模式，构建适应我国新农村发展目标的体育事业发展新模式是解决这些问题的有效途径，因而显得十分必要且重要。小城镇、学区、社区和家庭四位一体的农村体育发展模式就是与新农村发展目标相适应的一种可行模式。

---

① 刘巍. 新农村体育事业发展问题研究 [M]. 北京：中国物资出版社，2009.

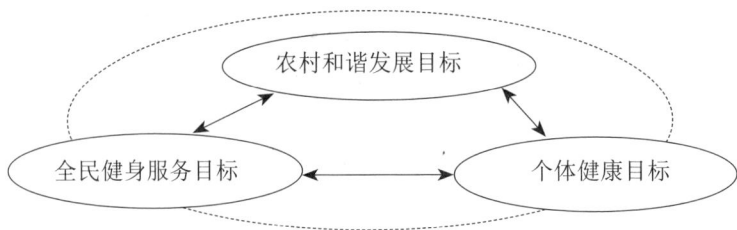

图 7-9　新农村发展目标

目前来看，在为农民提供体育服务方面，社会、社区和学校没有做到协调统一，在新农村体育发展指导思想与目标的指引下，我们应建构小城镇、学区、社区和家庭四位一体的多元化农村体育发展新模式。这种多元化农村发展模式综合了四大构成主体的优势，有利于优势互补，也就有利于充分发挥新模式的功能，打破各单位在体育服务方面的隔离现状，加强资源整合，有效解决农村体育发展中的问题，使农民体育锻炼和体育教育的需求得到更好的满足。

（一）建立四位一体化农村体育发展的组织网络

四位一体化农村体育发展模式组织网络如图 7-10 所示。该模式不仅可以保障农民连续学习体育，而且可以对其学习空间进行延续，促进各体育部门间的沟通协商，统一大目标和大方向。此外，政府、社会、学校、家庭都会尽一切可能提供支撑，使农民的体育文化需求得到满足，并做好体育文化的普及工作，从而助力农民文化生活质量的提高。建立一体化体育组织网络有利于形成体育社会化局面，有助于形成多层次、多渠道、网络化的大体育格局，从而推动农村体育事业的可持续发展。[①]

（二）建立四位一体化农村体育活动内容体系

在多元化农村体育发展模式下，开发与农村和农民特点相适应的内容是实现农村体育建设形式多元化的要求。农村体育的活动内容要与农民的体育需要相符合，要与农民的兴趣爱好相符合，更要密切联系农村的生产生活特点，还要带有一定的乡土气息和现代气息。具体来说，不同地区选择的体育活动内容存在差异性，这是由各地的条件和文化决定的。东西部地区主要的农村体育活动内容如图 7-11 所示。

---

① 刘巍. 新农村体育事业发展问题研究 [M]. 北京：中国物资出版社，2009.

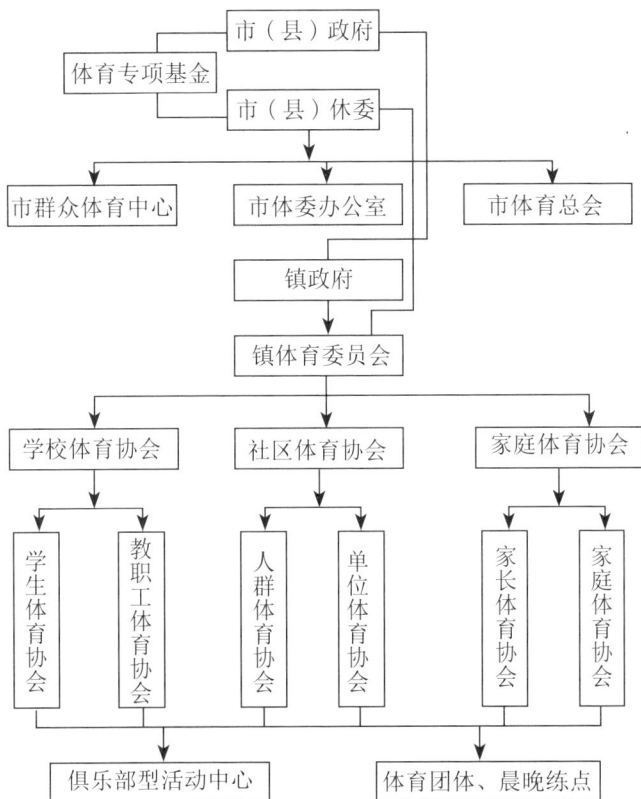

图 7-10[①] 四位一体化农村体育发展模式组织网络

```
东部地区
• 东部地区经济条件好,可开展对场地设施要求较高,且需要专业指导的项目(网球、
  游泳、旱冰、健美操等)
```

```
中西部地区
• 中西部经济发展落后的地区,可以开展经济实用、可操作强、简单易行的项目(散
  步、跑步等)。西部农村地区应充分利用西部大开发的机遇,整合当地自然资源
  和民族体育文化资源,在考虑当地地形地貌、气候等自然环境特点的基础上开发
  特色项目,如登山、攀岩、滑雪、探险、极限运动等
```

图 7-11 东西部地区主要的农村体育活动内容

---

① 刘巍. 新农村体育事业发展问题研究 [M]. 北京:中国物资出版社,2009.

（三）建立四位一体化农村体育保障体系

四位一体化农村体育发展模式要想得到可持续发展，需要一定的保障体系，依据多元化发展目标，从城镇、学校、家庭和社区体育发展的实际出发，可以建立四位一体化农村体育保障体系，包括五个方面的内容，具体为体育服务经费系统、体育设施保障系统、体育服务保障系统、体育人才保障系统及体育制度保障系统等（图 7-12）。[①]

四位一体化农村体育保障体系中的五个系统有着各自的子系统，并根据发展目的确定子系统的任务，各个系统之间相互联系、协调配合，相辅相成，从而最大程度地发挥保障体系的整体功能。

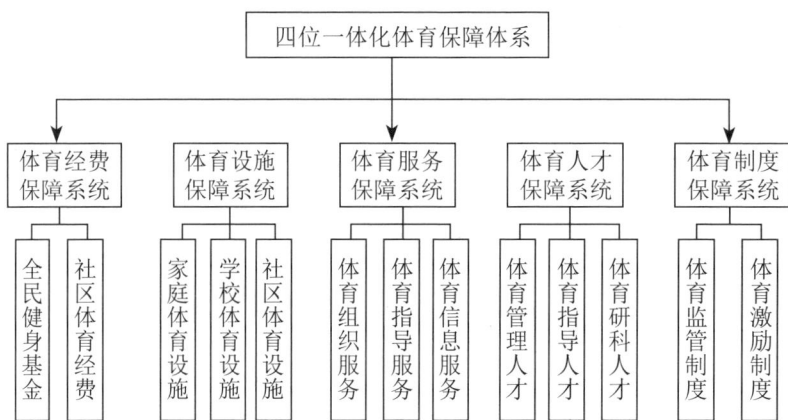

图 7-12[②]　四位一体化农村体育保障体系

二、加强农村体育精神文化建设，创建良好农村体育文化氛围

农村体育文化贫困最根本的是农民体育文化贫困，尤其是农民体育精神文化贫困，而要治理农村体育文化贫困，发展农村体育，必须发挥农村体育精神文化的引领作用，甚至精神文化的引领要优先于物质文化的保障。因此，必须从农村体育文化贫困的主体——农民入手，进行体育精神文化扶贫，加强农村体育精神文化建设。

加强农村体育精神文化建设，关键是培养农民正确的价值观念。体育的发展

---

①　刘巍.新农村体育事业发展问题研究 [M].北京：中国物资出版社，2009.

②　刘巍.新农村体育事业发展问题研究 [M].北京：中国物资出版社，2009.

需要体育价值观念的引导，农民参加体育活动的积极性与自觉性直接受其体育价值观的影响。转变广大农民的体育观念，不能就体育论体育，必须要从教育入手，在提高广大农民科学文化知识水平的同时，对农民进行体育文化知识技能的教育。面向广大农民对科学健身的知识进行普及，普及方式有召开专题讲座、发放科学健身指南、张贴有关健身的宣传海报、发挥电视等现代媒介的宣传优势，等等。需要注意的是，采用多元方式宣传科学健身知识的过程中，要使广大农民真正树立科学的健身观和健康观，充分掌握体育健身常识，熟练基本的体育锻炼方法，促进农民体育健身意识、健身技能的提升，使其对体育健身的价值与功能有深刻的体会与感悟。

掌握运动技能是获得体育习惯的前提，掌握了运动技能才愿意参与体育运动。而且运动技能越高的人，他在与人竞技的过程中，成就感也就越高。而很多没有运动习惯的人，主要还是没有掌握运动技能，或者运动技能水平过低，无法获得成就感。就农民来说，大多数人没有运动技能，更不要奢谈高水平运动技能了。因此，发展农村体育运动，首先还是要派专业人士到农村培训一些项目的基本运动技能，让农民掌握了之后，逐渐自行主动参与体育运动。同时，无论何种体育运动，技能的学习都是需要付出一定体力的，都带有某种程度上的身体折磨和心理煎熬。初学者需要一定的外在强制力进行约束，以保证运动技能的娴熟掌握以及运动快感的产生。必须让参与者在运动中或者运动后获得快感或达到运动成瘾的程度，参与者才会主动去参加运动，将一个没有体育习惯的农民，转变为体育人士，是需要进行监督执行的。

所有的习惯养成都是需要时间的，体育锻炼习惯更是如此，需要初期一段艰难时间的煎熬。人们不想参与体育活动，是因为体育活动初期带来的某种不适感。加上农村没有体育锻炼的风气，没有体育运动的氛围，因此必须通过改变现有风气，创建良好的体育氛围，让农民树立起体育健康观念，为农民开展体育运动提供方便，调动农民参与体育运动的积极性和主动性。

创建良好农村体育文化氛围，要从各地农村的实际情况出发，运用多种手段，介绍体育文化和正确的体育价值观念，通过宣传激发农民的学习动力和欲望，使农民形成参与体育锻炼的潮流。在农村的电视节目中，可以多播放一些体育相关内容，对体育健身进行大力宣传，宣传内容要与农民的体育需求相符合，对农民有较大的吸引力，也可以从本土中寻找热点，通过农民身边的榜样，带动农民参与体育运动。由于城市发展起步早，且有着巨大的资源和政策优势，城市体育发展的好，无论是在体育运动水平还是体质健康状况方面都比农村要高，因此可以借鉴城市体育发展的经验、借助城市体育的力量，带动农村体育发展。通过城市的带动，助力农村创建良好的体育文化氛围，带动农村体育的发展。

三、拓宽农村体育经费来源，加大农村体育资金投入

建设农村体育场地设施必须要投入一定额度的资金，除了依靠政府财政投入外，还要面向社会筹集资金，开辟多元的筹资渠道，此外，农民可以自筹经费来贡献自己的力量，但前提是不要增加农民的经济负担。农民不管是投入资金，还是投入劳力，都必须是自愿的，政府要在这方面给予引导，使农民踊跃参与进来。构建稳定的资金筹集机制，开辟新的辅助性、补充性经费来源渠道，要注意以下几方面。

首先，主要还是要依靠政府投入体育经费，这部分经费是农村兴建体育设施的重要保障。各级政府在财政预算和地方建设投资计划中要将体育经费纳入其中，将这部分经费真正用于农村体育事业的发展。

其次，来自社会的资金筹集渠道主要有企业赞助、体育旅游收入、体育彩票收入、场地租金等，不管是企业单位，还是个人，在捐款上都应该是自愿的，政府不能强迫，但可以给予鼓励和引导。要重点在农村拓展经费来源，对潜在能量深入挖掘，强化农村的自我造血功能，以农民之力促进农村经济与体育的发展。

再次，在农村体育场地设施建设中，政府发挥主导功能，但要依托乡镇，并将重点定位在"村"上，实施求是，积极响应国家号召，落实国家大政方针，使农民真正感受到身边的体育场地设施是为自己修建的，在农村全面提高体育文化服务水平。

然后，设立专项资金用于建设农村体育场地设施，这类专项配套资金是否真正专款专用，是否真正造福于农民，各级政府要做好监督工作，避免出现贪污与浪费的现象。

最后，提高体育经费的利用率，在投入资金后将"农民体育健身工程"打造成为真正利国利民的工程，对工程进度和质量定期检查，以了解经费是否落到实处。

四、抓住体育强国战略契机，发展农村体育公共事业

对我国农村体育的发展来说，国家提出的体育强国战略是难得的历史机遇，在这一战略背景下。国家投入大量的财力、物力和人力资源来发展体育事业，所以必须牢牢抓住这个机会和有利条件，加快对农村公共体育服务体系的构建，使城乡体育发展的差距尽可能缩小，促进城乡体育的统筹平衡发展，使城乡公共体育服务一体化的目标尽快实现。

政府部门要严格贯彻"以人为本"的准则，在这一理念与准则下将城乡体育统筹发展的政策与规划确定下来，不管是什么政策，什么规划，都要尽可能保障农民的切实利益，这是农村体育工作开展的出发点，也是最终归宿。在相关政策与规划的落实中，要根据实际情况进行调整，并不断健全与完善现有政策体系与规划，从而使农村体育发展机制与科学发展观、中国特色社会主义核心价值观保持一致。

在农村体育公共事业的发展中，要科学构建公共体育服务体系，并尽可能体现出体系的多元化，在多元化体系中体现出对农民体质健康的重视和对农民文化素质及幸福生活的关注，因为这些都是评价农村体育事业发展水平的重要指标，争取通过发展农村体育不仅使农民健康水平得到提高，也使其文化素质得到提升，使其生活幸福指数得到提升。

五、解决农村不同人群的体育锻炼问题，提高全体农民的体质健康水平

在构建社会主义和谐社会及建设体育强国进程中，农民群体的体质健康问题尤为重要，提高农民的体质健康水平对于和谐社会建设及体育强国目标的实现具有重要意义。我国在开展农村体育工作中要按照不同群体的实际情况有针对性地解决实际问题，真正保护农村不同群体参与体育锻炼的权利，切实保障全体农民的体质健康。

具体来说，我们可以从以下几方面解决农村人口的体育锻炼问题。

首先，面对当前大量青壮年从农村流失而造成的普遍性的空巢现象，首要应对措施就是对新的农村体育主体（如妇女、少年儿童、老人以及留守在农村的少量的青壮年）进行培养，这是开展农村体育工作的重要环节。

其次，走出农村、进入城市打工的青壮年是农村人口的重要组成部分，解决这一群体的体育锻炼问题非常重要。对此，可根据这一群体的生活习惯、作息时间、兴趣爱好来开展形式多样的体育活动，如体育赛事、体育表演、体育娱乐节目等。使农民工在参与和欣赏这些活动的过程中强身健体、愉悦身心，消除他们出门在外的孤独感和漂泊感，强化其对农村的归属感，使其有所成就后回到家乡造福村民，为家乡经济贡献力量。

最后，对于农村留守儿童的体育锻炼问题要给予特别关注。在农村人口流动频繁的今天，留守儿童已成为广受各界关注的社会现象与问题，正确对待这一现象，处理好这一现象带来的种种问题，将关系到祖国下一代的成长与成才。解决留守儿童的问题，首先就是解决他们的健康问题，所以社会与学校要共同努力为留守儿童参加体育锻炼提供良好的条件与机会，在农村体育工作规划中将留守儿童的健康问题放到重要位置，通过举办丰富多彩的体育活动来提高儿童的身心健康水平，消除儿童的孤独感，弥补儿童很少享受到的亲情依附和亲子教育，这对于提高农村留守儿童的表现力、自信心也有重要意义，可以改善留守儿童中普遍存在的自闭、孤僻、冷漠等性格问题，促进农村下一代的健康成长。

六、因地制宜开展农村体育活动，突出乡土文化色彩与地方特色

开展农村体育工作，促进农村体育的发展，农民的需求是首要考虑因素。我国地域辽阔，在地理环境的影响下各地体育文化的区域性特征十分突出，所以必须在"以农为本"的理念下和科学发展观的指导下，在区域的土壤中（农村）扎根来发展农村体育，体现区域特色和农村特点，使农村体育真正亲近农民，给农民带来便利和福利。

开展农村体育活动要坚持因地制宜原则，要将农村地区的特色和文化气息彰显出来，具体要从以下几方面开展工作。

第一，对农村的民族体育文化进行深入挖掘、科学开发、归纳整理以及全面推广，如风筝、陀螺、秋千、摔跤等民族特征鲜明的项目和龙狮、龙舟、秧歌等地方特色突出的项目。

第二，走"引进来"之路，传播现代时尚多元的体育文化，使其慢慢在农民的日常生活中渗透，吸引与鼓励农民参与瑜伽、街舞、游泳等现代时尚流行的体育运动。

第三，以钓鱼、搬沙包、抛掷秧苗、插秧等这类与农民生活密切相关的接地气的活动为主题而开展娱乐性体育赛事，使农民在劳作中感受体育活动的乐趣，劳逸结合。

不管是开展什么类型的体育活动，都要以农民为本，首先考虑农民的健康和利益，使农民体会到农村体育是为民服务的，从而提高其参与和配合的积极性与自觉性。

七、农家乐与体育旅游相结合，促进农村体育产业的发展

农家乐是一种新兴的休闲体育活动形式，它将休闲、娱乐和体育结合了起来，在农村地区进行开展。农家乐休闲体育起步晚，研究相对缺乏，但却显示出了巨大的发展潜力，对于农村体育的发展、农村产业结构的调整以及农村经济的发展具有重要作用，成为农村体育文化发展的重要路径和迫切需要。[①] 在农村中，通过农家乐文化发展农村体育，需要采取针对性措施做好资源配置、产品开发及活动开展等具体工作。

（一）按照实际合理调配资源

发展农家乐休闲体育，需要一定的体育活动场所，因此在相应地域，以现代化的标准建设功能完备的配套性设施，在建造时一定要与农村风格相一致，体现出淳朴的农家民风、传统的农家民俗，以满足旅客的多种需求。农家乐休闲体育的发展，对农村体育事业和经济发展的重要性显而易见，丰富、时尚等内容的融入，可以大大激发和调动游客的积极性和热情。

（二）针对游客要求开发产品，打造品牌

现带社会，文化多元，人群需求也多种多样。在农家乐休闲体育发展过程中，一定要注重产品开发的优化，在考虑游客不同要求的同时，更要以自身地理位置、环境等现实情况为根据，促进项目的丰富性。另外，在开发产品时，要注重季节性、娱乐性，要根据自身特点打造特色和精品项目，形成品牌。

（三）汲取中华传统文化精华设计休闲体育活动

中华文化博大精深、璀璨照人。作为其重要组成的传统节日是我国传统文化的典型代表，也是传统习俗和道德观念的重要载体。对于人们来说，传统节日与

---

① 奚凤兰，高中玲，杜志娟.生态文明背景下我国农村体育文化建设研究[M].西安：西安交通大学出版社，2017.

他们的日常生活密切相关，但随着社会的发展，其有被遗忘的危险。在相对封闭的农村，这些传统节日受到的冲击小，保留的也比较完整。农家乐休闲体育的发展，为传统节日乃至传统文化的传播和发展起到了重要作用。游客参与农村农家乐休闲体育活动，可以体验到具有无限魅力的中华传统文化，对游客的吸引力大大增加。因此农家乐休闲体育的开展，需要以传统文化为依据，对休闲体育活动进行精心设计，促进农村体育的长足发展。

第三节　传承创新，选择合适体育项目

受西方体育文化的影响，大量的现代体育项目传入我国，并在农村开展起来。我国农村体育的发展，既要吸收西方优秀的体育项目，也要传承中华优秀体育项目，做到传承创新。

一、民族传统体育文化

民族传统体育文化作为中华文化的重要组成部分，其能传承发展至今，就是因为其特有的文化价值。一方面，民族传统体育起到强健体魄，维护部落民族安全的作用；另一方面，其借助体育娱乐这一文化形式展现出民族的精神风貌和世界观、价值观，在一定程度上增加了民众的文化归属感。传统体育项目的趣味性强，带有明显的地域特色；大多数项目参与门槛低，经济造价不高，对场地没有过高要求，使得传统体育项目在农村地区深受民众的认同和欢迎。于农民而言，参与这类体育项目一方面是对自己身心的调节，缓解劳作压力，放松自己；另一方面也是提高自身免疫力，增加对疾病抵抗力的需要。而且，很多传统体育项目不受时间、场地、高难技术等因素的制约，民众可以根据自身实际情况来参与其中。简而言之，传统体育项目有着现代体育项目不具备的优势，其更容易激发农民锻炼的积极性，增加农民的文化归属感和认同感。因此，充分认识了解传统体育文化，就显得尤为重要。尤其是在我国经济转型的新时期，民众文化需求同步发生深刻变化的时候，我国传统体育文化面临着现代体育文化和文化全球化的双重挑战。于我国而言，这是挑战也是机遇。说是挑战，是因为如若处理不当或任

其发展，既不能满足我国广大民众对于传统体育文化的需求，又将会造成我国民族传统体育项目的消失，对我国传统体育文化造成巨大损失；说是机遇，是因为文化全球化和现代体育文化对我国传统体育文化造成巨大冲击的同时，我国传统体育文化也可以通过搭上文化全球化这趟顺风车，将我国传统体育文化推向世界。我国传统体育文化显著的民族特质，使其具备了强悍的生存能力；而随着我国国家地位和民族威望在国际社会中迅速提升，我国传统体育文化的吸引力也将越来越强，世界上将有越来越多的人领略中华传统体育文化的风采，将有越来越多的人参与到我国民族传统体育活动中来。

二、农村体育传承民族传统体育文化的必要性

（一）农村体育文化建设的需要

有了城市体育发展的成功经验，国家在发展农村体育时，往往倾向于将城市体育中的篮球、乒乓球等体育运动项目向农村推广。这是一种忽视农村体育文化、不尊重农村体育文化的做法。对于我国的农村来说，其有着深厚的文化背景，有着独特的文化传承。农民对传统体育活动的参与性较高，但是这种活动并不涉及使用体育场地设施，但是与现代化体育项目一样，对于农民的身心健康和生活内容的丰富都是有利的。由此可见，在农村体育发展中，要立足于农村传统体育文化，推行体育项目时，要从农民的实际需要和文化传统出发，与农民的生活和习惯相贴近，如此才能有效地推动农民参与体育健身。也就是说，发展农村体育，要尊重农村体育文化，重视传统体育文化对农民的影响。

（二）农民体育思想内化的需要

基于凯尔曼态度转化理论，目前我国农民大多数已经形成了对体育的正确认识，也能参与到体育锻炼中来，处于态度的同化阶段。并且在进入同化阶段过程中，农民逐渐摆脱了"体育就是劳动"等狭隘体育观念的束缚，对体育形成了较为正确科学的认识。而美中不足的是，农民体育态度还处于同化阶段，与内化阶段的要求还存在一定距离。参与体育锻炼自觉性、自主性的欠缺，尤其是在没有榜样作用带动的情况下，其思想认知无法有效带动行为，是我国现阶段农民体育锻炼亟待解决的一个难题，也是我国农村体育陷入瓶颈所在的一大症结。基于此，当前农民需要传统体育项目来内化其体育意识，需要其来帮助过渡到现代体育项目。只有先基于当地传统体育文化发展农村体育，才能有效带动农民参与到体育

锻炼中来，并随之对农民体育思想进行深度改造，逐渐实现其思想的内化。农民体育思想内化的实现，才是现代体育项目入驻农村体育的时候，才是其能对农村体育发展起积极作用的时候。离开传统体育文化谈农村体育发展是不切实际的，忽视了农村体育发展的基础，也必将引发一系列恶性的连锁反应。

（三）发展特色农村体育道路的需要

目前，我国农村体育发展并不理想，国家在农村地区大力推行的体育政策措施并没有取得预期效益。国家提供的场地设施无人使用，农民参与体育锻炼的积极性和主动性也不高，致使体育场地设施荒废闲置，全面健身运动在农村地区难以普及，农民的整体身体素质水平难以得到提高。而国家前期对农村体育的投入只是转化成了数字，诸如某地区体育场地数量的增长等，成了一种量化的东西，农村体育发展也并没有取得实际意义上的突破。

我国走的是中国特色社会主义国家道路，就是因为我国多民族的基本国情。农村体育发展也要遵循我国的实际国情，多民族的基本国情就注定了我国发展农村体育必须因地制宜、因人而异，必须走特色农村体育道路来实现我国农村体育的发展。走特色农村体育道路不仅是对我国传统文化的一种传承和保护，也要在实际传承中实现对其的创新，保持我国传统文化的繁荣和活力。所以，我国发展农村体育必须尊重我国多民族的基本国情，只有在此基础上，发展相应的体育项目，建设相应的体育场地设施，农民才能真正参与到体育锻炼中来。而不是采取"一刀切"的政策，对农村地区机械地提供体育场地设施，这不仅脱离了我国农村体育发展的实际情况，也伤害到农民参与体育锻炼的积极性，其实际效益也必将无法达到预期。只有在不同的地区发展相应的体育项目，提供相应的体育场地设施，才能积极调动农民参与锻炼的积极性。也就是说，基于不同地区传统文化的基础上来发展体育，效果要好于"一刀切""制式化"的农村体育发展。因此，实现特色农村体育道路离不开我国丰富多彩的传统文化，其不仅是由我国多民族的国情决定的，也是对我国传统文化传承创新的需要。而基于我国复杂的民情和迥异不同的地域文化，走特色农村体育道路，有利于延续和实现我国传统体育文化的传承和创新，既能保证我国传统文化的活力，丰富我国的传统文化，又能带动我国农村体育的发展，实现全民健身运动的普及。

三、发挥民俗体育优势，筑牢农村体育发展基础

民俗文化是民族的智慧结晶，它是乡村长期的生产生活中孕育产生且长久传承的，受到乡村百姓的喜爱和欢迎。民俗体育文化是民俗文化的重要组成部分，在我国农村体育发展过程中，要重视民俗体育文化的传承与发展，以此助推乡村振兴战略的实施。

发展农民体育，要有本土观念，不能贪大求洋，一味追求高标准，盯着"现代化"。要立足乡村实际，立足农民需求，实行需要与可能相结合，稳步发展，逐步提高的方针。要因地制宜、自己动手、因陋就简，就地取材。民间传统体育项目是"土生土长"的运动形式，它根植农村，对体育设施要求不高，趣味性强，简便易行，功效显著，符合农民健身的习俗和需要。农村地域广阔，具有天然的户外运动资源，农民可以对其进行开发、改造和利用。

民俗体育文化的创造性转化和创新性发展要立足于乡村农民群众的现实性需求和价值性满足。民俗体育文化创新性发展和乡村振兴，需要打出经济的、政治的、文化的、社会的、生态的组合拳，我们要充分发挥民俗体育文化哲理理念的接受性、娱乐身心的健身性、文化繁荣的载体性、乡村振兴的价值性等。通过强化实践养成，注重典型示范，开展文化培育，精心设计开展多样化的人民群众喜闻乐见的活动。

第四节 生态优先，大力发展农村体育产业

一、生态文明背景下农村体育产业的内涵

国家提出并实施一系列发展农村和发展体育的政策，农村体育的发展遇到了前所未有的机遇和挑战。我国农村体育工作经过多年的努力，取得了一定的成果，但与乡村振兴战略目标的实现还有较大的差距。对农村体育发展进行研究，进行农村体育发展的实践，具有一定的现实意义。发展农村体育产业与生态文明发展的要求是契合的，有利于生态文明的实现。生态文明背景下农村体育的发展意义如图7-13所示。

一
• 农村体育具有丰富的资源和潜力等待开发，坚持"以农为本"的体育带动农村体育产业农展的模式，促进当地政治、经济、文化的全面发展，是引领社会主义新农村特色体育发展的必由之路。

二
• 农村体育产业可以促进城乡体育资源整合的发展模式，加强城乡联系，以城带乡。以城带乡，积极促进以现代工业文明为特征的城市体育与农村传统乡土文明为特征的农村体育之间，在竞争、借鉴中进行交流、互补与融合并最终实现体育资源整合，达到互相促进、互相带动、共同提高的发展目的，形成城乡体育文化特色。

三
• 体育具有促进素质教育、文化繁荣、经济发展、民生改善、民族团结等多元功能。体育产业作为朝阳产业、绿色产业，被视为促进消费结构升级、拉动内需和就业、培育中长期经济增长点的动力源之一。其良好增长势头与巨大潜力，将对经济的贡献进一步加大。

四
• 国以民为本，民以体为基。健康的身心决定着幸福指数，没有全民健康，就没有全面小康。目前，我国已建成小康社会，接下来就要追求更多精神层次上的享受，体育是生活休闲最好的方式之一。将体育作为民生工程，向广大农村和老少边穷地区倾斜，如今已成为一种趋势。通过各种活动，为群众带来实惠、便捷和快乐。

五
• 当今世界，体育产业的发展明显加快，已经成为国民经济新的增长点。作为第三产业的组成部分，加快体育产业的发展是建立社会主义市场经济体制的需要，符合中国经济结构战略性调整的要求，对于扩大内需、拉动经济增长，实现现代化建设发展目标，有着明显推动作用。

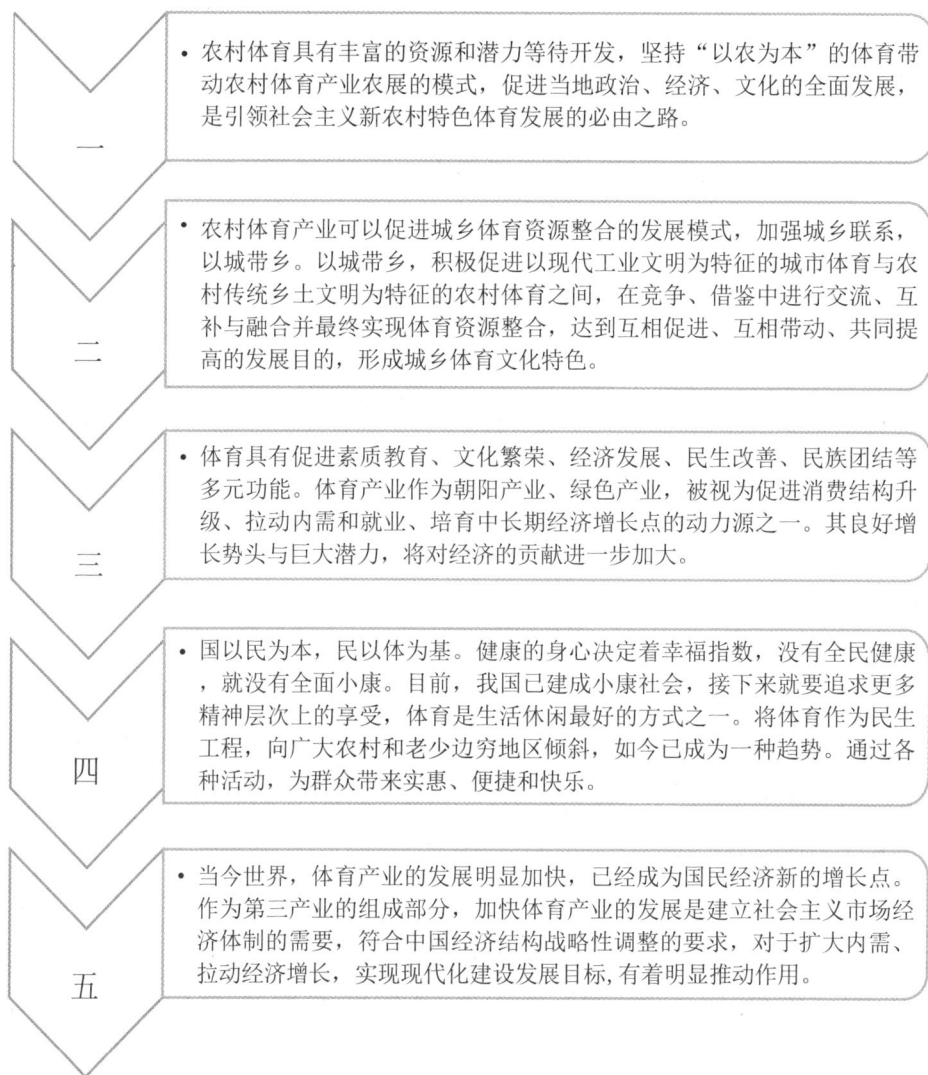

图 7-13　生态文明背景下农村体育的发展意义

二、生态文明背景下农村体育产业的发展方向

（一）借助资本壮大力量

在我国追求高质量发展的时代背景下，体育产业具有得天独厚的优势。体育产业是一种朝阳产业，具有巨大的发展潜力，可以说最具成长力，而且体育产业低碳、环保、无污染，在我国"双碳"目标的实现中，能够起到巨大的助推作用。

正因为发展前景好、绿色环保，体育产业对资本市场来说，具有巨大的吸引力。尤其是随着大型国际赛事的开展，北京夏季奥运会和冬季奥运会相继举办，体育产业的发展迎来了发展的东风，也越来越趋向于国际化和市场化，中国市场经济的发展、市场机制的改革，为资本投入体育产业打破了禁锢，提供了条件。

对于体育产业来说，想要发展壮大，必须借助资本的力量。许多体育产业运营机构的发展壮大都离不开资本的融入。但资本的融入是需要管理的，否则就会无序发展，为体育产业的发展带来负面影响。因此，应该建立有效合理的分配机制，并且要有相关的制度。借助资本市场，让体育产业发展壮大，从而发挥其对服务业、金融业、传媒业等的带动功能。

（二）找准核心，重点发展

在体育产业中，体育健身娱乐与体育赛事表演居于核心地位，是体育产业发展的核心。发展体育产业，就要积极发展这两大核心。通过体育健身娱乐与体育赛事表演的发展，使其相应的带动作用发挥出来，而且相互之间得以联动发展，从而使体育产业的发展形成规模优势。体育事业是体育产业发展的保障和源泉。体育产业发展的方向和程度受到体育事业的资源与人才、结构与规模等的不同程度的影响。在体育产业发展中，体育赛事的举办影响巨大，有了明显的联动效应。通过大型赛事举办的实例我们就可以看出，围绕赛事的举办，场馆、交通、通信、金融、传媒等很多产业都能得到一定程度的产业增值，这对于体育产业集群的建立非常有利。

（三）把握趋势，走向休闲娱乐

随着时代的发展和社会的变迁，尤其是奥运会等大型体育赛事的相继举办，体育已经成为人们生活中不可缺少的，已经成为人们的生活方式。对于我国来说，体育产业正处于蓬勃发展的时期，娱乐化和休闲化是我国体育产业发展的重要趋势和方向。通过体育的娱乐化和休闲化发展，可以促进全民健身的进一步推进，也有利于健康中国和体育强国的建成，有利于社会主义现代化国家的建设和中华民族伟大复兴中国梦的实现。体育产业作为绿色低碳产业，作为极具成长力的产业，正面临着难得一遇的机遇和时机，要以环保理念为指导、以经济建设为中心，把握机遇，正视困难，促进中国体育产业朝着休闲娱乐化的正确方向发展。

三、农村体育产业创新模式的研究

农民是我国人口的重要组成部分，农村是我国的重要组成部分，没有农民和农村的发展，就谈不上国家的全面发展。因此，国家体育事业的发展离不开农村体育的发展。随着小康社会的全面建成，我国已解决了贫困问题，但是相对于物质来说，农民的精神文化生活相对缺乏，也没有科学正确的体育和健身理念和知识，加上体育设施的缺乏，农民体育的发展面临一定的困难。政府的一大职责和义务就是保证农民群众能享受到基本的体育服务。农村人口多，发展农村体育对于实施全民健身意义重大。因此，要加大投入建设质、量兼具的农村体育设施，为农民参与体育活动提供基础。

（一）体育产业的发展转型

"十三五"时期是全面建成小康社会全面实现的五年，是全面深化改革、全面推进依法治国取得决定性成果的五年，也是全面推进体育产业发展的关键五年。在"十三五"时期，我国体育产业得到了极大的发展，体育产业总规模不断增加，体育产业增加值的年均增长速度明显增快，在国内生产总值中的比重增大。

进入"十四五"，随着经济发展方式和产业结构的调整、居民消费结构的升级、新媒体与新技术的不断演进，中国体育产业必须转变结构失衡、效率低下、质量不高的粗放式发展方式。

实现体育产业未来的规划目标有赖于全面提质增效，走转型发展之路，具体来说需要做到三个转型，如图 7-14 所示。

（二）转型发展的动力支撑

实现体育产业转型发展需要强大的动力支撑，创新是体育产业转型发展的动力源泉。"十四五"期间，发展体育产业必须充分激发各类主体的创新活力，推动体育产业领域"大众创业、万众创新"，探索体育产业发展新模式。体育产业发展转型的创新动力支撑主要有观念创新、机制创新、科技创新、运营创新和服务创新。

五大创新动力支撑具体如图 7-15 所示。

产业结构转型
大力发展生活性服务业，鼓励和引导生产性服务业，不断优化体育服务业、用品业及相关产业结构，全力提升体育服务业在体育产业中的比重。

产业业态转型
推进高新技术、信息技术和新媒体等的广泛应用，促进体育服务业转型升级。大力发展具有自主知识产权的高端装备制造业，积极推进体育用品业转型升级。

产业主体转型
培育一批骨干体育企业，重点支持中小体育企业发展。加快发展体育社会组织，提高体育社会组织自我发展、自我管理、自我服务和自主运营能力，促进体育社会组织发展壮大。

体育产业转型发展之路

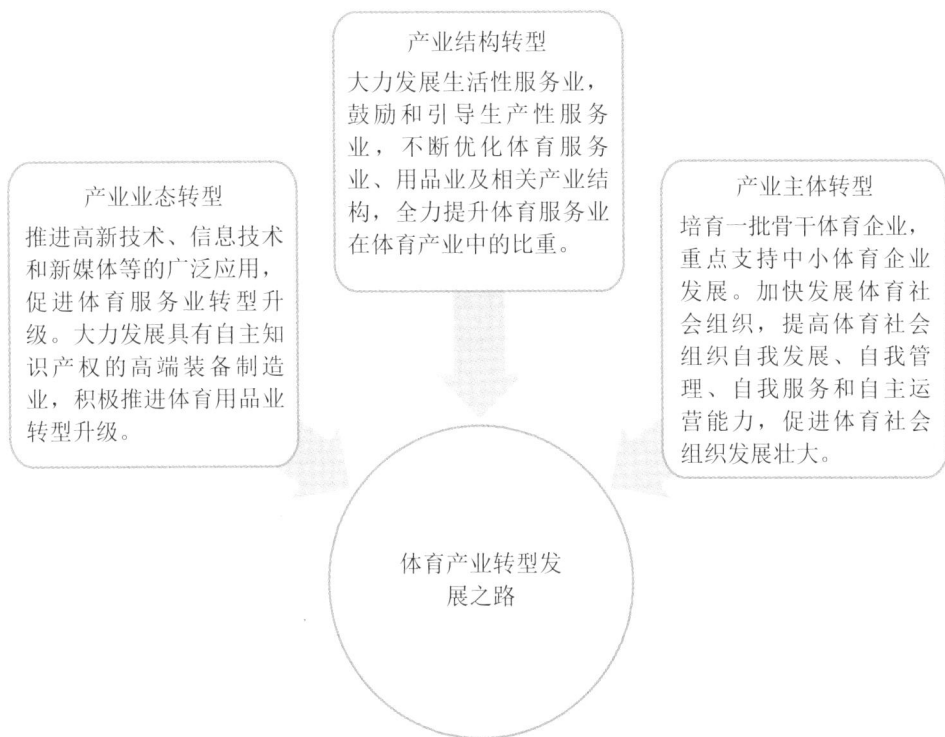

图 7-14　体育产业转型发展之路

观念创新

- 要以开放包容的心态发展体育产业，从产业的视角，发挥市场的决定性作用来盘活和整合体育资源。鼓励旅游、文化、科技、医疗等领域骨干企业整合体育资源，进入体育产业。鼓励国内体育用品企业积极延伸产业链，进入体育服务业领域。引导国内企业开展海外并购，鼓励国际体育组织和著名体育公司进入中国。

机制创新

- 注重创新，采用先进的科学的管理方法和手段，建立灵活高效的运转机制，大力开发人力资源，提高资源管理和使用效率。加大技术创新的力度，调整企业的产品和产业结构，争取自身的生存空间和发展空间，在守住国内市场的同时，去占领国际市场。推进多部门合作的体育产业发展工作协调机制，加强政府部门间沟通与合作，形成针对体育产业发展重点问题的部际联席制度。鼓励和引导区域加

181

强合作，形成区域联动发展格局。建立政府与企业有效沟通的机制，促进政府有
关部门掌握体育市场发展规律，了解体育市场主体的需求，有针对性地发挥政府
作用。

科技创新

- 引导企业增加科技投入，研发科技含量高、具有自主知识产权的运动器材装备，
  扶持可穿戴运动设备和智能运动装备的发展。支持现代科技成果和信息技术向体
  育产业领域的转移与应用，加快推进体育产业在内容、形式、方式和手段等方面
  的创新，重点支持"互联网＋体育"的创新发展。强化体育产业人才创新方面的
  培养，以最快的速度培养出质量合格的高素质专业人才，不断提高中国体育产业
  经营管理人员的水平，增强体育产业组织竞争力，适应多变的市场需求，实现体
  育产业的快速发展。

运营创新

- 引导体育产业各业态积极创新运营方式，充分发挥体育竞赛表演业对体育服务业
  的整体带动作用。鼓励知名体育健身企业通过多种途径做大做强。鼓励场馆运营
  管理实体实现规模化、专业化运营。推行场馆设计、建设、运营管理一体化模式，
  将赛事功能需要与赛后综合利用有机结合。鼓励有实力的体育用品企业兼并重组。
  体育产业经济发展的规划方案，应该有所创新，根据各体育企业的实际情况，进
  行区别规划。

服务创新

- 推进政府从行政型向服务型转变，探索建立政府部门保障各类体育赛事活动举办
  的有效机制，搭建政府支持社会力量举办体育赛事的公共服务平台。加大金融对
  体育产业发展的支持，支持体育中小企业发展。鼓励国有资本与金融资本、产业
  资本的合作，共同建立体育产业投资基金。创新体育保险产品，开展大众健身、
  体育赛事、体育场馆、户外运动、职业俱乐部、运动员等保险业务。鼓励成立各
  类体育产业孵化平台，为体育领域的大众创业、万众创新提供良好环境。

图 7-15 体育产业转型发展的动力支撑

参考文献

［1］熊丽英.贫困文化和文化贫困［D］.武汉：华中师范大学，2002.

［2］鲁丽，裴东景，杨蘅.多维视角下的农村体育研究［M］.北京：中国水利水电出版社，2019.

［3］霍军.农村体育公共资源均衡配置及实践路径研究［M］.北京：北京体育大学出版社，2018.

［4］余涛，崔琼.新农村建设背景下我国农村体育生活方式现代化研究［M］.合肥：安徽师范大学出版社，2018.

［5］吴文平，李长友.西部地区农村体育创新发展的困境与法制对策研究［M］.长沙：中南大学出版社，2020.

［6］乔超.贫瘠抑或兴起：农村体育文化的社会学研究［M］.杭州：浙江大学出版社，2018.

［7］孙刚.生态文明视域下农村体育生态化研究［M］.北京：科学出版社，2018.

［8］李爱菊.健康中国：农村体育发展评价研究［M］.郑州：郑州大学出版社，2019.

［9］卢兵，华志.民族地区农村体育制度研究［M］.广州：世界图书出版公司，2012.

［10］张小林.我国农村体育公共产品供给制度分析与创新［M］.北京：民族出版社，2014.

［11］孙刚.城镇化进程中农村体育研究［M］.北京：中国言实出版社，2013.

［12］张玉生，刘健.论体育在构建社会主义和谐社会中的作用［J］.中国成人教育，2006，（10）：72-73.

［13］费孝通，乡土中国［M］．上海：三联书店，1985．

［14］科克利著，管兵译．体育社会学：议题与争议（第6版）［M］．北京：清华大学出版社，2003：24．

［15］伍兹著，田慧译．体育运动中的社会学问题［M］．北京：人民体育出版社，2011：7．

［16］刘巍．新农村体育事业发展问题研究［M］．北京：中国物资出版社，2009．

［17］张玲燕．农村体育场地供需矛盾与有效供给研究［M］．北京：北京体育大学出版社，2016．

［18］徐颂峰，欧阳秀雄，刘烨．农村体育发展的制约因素及其对策研究［J］．沈阳体育学院学报，2006，（1）：26-28．

［19］于向．新农村体育发展的制约因素分析与对策研究［J］．北京体育大学学报，2007，（6）：745-747．

［20］陈佳，赵强．浅析中国传统文化与现代文化对农民体育思想意识的影响［J］．齐齐哈尔师范高等专科学校学报．2007，（1）:98-99．

［21］张文静，田雨普．农民体育参与的行为学分析［J］．武汉体育学院学报，2009，（1）：20-23．

［22］杨树虹．新生代农民工民生诉求与继续教育对接思考［J］．继续教育研究，2011，（11）：23-24．

［23］李丰祥，高希彬．新生代农民工休闲体育现状调查研究——以上海市为例［J］．中国体育科技，2011，（4）：127-133．

［24］冷晓春，张册，张明记．城市农民工体育健身的社会支持研究［J］．南京体育学院学报，2009，（3）:47-49．

［25］田雨普，王欢．文化当先的农民体育发展观［J］．北京体育大学学报，2009，（4）：1-3．

［26］孙耀，刘淇，杨鸣．大众健身行为的理论研究［M］．北京：中国商务出版社，2008．

［27］程名望等．农户收入水平、结构及其影响因素——基于全国农村固定观察点微观数据的实证分析［J］．数量经济技术经济研究，2014，（5）：3-19．

［28］肖立．我国农村居民消费结构与收入关系研究［J］．农业技术经济，

2011，（12）：91-99.

［29］龙新民．中国农村公共产品供给失衡研究［D］．厦门大学，2007.

［30］李文龙．甘肃农村公共文化服务事业发展研究［D］．兰州大学，2007.

［31］徐永刚．中国竞技体育制度创新中政府与垄断问题研究［D］．苏州大学，2004.

［32］孔庆波，崔瑞华．农村体育场地的供需认知与矛盾剖析［J］．成都体育学院学报，2014（2）．

［33］张玲燕，朱良洪，马春银，陆梓嘉．农村公共体育场地供需矛盾与究因分析［J］．体育科技，2017（1）．

［34］胡培兆．有效供给论［M］．北京：经济科学出版社，2004：415.

［35］华桂宏．有效供给与经济发展［M］．南京：南京师范大学出版社，2000：76-82.

［36］朱家新．新时期农村体育发展理论与实证研究［M］．合肥：安徽大学出版社，2007.

［37］奚凤兰，高中玲，杜志娟．生态文明背景下我国农村体育文化建设研究［M］．西安：西安交通大学出版社，2017.

［38］戴维·英格利斯，张秋月，周雷亚译．文化与日常生活［M］．北京：中央编译出版社，2010.

［39］任海．聚焦生活，重塑体育文化［J］．体育科学，2019，39（4）：3-11.

［40］俞可平．治理与善治引论［J］．马克思主义与现实，1995（5）：25-27.

［41］高鹏飞，梁勤超，李磊．青少年体育参与不足的文化惯习、代际传递与现代重构［J］．体育与科学，2019，40（03）：48-53.

［42］周怡．贫困研究：结构解释与文化解释的壁垒［J］．社会学研究，2002，（3）：52.

［43］易剑东．体育文化学［M］．北京：北京体育大学出版社，2006.

［44］郭晓君．文化贫困：内涵与界定［J］．西北师范大学学报，2005，（3）：1.

［48］谈国新，等．文化精准扶贫的对象识别与路径选择——从"文化贫困"的逻辑前提出发［J］．图书馆，2019，（3）：1-6，19.

［46］曾鸣．互联网使用对西部农村居民文化贫困的影响［J/OL］．调研世界：1-7［2019-09-23］.https://doi.org/10.13778/j.cnki.11-3705/c.2019.09.008.